The Pima Bajo

Volume II
Vocabulario

VOCABULARIO EN LA LENGUA NEVOME

The Pima Bajo

of Central Sonora, Mexico

Volume II

Edited by

Campbell W. Pennington

University of Utah Press

Salt Lake City

CONTENTS

ACKNOWLEDGMENTS

A number of people have contributed to the development of this volume. Colleagues at Southern Illinois University and Texas A&M University made suggestions about the transcription of archaic terms; and without the generous assistance of Señores Jesse Aguayo and José Anchondo of Chihuahua City, the vocabulary probably never would have been edited. Miss Josephine Frondizi, a graduate student at Southern Illinois University, made an important contribution by checking one version of the edited vocabulary against the microfilm provided by the New-York Historical Society Library and by checking the Spanish additions. Mr. Greg Gremaud, another graduate student at Southern Illinois University assisted in alphabetizing the entries properly. The director of the Southern Illinois University Libraries kindly permitted me to take a suitable microfilm reader to Chihuahua City for several periods of quiet and uninterrupted work on the microfilm copy of the vocabulary.

Professor Ronald G. Hansen of the Office of Research and Projects, Southern Illinois University, made possible the purchase of a suitable typewriter for typing the manuscript, and further, was kind enough to provide funds for maintenance of a vehicle for going to and from Chihuahua.

Don Tomás Valles and Señor Ernesto Valles, owner and manager, respectively, of the Posada Tierra Blanca in Chihuahua City, provided hospitality and tranquil working conditions during the periods I worked on the vocabulary in Mexico. I owe a debt to the maids of the Tierra Blanca who frequently suggested the meanings of archaic Spanish terms.

The late Professor Carl O. Sauer of the Department of Geography, University of California at Berkeley, and Professor Donald D. Brand, Professor Emeritus in the Department of Geography, University of Texas at Austin, constantly encouraged me at times when I was tempted to abandon the editing of the vocabulary. Therefore, I express my wholehearted gratitude to these two men who have contributed so much to a better understanding of the greater world of northwestern Mexico's aboriginal people.

Without the assistance of an interested and competent manuscript editor no work such as this could be prepared for publication. I owe a vast debt to Norma Mikkelsen, director of the University of Utah Press, who has been so patient with an individual who really knows little of the complexities of publishing.

CAMPBELL W. PENNINGTON

University Museum and Department of Geography
Southern Illinois University
Carbondale, Illinois

Department of Geography
College of Geosciences
Texas A&M University
College Station, Texas

Posada Tierra Blanca
Chihuahua, Chihuahua
Mexico

Motel El Encanto
Hermosillo, Sonora
Mexico

1975

INTRODUCTION

Several years ago, as part of a long-range program that involved research among surviving aboriginal groups in northwestern Mexico, I began a search for all published comments on the language spoken by the Pima Bajo (Névome) of central Sonora, Mexico. Quite naturally I examined Buckingham Smith's edited version of a grammar he attributed to an unknown Jesuit of the eighteenth century, a grammar which was published in 1862 as Volume V of Shea's Library of American Linguistics under the title *Arte de la lengua névome, que se dice pima, propia de Sonora; con la doctrina christiana y confesionario añadidos (Grammar of the Pima or Névome, a Language of Sonora, from a Manuscript of the XVIII Century)*.[1] In the *advertisement* (preface) to this small volume Smith commented that he had obtained the grammar, and the vocabulary in the same language, through the courtesy of Francisco Gonzáles de Vera, who apparently purchased the documents from executors of the estate of Bartolomé Gallardo.[2]

Internal evidence (see below) in the grammar suggests that it was composed at Onavas, Sonora, now a small pueblo on the east bank of the Río Yaqui, but historically a settlement that was a focal point for those Névome who were clustered along the middle course of the Yaqui when the first Spaniards arrived. On the basis of data within the *confesionario* I am assuming that it too was composed at Onavas; the similarity between terms utilized in the *confesionario* and in the grammar is just too great for any other assumption. Presumably, the *doctrina* was composed at Moris, an ancient Mountain

---

[1] In Smith's edition the *arte* is on pages 9–97, the *doctrina christiana* on pages 3–7 [101–105], the *confesionario* on pages 9–32 [107–30]. Hereafter references to this edition are cited as Smith, *Arte*.

[2] Smith, *Arte*, p. vii.

Pima site located in the headwaters of the Río Mayo in Chihuahua — at the end of the manuscript there is a statement that the document pertains to that sierra locale *(Pertenece á el pueblo de Moris)*.[3]

As will be discussed in detail presently, it is likely that the grammar and the *confesionario* are not eighteenth-century documents, as was suggested by Buckingham Smith, but were composed at Onavas during the seventeenth century. On the other hand, the *doctrina* was probably composed, at Moris, during the eighteenth century; Moris did not come under firm Jesuit control until the last years of the seventeenth century.

Upon determining that Buckingham Smith's papers were held by the New-York Historical Society Library, New York City, I wrote the director of that Library, Mr. James Heslin, who informed me that the vocabulary referred to in the preface to the published version of the grammar was indeed among the Smith papers. Director Heslin kindly granted permission for the editing and publication of a version of the vocabulary in association with a volume that pertained to the material culture of the surviving Pima Bajo (Névome) of central Sonora. He also made available a microfilm copy of the vocabulary and granted permission for publication of a photograph of one page of the manuscript, which is presented herein in order to indicate something of the problems involved in editing the vocabulary and to demonstrate how the data were prepared for publication.

The manuscript consists of 291 handwritten pages, two of which are repeats. There are three additional pages that are in a different handwriting from most of the vocabulary. These pages include words and phrases that were clearly copied from the manuscript.

It is almost certain that the manuscript is not the original document since within the vocabulary there is the following reference to an original at Onavas:

Patole. Jugar al patole. *maitucu* item. *cocominida.* plural. *cocominidarha.* Las cañuelas. *utascarha.* Sobre el juego hay una máquina [serie] de vocablos que los podrá ver quien quisiere en el original que está en Onavas. Véalos en otra parte o déjelos.

It is equally certain that the manuscript obtained by Buckingham Smith had circulated among missionary priests who were familiar with a portion of the Mountain Pima country of northwestern Mexico (that is, within the western segment of the Sierra Madre Oriental). There are frequent entries to the right or left of individual entries, in handwriting different from that of most of the manuscript, entries which indicate that the manuscript had been read by missionaries who were familiar with the Pima Bajo dialect of the

---

[3] Ibid., p. 7 [105].

sierras. For example, to the right of the entry pertaining to *cacatuba* (Névome for *codorniz*) there appears *aquí dicen ioogui a la codorniz*. I suspect that this particular entry was made by a priest who was familiar with the Maicoba Pima dialect since the present Pima term at that locale for quail is *hohogi*.[4] That the manuscript obtained by Buckingham Smith was circulated among priests familiar with the Yécora mode of speech is almost certain since adjoining the entry for *addabu* (Névome for *jumate o sus cucharas*) is a statement that *dicen los yécoras vasalas*.

In all likelihood the grammar and the vocabulary were composed and compiled by a Jesuit missionary who was a resident at Onavas for an extended period of time. There is, to my knowledge, no convincing evidence to support an assumption that these documents were written by any of the Franciscans who served at Onavas after expulsion of the Jesuits in 1767. Indeed, there seems to be evidence of only one Franciscan missionary who mastered the Pima (Névome) language, and his name is not known; Reyes[5] commented in 1784 that the missionary who was a resident at San José de Los Pimas knew the language of the indigenes. (It is also possible that the grammar and the vocabulary were composed at Movas, which is located only a few kilometers south of Onavas and had a large Névome population during the Colonial period. Onavas was certainly a focal point for missionary activity during the Colonial period, and it would not have been unusual for the original documents — see the above comment in reference to the vocabulary entry under *patole* — to have been deposited there even if they had been composed at Movas.)

Within the grammar there are repeated references to place-names — in the form of Névome equivalents for phrases or sentences presented in Spanish — which may be interpreted as further evidence that the material was composed at Onavas. The following phrases or sentences are presented exactly as they appear in Smith's edited version of the grammar, without regard to correct or incorrect grammar: *Los Indios parte estan en el monte, parte en el pueblo, parte han ido á Mobas. . . . Poco antes de aguas vino Pedro del Parral. . . . De Zuaque. . . . El invierno fui á Movas, desde entonces no he ido á parte alguna. . . . Llama á Joan, para que vaya a Zuaque. . . . Yo fuera ó iria contigo á Matape, pero está mi Padre malo y por esto no puedo ir. . . . El Padre me manda ir á Tonichi. . . . Ya era tiempo de sembrar cuando llegué del Parral. . . . Despues cuando hubo tiempo de sembrar, vine yo del Parral. . . . Vine de Movas, cuando ya era casi tiempo de sembrar. . . . Voy á Onabas para ver á el Padre. . . . Volvíme ayer de Mobas para desyerbar tú milpa. . . . Habiendo yo dicho misa, ó despues que hube dicho misa,*

[4] C. W. Pennington 1968 field notes.
[5] Francisco Antonio de los Reyes, "Informe de Sinaloa y Sonora."

revolviste tú á Movas. . . . En acabando tú, ó cuando acabes, acabares, ó despues que hubieras, ó hayas acabado la misa, me iré yo á Toniche. . . . Cuando tú tlaspanes, ó despues que tlaspanes, ó hayas tlaspanado, me iré yo á Movas. . . . Estando yo para ir, ó cuando estaba para ir á Movas, te llamé. . . . Habiendo sido, ó por haber sido azotado, me huí á el Parral. . . . En siendo yo, o despues que hubiere sido ayudado, me iré a Movas. . . . Vosotros teneis de aquí á Movas por cerca, yo siempre lo he tenido por lejos. . . . en cesando de llover nos irémos á Onabas. . . . ¡Ojala! viniera el Padre para ir yo á Movas. . . . vengo de Movas, . . . venia de Movas, . . . vel Movas, . . . vel Matapa. . . . Voy á Onabas, . . . á Matapa. . . . ¿Como hasta á donde está, desde aquí a Matapa? . . . mañana has de ir á Toniche. . . . Joan va á Matapa, y vosotros ¿á donde quereis ir? . . . Quiero que tú, o tu hermano mayor vaya á Toniche.[6]

It seems logical that these references may be interpreted as evidence that the grammar was composed at Onavas since, for the most part, individuals are referred to as going to and coming from such sites as Tónichi, Movas, Suaqui, Mátape, and Parral. The four phrases or sentences that refer to Onavas contain no such suggestion.

Data within the grammar and the vocabulary suggest that the author was very familiar with the Névome language. Furthermore, within the grammar there is a suggestion, albeit a faint one, that the author was familiar with the Cáhita languages (dialects?) and with the Heve (Eudeve) language. Three certain references to the latter idiom are as follows: (1) *A quien quieren hacer una cosa dicen que la harán; y lo mismo tiene el Heve y el Caita: y asi para decir uno que se ira dice el Nevome (cuya lengua escribo) An' t' hi, el Heve dice* [omission in ms.], *el Cahite Simnaquana, y ninguna es infinitivo sino futuro;* (2) *Y lo mismo juzgo tienen las otras lenguas de esta Provincia. Tiene la Heve;* and (3) *Esta es la Pasiva del Verbo, y no se ha puesto cosa sino de muchos verbos paralelos en el Heve.*[7] The first of the above three references contains the only apparent evidence that the author of the grammar was familiar with the Cáhita languages (dialects?).

There is some evidence in the grammar that the author was familiar with slight variations in dialect with respect to the speech of those Névome who lived at the site where the grammar was composed and those indigenes who lived at Tecoripa and Suaqui.[8]

Within the grammar there is ample evidence to warrant a statement that its author had access to a Névome grammar composed by Padre Francisco Oliñano, who served among the Névome Alto and Névome Bajo (that is,

---

[6] Smith, *Arte*, pp. 13, 16, 17, 22–23, 25, 28–30, 33–34, 43–44, 49, 57, 80, 85, 90, 94–95.
[7] Ibid., pp. 24, 36, 41.
[8] Ibid., pp. 12, 84.

along the middle course of the Río Yaqui) between 1621 and 1647.[9] For example, in referring to gerunds the author of the grammar stated that: *Por falta de dicha regla se hallan varios solecismos en un Arte que anda con nombre del Padre Olin* [Oliñano]; and that: *Lo segundo que advierto es que el gerundio con esta particula xa no es plural de otro gerundio con otra particula, como alucina el autor de un Arte que se atribuye á el Padre Oliñano.* . . . In referring to the passive of the verb, the author stated that: *Aunque el Arte que anda con nombre del Padre Oliñano dice que los Indios solamente cual y cual vez, y esto por presente de Indicativo, hablan por pasiva.* . . .[10] This grammar has apparently been lost.

Suffice it to say that the individual who composed the grammar and the vocabulary, whether at Onavas, Movas, or elsewhere, must have had frequent contacts with Tecoripa and Suaqui Pima Bajo (Névome) and must have either worked among the Heve (Eudeve) or Cáhita for a short time, or had access to what is probably a seventeenth-century *Arte y vocabulario de la lengua dohema, heve o eudeva*[11] or to manuscript or pubished material pertaining to languages (dialects?) spoken among the Cáhita people. Furthermore, any missionary stationed at Onavas or Movas during the seventeenth or eighteenth century would have had a splendid opportunity to become acquainted with the Heve (Eudeve) language since the Heve are known to have lived at Tónichi during the Colonial period. Indeed, there is some evidence that, in spite of the mingling of Eudeve and Pima Bajo at Tónichi and Soyopa throughout the Colonial period,[12] Eudeve was the dominant language at Tónichi during the 1770s. The Franciscan, José Antonio Caxa, was quite explicit when he commented in 1772 that he was caring for Eudeve at Soyopa and Tónichi, and that Eudeve was the language spoken at both locales.[13]

* * *

[9] Francisco Javier Alegre, *Historia de la provincia de la Compañia de Jesús de Nueva España*, 2:327; John Francis Bannon, *The Mission Frontier in Sonora, 1620–1687*, pp. 29, 35; Paul M. Roca, *Paths of the Padres Through Sonora*, p. 401; Francisco Zambrano, *Diccionario bio-bibliográfico de la Compañia de Jesús en México*, 4:576, 8:584.

[10] Smith, *Arte*, pp. 30, 33, 36.

[11] A manuscript copy of this relatively unknown and certainly important document is among the Buckingham Smith papers in the New-York Historical Society Library. I have edited this document for publication.

[12] Jacinto Alvarez, "Panorama general de la provincia de Ostímuri, . . ." p. 294; Austin, University of Texas Latin American Collection, W. B. Stephens Collection, no. 68, "Noticia de las misiones . . ."; Hernando Cabero, "Catálogo de todas las missiones de la provincia de Nueva España, . . ." p. 356; Daniel Januske, "Sonora"; *conde* de Revilla Gigedo, *Informe sobre las misiones 1793*, . . . p. 33; Francisco Antonio de los Reyes, "Descripción y noticia individual de las misiones, . . ." p. 733; Juan Hortíz Zapata, "Relación de las misiones. . . ."

[13] José Antonio Caxa, "Carta al virrey, 11 de diciembre [1772]."

In attempting to identify the author of the grammar and the vocabulary, I considered the following premises. It is reasonable to assume that the author of the grammar and the vocabulary must have been one of the Jesuit missionaries who served for a long period of time at Onavas, Movas, or possibly at Tecoripa during the seventeenth or eighteenth centuries. And since references within the grammar refer to the *Arte* composed by Oliñano, it is likely that the grammar was composed after Padre Oliñano's death in January of 1647.[14] Furthermore, it is almost certain that the grammar and the vocabulary were composed by the same person since within the vocabulary there are very explicit references to certain sections of the grammar.

The most likely candidates as author of the grammar and the vocabulary are discussed below (those from the eighteenth century considered first); and I have presented my rationale for ascribing the authorship of the two manuscripts to a Jesuit assigned to Onavas during the sixth and seventh decades of the seventeenth century.

Andrés Gonzáles arrived in Sonora in 1720,[15] and was certainly resident missionary at Onavas in 1723.[16] There is good evidence of service at Onavas by Padre Gonzáles in 1726 and 1730.[17] To my knowledge, there is no evidence that this missionary served elsewhere in Sonora (except when he made visits to nearby missions), or indeed beyond Sonora; and it is likely that he was at Onavas from 1723 until 1745, the year of his death.[18] Therefore, he must have served among the Névome, at or near Onavas, for at least 22 years. There is, according to the data available to me, no evidence that this Padre Gonzáles served at Tecoripa, but any missionary assigned to Onavas would surely have visited Tecoripa repeatedly, and therefore would have known of the differences in dialect common to the speech of the Névome at these two sites. There is apparently no record of Andrés Gonzáles having been assigned to important Heve or Cáhita centers, but he would certainly have been familiar with the Heve (Eudeve) language, since Tónichi and Soyopa were under the jurisdiction of Onavas. Also, he could have been familiar with a manuscript copy of the *Arte y vocabulario de la lengua dohema, heve o eudeve,* and he might have had access to either a manuscript copy of Tomás Basilio's *Arte de la lengua cáhita por un padre de la Compañia de Jesús* or the published version of this grammar, printed in Mexico in 1737.[19]

---

[14] Alegre, *Historia,* 2:327; Zambrano, *Diccionario,* 8:584.

[15] Roca, *Paths of the Padres,* p. 412.

[16] Januske, "Sonora."

[17] Austin, University of Texas Latin American Collection, W. B. Stephens Collection, no. 1742, "Catálogo de las provincias mexicanas . . ."; "Estado de la provincia de Sonora, . . ." p. 620.

[18] Alegre, *Historia,* 4:244.

[19] Ibid., 2:286–87.

José Roldán arrived in Sonora in 1735 and apparently served at Onavas from that date until 1741.[20] This assignment for six years, which surely would have included visits to Tecoripa, plus contact with Eudeve at Tónichi and an acquaintance with the Heve *Arte* and perhaps the Cáhita study by Tomás Basilio, makes Roldán a candidate for authorship of the grammar and vocabulary in the Névome language.

There is a record of a Father Martín Vallarta having served at Onavas between 1746 and 1764, as well as a record of a brief assignment at Yécora between 1746 and 1750.[21] In any case, he served among the Onavas Névome for about 18 years. There is no record of Vallarta having served among Heve, other than those who lived at Tónichi, or of an association with the Tecoripa and Suaqui Nevome. But again, as could have been the case with Andrés Gonzáles or José Roldán, he certainly would have visited Tecoripa repeatedly, and he could have had access to the Eudeve and Cáhita linguistic materials mentioned above.

Enrique Kürtzel is known to have served at Onavas during the periods 1756 to 1757, 1763 to 1765, and in 1767.[22] We know that he served among the Mountain Pima at Onapa in 1755.[23] However, it is likely that he served among the Onavas Névome for at least 11 years. To my knowledge, there is no evidence that Padre Kürtzel was familiar with the Eudeve, other than those who lived at Tónichi and Soyopa, or that he worked among the Cáhita. But he could have had access to the Cáhita materials prepared by Tomás Basilio and perhaps the Heve grammar and vocabulary as well; familiarity with the latter materials and even a slight knowledge of the Heve language spoken at Tónichi and Soyopa might explain the references to that tongue in the grammar.

The possibility that the author of the grammar and vocabulary was a resident at Movas should not be lightly dismissed in view of the fact that some Jesuits served there for long periods during the eighteenth century.

---

[20] Alberto Francisco Pradeau, *La Expulsión de los jesuítas*, . . . pp. 214–16; José Roldán, "Entrega del partido de Movas"; idem, "Inventario de Onavas"; idem, "Memoria de la misión de Onavas."

[21] *Misiones norteñas mexicanas de la Compañía de Jesús, 1715–1757*, p. 89; Roca, *Paths of the Padres*, p. 412; José Utrera, "Derrotero y jornada a las misiones"; Martín Vallarta, "Entrega de Onavas."

[22] Austin, University of Texas, "Noticia de las misiones"; Hubert H. Bancroft, *History of the North Mexican States*, 1:573; Gerard Decorme, *La Obra de los jesuítas mexicanos durante la epoca colonial, 1572–1767*, 2:462; Enrique Kürtzel, "Entrega de Onavas, Tónichi y Soyopa, marzo [1756]"; [Juan Bautista Nentvig], *Rudo ensayo*, . . . p. 93; Pradeau, *Expulsión de los jesuítas*, pp. 170–72.

[23] *Misiones norteñas mexicanas*, p. 96.

There is a definite record of service by Juan de Avendaño at Movas between 1717 and 1720, and in 1723, 1726, 1730, and 1754.[24] According to data available to me, there is no record of another Sonora assignment for this priest,[25] and therefore I assume that he was in the vicinity of Movas for at least 37 years. He was probably very familiar with Onavas and Tecoripa Pima, and although apparently not personally familiar with the Eudeve (other than those at Tónichi and Soyopa) or with the Cáhita, he could have had access to the linguistic materials pertaining to the Cáhita.

Andrés Ignacio Gonzáles served as missionary at Movas between 1741 and 1744 and during 1750.[26] Therefore, he served among the Movas Névome for at least five years. Athough he is known also to have been stationed among the Batuco Eudeve in 1741,[27] this short stay would probably have precluded an in-depth knowledge of the Heve language. On the other hand, he could have learned something of the Eudeve tongue through acquaintance with Eudeve at Tónichi, and he could have had access to the Heve and Cáhita linguistic materials referred to above.

Buenaventura de Echeverría is recorded as a resident missionary at Movas in 1744, 1748, and 1750;[28] and I assume that he served there for at least the six years indicated. There is, to my knowledge, no evidence that he served at Tecoripa, among the Eudeve, or among the Cáhita people. However, he surely would have been acquainted with some Eudeve at Tónichi, and could have had access to the Heve and Cáhita linguistic materials.

José Joaquín Franco served either at Movas or Cumuripa during the period 1751 to 1762. We have a definite record of his assignment at Movas between 1752 and 1762, the year of his death.[29] Presumably, Father Franco was a resident missionary at Movas for at least eight years, that is, between 1752 and 1759, and during 1761. I know of no evidence that Franco served

---

[24] Austin, University of Texas, "Catálogo de las provincias mexicanas"; "Estado de la provincia de Sonora," p. 621; Joan de Avendaño, "Catálogo de dos pueblos . . ."; Januske, "Sonora"; Utrera, "Derrotero y jornada a las misiones."

[25] Roca (*Paths of the Padres*, pp. 129, 264, 385, 412) was also unable to determine another assignment for Avendaño other than at Movas.

[26] Andrés Ignacio Gonzáles, "Entrega de Movas, 28 de mayo [1743]"; Pradeau, *Expulsión de las jesuítas*, pp. 162, 164.

[27] Pradeau, *Expulsión de los jesuítas*, p. 162.

[28] *Misiones norteñas mexicanas*, p. 89; Pradeau, *Expulsión de las jesuítas*, p. 89; Carlos J. Rojas, "Carta . . . a licenciado y visitor general José Rafael Rodríguez Gallardo, 27 de febrero [1750]."

[29] Bancroft, *History*, 1:543; Ignacio Calderón, "Carta al padre procurador Pedro Ignacio Altamarino, 11 de noviembre [1753]," p. 246; Decorme, *Obra de los jesuítas mexicanos*, 2:462; José Joaquín Franco, "Entrega de Movas, 29 de marzo [1752]"; Ignacio Lizasoain, "Noticia de la visita general . . . "; *Misiones norteñas mexicanas*, pp. 93, 96; Pradeau, *Expulsión de los jesuítas*, p. 171; Utrera, "Derrotero y jornada a las misiones."

among the Cáhita, or that he was familiar with the Eudeve tongue or the linguistic materials that pertained to Heve or Cáhita.

Bernardo Middendorf is known to have served at Movas between 1761 and 1767;[30] to my knowledge he was not familiar with languages spoken by Eudeve or Cáhita people. And, it is unlikely that Middendorf authored the grammar and vocabulary since his stay at Movas was during the last six years of Jesuit activity in Sonora. Unless he composed the grammar and compiled the vocabulary very early during his assignment at Movas — an improbable undertaking in view of the complexity of the grammar — there would have been insufficient time for a copy of the vocabulary to have been circulated among the missionaries who were familiar with the Yécora and Maicoba modes of speech and who added the marginal notes.

The above data indicate that for the eighteenth century there is a record of about 22 years of service by Andrés Gonzáles at Onavas, 6 for José Roldán, 18 for Martín Vallarta, and 11 for Enrique Kürtzel. For Movas, there is a record of service by Juan de Avendaño for 37 years, Andrés Ignacio Gonzáles for 5 years, Buenaventura de Echeverría for 6 years, José Joaquín Franco for 8 years, and Bernardo Middendorf for 6 years.

Holograph reports written by Andrés Ignacio Gonzáles, José Roldán, Martín Vallarta, Enrique Kürtzel, and José Joaquín Franco are held by the University of Texas Latin American Collection at Austin.[31] I have compared the handwriting in these documents with the microfilm version of the vocabulary. If any one of the above-mentioned missionaries wrote the grammar and compiled the vocabulary, the manuscript obtained by Buckingham Smith represents a *copy* done by someone else of the original, since the handwriting in all of the reports is very different from that in the vocabulary manuscript found among the Smith papers.

The possibility that one of the Jesuits assigned to Tecoripa for a period of several years during the eighteenth century wrote the grammar and compiled the vocabulary should be considered, although (as noted previously) internal evidence in the grammar suggests that Onavas was the locale where the manuscript was composed.

Jacobo Sedelmayr was assigned to Tecoripa between 1757 and 1763; and during the latter year he was transferred to Mátape, where he remained until expulsion of the Jesuits from Mexico in 1767.[32] Therefore, Padre

---

[30] Austin, University of Texas, "Noticia de las misiones"; Bancroft, *History*, 1:573; Decorme, *Obra de los jesuítas mexicanos*, 2:462; Lizasoain, "Noticia"; *Misiones norteñas mexicanas*, p. 101; Nentvig, *Rudo ensayo*, p. 9; Pradeau, *Expulsión de los jesuítas*, pp. 177, 179–80.

[31] Franco, "Entrega de Movas"; A. I. Gonzáles, "Entrega de Movas"; Kürtzel, "Entrega de Onavas"; Roldán, "Entrega del partido de Movas"; Vallarta, "Entrega de Onavas."

[32] Pradeau, *Expulsión de los jesuítas*, p. 232.

Sedelmayr was among the Tecoripa Névome for at least six years, and among the Mátape Eudeve for four. It might be thought that the time spent at Tecoripa was not sufficient for Sedelmayr to have mastered the intricacies of Névome grammar and language; but it should be noted that he served in Pimería Alta between 1736 and 1756 or 1757,[33] and that while there, according to Padre José Och,[34] he devoted some ten years to the preparation of a lexicon of the Pima language (Pima Alto), a lexicon which was to have been printed but which was destroyed during the Pima uprising in Pimería Alta in 1751.[35] There can be no doubt about the rather close relationship between the dialects spoken by the Névome (Pima Bajo) and the Pima of Pimería Alta. Therefore, it is conceivable that a literate man, as Jacobo Sedelmayr apparently was, could have authored the Névome grammar and vocabulary, particularly when his previous experience in working with a lexicon in the Pima Alto country is considered. However, what has to be taken into account is that the grammar seems to have been written at Onavas (in view of the place-name matters referred to earlier). But, we know the grammar contains evidence that the author was familiar with the earlier Névome grammar composed by Francisco Oliñano,[36] and we can postulate that the author might have copied or made use of material in the Oliñano grammar — unintentionally including those Spanish and Névome phrases and sentences which suggest that Onavas was where the grammar was composed. A telling argument against attributing authorship of the exceedingly complex grammar and the vocabulary to Jacobo Sedelmayr is that his serving at Tecoripa for only six years and leaving there for Mátape in 1763 would mean only a period of four years left for an examination of the vocabulary by priests who were familiar with Yécora and Maicoba Pima Bajo modes of speech and who added the marginal notes. In any case, Sedelmayr can be considered a candidate, albeit a questionable one, for authorship of the vocabulary and the grammar.

Francisco Javier Gonzáles served at Tecoripa between 1764 and 1767,[37] apparently too brief a time for the execution of such a complicated grammar as that published by Smith unless Gonzáles was something of a linguist and made much use of the earlier Névome grammar composed by Padre Francisco Oliñano.

---

[33] Ibid., pp. 230, 232.

[34] Joseph Och, *Missionary in Sonora*, p. 44.

[35] This lexicon is referred to by Decorme (*Obra de los jesuítas mexicanos*, 2:474), José Mariano Beristain de Souza (*Biblioteca hispano americana septentrional*, 4:330), and Augustin de Backer (*Bibliothèque de la Compagnie de Jesús*, 7:1041).

[36] Smith, *Arte*, pp. 30, 33, 36.

[37] Austin, University of Texas, "Noticia de las misiones"; Bancroft, *History*, 1:573; Pradeau, *Expulsión de los jesuítas*, pp. 157–62.

Manuel Gonzáles served as missionary at Tecoripa for 13 years, between 1707 and 1720;[38] and Padre Luis Marciano was resident missionary there for much of the period between 1726 and 1742.[39] Francisco Antonio Pimentel is known to have served at Tecoripa between 1750 and 1755.[40] Felipe Ségesser von Brunegg was resident missionary at Tecoripa during the years 1734 to 1744.[41] Nicolás de Villafañe apparently served as missionary at Tecoripa between 1678 and 1708.[42]

The periods of missionary activity on the part of some of these priests at or near Tecoripa are impressive in terms of length of service: 13 years for Manuel Gonzáles, 16 for Luis Marciano, 5 for Francisco Antonio Pimentel, 10 for Felipe Ségesser von Brunegg, and 30 for Nicolás de Villafañe. To my knowledge none of these men served among the Cáhita, and they apparently had few contacts with the Heve save among those at Tónichi and Soyopa. But certainly, those priests long resident at Tecoripa would have been quite familiar with the Onavas Névome mode of speech.

In spite of the impressive lengths of time spent by eighteenth-century priests along the middle Yaqui and its immediate environs (Movas and Tecoripa), I am unwilling to ascribe either the grammar or the vocabulary to that century. Rather, I suspect that both documents are seventeenth-century Jesuit contributions; and it is likely that both were executed by Padre Baltasar de Loaysa, who was associated with Onavas for most of his time as a missionary in Sonora. Padre Loaysa was born in Spain in 1608 and entered the Society of Jesus in 1625. We know that he was in Sinaloa as early as 1638 and that he was assigned to Onavas and Tecoripa on the death of Padre Francisco Oliñano in February of 1647.[43] There is ample evidence of Loaysa being at Onavas in the period between 1568 and 1662, and in 1671.[44] Padre Loaysa died in Mexico City on the seventeenth of September, 1672.[45]

Therefore, the available evidence suggests that Baltasar de Loaysa was associated with Onavas for about 24 years; and it is his stay there during

---

[38] Manuel Gonzáles, "Informe del partido de Tecoripa. . . ."

[39] Austin, University of Texas, "Catálogo de las provincias mexicanas"; "Estado de la provincia de Sonora," p. 620; Utrera, "Derrotero y jornada."

[40] Bancroft, *History*, 1:543; Calderón, "Carta al Pedro Ignacio Altamarino," p. 236; *Misiones norteñas mexicanas*, p. 93; Roca, *Paths of the Padres*, p. 405; Rojas, "Carta [al] José Rafael Rodríguez Gallardo."

[41] Roca, *Paths of the Padres*, p. 359; Felipe Ségesser von Brunegg, "Relación de Tecoripa"; idem, "Verdadera descripción de la misión y cercanía de Tecoripa . . ."; Theodore E. Treutlein, "Document: The Relation of Felipp Segesser [1737]," *Mid-America* (n.s., vol. 16), 27 (1945): 177.

[42] Bancroft, *History*, 1:246; "Catálogo de los partidos contenidos, . . ." p. 791; Roca, *Paths of the Padres*, p. 247; Zapata, "Relación de las misiones."

[43] Zambrano, *Diccionario*, 8:583–85.

[44] Alegre, *Historia*, 3:250, 356; Zambrano, *Diccionario*, 8:585.

[45] Zambrano, *Diccionario*, 8:585.

the 1660s that may be of great importance in determining the age of the grammar and the vocabulary, and perhaps even the authorship of these documents, in view of a comment made by a Franciscan, José Antonio Caxa, in a letter written to the Viceroy of Mexico in December of 1772. In referring to the language of the Pima Bajo at Onavas, Padre Caxa remarked that the idiom of the indigenes had been much corrupted since the time of the Conquest, there being in the speech of the Pima Bajo of the early 1770s few terms of the early period, terms that were represented in an "Arte y Vocabulario" in his possession and dated 1663.[46]

I am hesitant to ascribe precise authorship to either vocabulary or grammar just on the basis of Caxa's comments, although apparently no Jesuit other than Loaysa served at Onavas during the early 1660s. We have certain evidence that Loaysa was a competent linguist. The Tulane University Library holds a photocopy of an *Arte de la lengua hegue compuesto por el padre Balthasar de Loaysa*. Attached to this manuscript is an incomplete photocopy of a vocabulary in the Heve (Hegue) language. A comparison of this material with the *Arte y vocabulario de la lengua dohema, heve o eudeve* — the manuscript held by the New-York Historical Society Library — suggests that the Tulane material was the basis for the abbreviated grammar in the Buckingham Smith papers. Further, the incomplete vocabulary material held by Tulane is very similar to that in the Buckingham Smith document.

Since the date of 1663 is specified by Caxa, it is not likely that the grammar and vocabulary may be attributed to that most famous of the early Jesuits among the Névome on either side of the middle course of the Río Yaqui, Francisco Oliñano, who served in Sonora between 1621 and 1647, particularly in view of the references within the manuscript of the grammar obtained by Buckingham Smith to an earlier grammar composd by Oliñano.[47]

That Oliñano's material was utilized in the preparation of the grammar referred to by Caxa is likely, and it may be that other Jesuit missionaries resident at Onavas during the seventeenth century made contributions. For example, we know that Diego Vandersipe served among the Névome who lived on either side of the Río Yaqui between 1622 and 1651,[48] and that Blas de Paredes was resident missionary at Onavas between 1626 and 1632.[49]

---

[46] Caxa, "Carta al virrey." The precise reference is *Aquellos por que la doctrina se compuso al principio de la conquista, que hace 140 años, y desde entónces acá se ha ido corrompiendo mucho el idioma, y sólo han quedado muy pocos términos de aquel tiempo, como se echa de ver en Arte y Vocabulario que hay manuscrito desde el año 1663.*

[47] Alegre, *Historia*, 2:327; Bannon, *Mission Frontier*, pp. 29, 35; Roca, *Paths of the Padres*, p. 401; Smith, *Arte*, pp. 30, 33, 36; Zambrano, *Diccionario*, 4:576, 8:584.

[48] Bannon, *Mission Frontier*, p. 33; Decorme, *Obra de los jesuítas mexicanos*, 2:351; Zambrano, *Diccionario*, 8:584; 9:562, 576, 696.

[49] Alegre, *Historia*, 2:442; Zambrano, *Diccionario*, 2:88; 9:697.

In view of the statement by Caxa referred to above and the fact that Loaysa served in and about the Onavas area for 24 years, it is logical to deny authorship of the Névome materials to other Jesuits who served in the Névome country during the seventeenth century: Padre Ignacio Molarga, who was at Tecoripa, Suaqui, and Cumuripa during the years 1648 to 1658,[50] and Juan de Almonacir, who is recorded as resident missionary at Onavas between 1678 and 1685.[51]

On the basis of data available to me, I assume that the grammar and vocabulary obtained by Buckingham Smith in Spain are eighteenth-century copies of seventeenth-century originals, with the strongest evidence being the marginal notes in the vocabulary, which must have been made by missionaries familiar with the Yécora and Maicoba modes of speech. Neither Yécora nor Maicoba came under firm control by the Jesuits until quite late in the seventeenth century. I further assume that the original documents were composed at Onavas during the 1660s, almost certainly by Baltasar de Loaysa, who had at hand a Névome *Arte* (and a vocabulary?) composed by Francisco Oliñano.

*   *   *

In editing the Névome vocabulary for publication I have followed certain procedures which are described below. My intent has been to preserve the integrity of the original document.

Spelling of the Spanish has been updated to conform to contemporary usage. Spelling of the Névome equivalents for Spanish terms or sentences has been retained in spite of some inconsistencies. For example, under the entry *Atado* there appears *vurhi,* accompanied by *Véase haz.* Under *Haz. Atado,* the Névome coequal is given as *vuri.* The Névome equivalent for the Spanish *brazo* is presented as *huca,* and it is stated that the latter term also means *ala de las aves.* However, under the entry *Ala de ave* the Névome coequal for that term is given as *hucaddi.* These inconsistencies, and others, have been retained.

Ambiguities have also been retained. For example, under *Caballete de tejado o azotea* there appears *saucrica* and *Véase camellón.* However, there is no *Camellón* entry as such, only *Camellón de tierra,* which is given as *sacarica.* In the vocabulary, *camellón* apparently refers to a ridge turned up by plow or spade, whereas *caballete de tejado o azotea* must refer to the ridge of a house roof, a flat roof, or possibly a ridge of earth made when ploughmen make a furrow. In any case, there is a difference in the spelling

[50]Roca, *Paths of the Padres,* p. 392; Zambrano, *Diccionario,* 8:584; 9:462.
[51] Bancroft, *History,* 1:246; "Catálogo de los partidos contenidos," p. 790; Zambrano, *Diccionario,* 3:278–79; Zapata, "Relación de las misiones."

of the entries *saucrica* and *sacarica*. Also, under *A hurtadillas, pima simasima oimurhu* is given as the Névome coequal for *es andar a [la] sombra de [los] tejados y sin aparecer*, whereas *a'agui* is given as *a hurtadillas*. But under the entry *Andar, aagui, pima masco,* and *pima sima oimurhu* are given as the Névome equivalents for *andar a [la] sombra de tejados*.

It is likely that some of the apparent ambiguities are not really such. The Névome equivalents for *atollar* are presented as *sthododanum bui himu* and *stohodanibua*, which are followed by *Véase atascar*. However, the Névome singular and plural of *atascar* (*dupinu* and *dupicu,* respectively) seem quite unlike those terms which are the coequal of *atollar*. The only common meaning for these two verbs (*atollar* and *atascar*) seems to be something that relates to being stuck in a miry place. However, the Pima who presently live at Maicoba and Onavas state that with respect to physical phenomena a great number of apparently very different terms may be used. Therefore, many of the apparent ambiguities in the vocabulary may be anything but ambiguous.

Certain of the entries have been reversed in order to conform to contemporary Spanish grammar. For instance, *abollada cosa* has been presented as *cosa abollada* (under the entry *Abollar alguna cosa*) and *mocho carnero* as *carnero mocho*. Moreover, I have rearranged many of the entries in order to achieve a greater clarity. For example, under the entry *Abejas de panales* there was a comment that *saivori* was the term used to designate *de las que hace cera*. I have altered this entry to *A las que hacen cera [les llaman] saivori*. Similarly, *cuarhagui mumuva* is given as the equivalent of *son grandes hacen panales*. This entry has been changed to *cuarhagui mumuva son [abejas] grandes [que] hacen panales*.

Following current usage, accents have been utilized only when considered absolutely essential.

The important Latin phrases or terms have been cast into Spanish. For example, the Latin *vide* is given as *véase, erga* as *por ejemplo, nihil* as *nada, ide* as *también, dicat* as *dicen, eius de nominis* as *del mismo nombre, moralis* as *astudo,* and *xa dicta,* as *anteriormente mencionada*. Where isolated Latin words appeared to be of no consequence save to repeat what had already been given in Spanish, such words were omitted during my editing of the vocabulary.

Occasionally, the compiler of the vocabulary presented in connection with a noun or an adjective a verb form that is not listed separately in the vocabulary. Such entries have been considered inappropriate as principal entries. Therefore, rather than presenting the verb form as the principal entry, the Spanish noun or adjective was used as an entry, with the original manuscript entry following immediately. Thus such an entry as *hacer pedazos* appears as *Pedazo. Hacer pedazos. Ser forzudo* appears as *Forzudo. Ser forzudo.* It should be noted, however, that the precise Névome coequals for *pedazo* and *forzudo* do not appear in the manuscript.

Nouns and verbs frequently appear together under single entries. In order to facilitate use of the edited version of the vocabulary by persons interested in material culture, many nouns were removed from entries and added in appropriate alphabetical order as principal entries. However, in some cases where a noun has been edited in as a principal entry, it was also retained within the original entry for the sake of clarity. Therefore, there is some duplication of terms in the edited version of the manuscript, just as there often was in the original document.

Scattered entries have generally been brought together in the edited version of the vocabulary. For example there are many references to terms for *aire,* and these have been included under that noun except where a Névome term is not really suitable for inclusion (such as for *remolino de aire*). There were at least 18 scattered entries that pertained to *cabello.* Since 12 of these entries refer directly to *cabello* they have been included under that entry. Other terms, all of which relate in some fashion to *cabello,* are referred to under a *véase* I have added to that entry.

Generally, the compiler of the vocabulary was explicit about the formation of plurals. Occasionally, however, he inserted after the singular form a series of dots (. . .) followed or preceded by one or two letters, or a series of letters, which clearly were related to the plural formation of the term involved. Where I was reasonably certain of how the plural should be formed, I did so, but with brackets to indicate what was inserted. A typical entry is:

Soliviar algo. Dicen *taibutu* [en singular y] *taihuhu* [en plural]. También [se puede decir] *vamiguida*. plural. *vapami*[*guida*].

In the original entry, *vapami* was provided as the plural. In some instances, the plural of a noun or phrase is not given, although the word *plural* suggests that such was intended. A bracketed *no aparece* has been inserted where the plural should have been given.

In cases where it was impossible to decipher the manuscript, a bracketed *ilegible* has been entered. Where the compiler of the original document, or the copier, failed to give the Névome equivalent of a Spanish term or phrase or vice versa a bracketed *sin traducción* or *no aparece* has been inserted.

Névome equivalents of Spanish terms and sentences have not been capitalized, even in cases where such terms as *Dios, Santa María,* or *Nuestro Señor* were included within the Névome terms and phrases. Exclamation points or question marks that appear with the Spanish entries have been retained for the Névome equivalents. Where the compiler or copier of the vocabulary separated the Névome terms or sentences with a semicolon, a colon, or a comma, such marks of punctuation have been retained in the edited version of the vocabulary.

Within the vocabulary there sometimes appear forms that are now considered archaic by some Mexicans. Such an example is *abajar de lo alto* (the first entry in the original manuscript, but one that I have included under *Abajar alguna cosa*), which is known to older Mexicans of Chihuahua and Sonora, but not among the younger people — at least not as a correct form. Such entries have been retained in the vocabulary.

It is certain that the compiler of the vocabulary consulted the manuscript copy of the grammar in developing the vocabulary. The following example is but one of the many references to the former document. In reference to the Névome mode of expressing *desear hacer algo,* it is stated that: *Se hace con [la partícula] mu en singular y con [la partícula] coho en plural.* Following this statement is *capítulo 9, sección 3.* Since this reference is clearly to the original manuscript of the grammar that was published by Buckingham Smith in 1862, I have altered the reference to [*Vease*] *capítulo 9, sección 3 [en Arte de la lengua névome*], and have provided a footnote to Smith's work. I was able to locate all such references in the published version of the grammar. In those cases where the vocabulary manuscript simply states *Véase arte* for grammatical details, I have altered the reference to *Véase Arte de la lengua névome.*

The vocabulary could have been rearranged beyond any possible recognition by its compiler. This I did not do, in part because such a rearrangement might have resulted in muddling of Spanish and Névome equivalents, but mostly because an injustice would have been done to the Jesuit who executed the original. The really important alterations have been indicated above; and where I added terms or phrases in order to achieve clarity, brackets have been used.

The vocabulary manuscript, as held by the New-York Historical Society Library, consists of four parts: a section that includes entries in Spanish and/or Latin arranged in crude alphabetical form with Pima (Névome) coequals, a section entitled *Nombres de parentesco* with Névome equivalents for the Spanish terms, a section entitled *Nombres de arboles* with Névome coequals, and a section entitled *Nombres de yerbas y raíces* together with Névome equivalents. There are brief comments in this last section pertaining to how some of the medicinal plants were utilized.

Since my intent has been to make the edited version of the vocabulary as useful as possible to persons interested in linguistic and material-culture matters pertaining to colonial and aboriginal northwestern Mexico, I have ignored the arrangement by the compiler of the four sections mentioned above with respect to the order in which they appear in the original document. Sections have been merged, and the entries alphabetized.

The *véase* references within the edited version of the vocabulary represent entries made by the compiler of the vocabulary or by me; my *véase* entries have not been bracketed. For example, under the entry *Arco para flechas* I have inserted: *Véase amagar con el arco como quien quiere tirar; apuntar con el arco; cuerda del arco; estirar alguna cosa; lazada; tirar, estirar.*

Moreover, at the end of the edited version of the vocabulary I have included a great number of *véase* entries in the form of an index, such as *Adornos personales, Agricultura, Anfibios, Animales domésticos, Animales silvestres, Arácnidos, Arboles, Armas*, and so on. This index is designed only to facilitate utilization of the vocabulary; it does not appear in the manuscript held by the New-York Historical Society Library.

In connection with his presentation of the Névome equivalents for terms under *Cuñada*, the compiler of the vocabulary remarked: *Esto es un laberinto.* This comment might well be applied to the unscrambling of the material in the manuscript, arranging it in proper alphabetical order, bringing the spelling up to date, and so forth. There are mistakes, certainly, and I accept responsibility for such, but I believe that they have been minimized, particularly with respect to the spelling of Névome equivalents for Spanish entries, by use of a microfilm enlargement of the manuscript. Buckingham Smith recognized the problem in deciphering the spelling when he commented that the "small and very cramped characters of the manuscript" in the grammar made it impossible to identify the letters in all instances. He noted that there was a particular problem with the letters *b, h, r,* and *x*. Further, he noted that *u* and *v* were sometimes used interchangeably, and that the *x* was sometimes used in lieu of *s*.[52] Since I had access to a microfilm copy of the vocabulary manuscript that enlarged the letters considerably, many of the terms presented herein differ from those used by Smith in his published version of the grammar. For example, he gives *tuia* as the Névome coequal for the singular of the Spanish *doncella,* and *tucia* as the plural.[53] However, the microfilm clearly suggests that the plural of *tuia* is spelled *tutia*.

Accompanying this introduction is a photograph of one page of the manuscript, and I give below an exact copy of what I consider to be on that page, followed by my version of what the page includes in terms of a reasonably accurate transcription. I have also indicated my disposition — within the edited vocabulary — of the material that appears on that page.

---

[52] Smith, *Arte,* p. viii.
[53] Ibid., p. 11.

AN EXACT COPY OF PAGE 85

Cuñado. Hº maior demi marido. Gugni cuna. herº. menor. m'arh'hoaki. Hª. maior demi mujer. ni tuturh duhcuri. Hº menor. m'ocan'. Marido de mi herª. maior. maroga. demi herª. menor. marhoga.

Cuñada. Hª. maior de mi marido. ubbi gunicuna. Hª. menor. mimaraboboi. Hª. maior demi muger. guh'n'oniga. Hª. menor. tutuguisi. Mujer demi herº. maior. Arhimaiduh. de mi herº. menor. nituturuduh.

Curar á alguno. doadida. Doarhida sanar á alguno. 1º. de doa. 2º. de doarhu.

Chamuscarse. voicu. Chamuscada cosa. voiki. Chamuscado voikiga. áotro. voikida.

Chapodar arboles. namarhapiga.

Charlatan, hablador. sikuo kima.

Chica cosa en largo. tupurhi. en Ancho. adi. aditu. adicavitca. Deotrasuerte Chica es. arhidu. de menuda, como trena, mostaza &. sibihi. vg. sibihihia arena menuda. sivihihohota piedras pequeñas.

Chicuguite. ingenˡ. Asarha. Otro. Cupiasarha. qᵉ tiene tapa. Devoca angosta grande. vaio macarha. it cumisi. Largo al modo de petaca. vasa. Otro. Guicoacamaasa, iha. este tiene enla voca cosido un palo, que llaman guicoa.

Chicuguite, que cargan enlas espaldas. cusoviocarha. Los petates, en que guardan el mais, ódesgranado, óen mazorca. Hunuaga.

Chicharra. Cacpurin.

Chiflar. Guicula,⁺ áotro Guicudida. Chiflo. Guicudiga. +etiam usiguida. Que bien i recio Chifla! S'guicudaga.

Chile. Cocori.

Chimal. Carvarha. pl. Cavparha. hacerˡᵉ cavartha. pl.

MY VERSION OF PAGE 85

Cuñado. Hermano mayor de mi marido. *gugnicuna.* Hermano menor [de mi marido]. *m'arh'hoaki.* Hermano mayor de mi mujer. *nituturhduhcuri.* Hermano menor [de mi mujer]. *m'ocan'.* Marido de mi hermana mayor. *maroga.* [Marido] de mi hermana menor. *marhoga.*

Cuñada. Hermana mayor de mi marido. *ubbi gunicuna.* Hermana menor [de mi marido]. *mimaraboboi.* Hermana mayor de mi mujer. *guh'n'oniga.* Hermana menor [de mi mujer]. *tutuguisi.* Mujer de mi hermano mayor. *arhimaiduh.* [Mujer] de mi hermano menor. *nituturuduh.*

Curar a alguno. *doadida.* Sanar a alguno. *doarhida.* [El] primero [*(doadida)* se deriva] de *doa* [(curar) y el] segundo [*doarhida*] de *doarhu* [sanar].

85.

Cuñado. Hº maior de mi marido. Pugnicuna. herº.
menor. marh̄ hoapi: Hº maior de mi mujer ni
guduah duhuxi. Hº menor. Mocax·. Marido de
mi herª maior. marega. de mi herª menor. ma-
rhega.

Cuñada. Hº maior de mi marido. Vbbiguniuna. Hº a menor.
minarabo boi. Hº maior de mi mujer. guhní-
oniga. Hª menor. hehgueji. Mujer de mi
herº maior. Achimai duh. de mi herº menor.
niputixu duh.

Curar ā alguno. Poadida. Boarhida. Sanax à alguno. p.
de Boa. 2.º de doarhu.

Chamuscarse. Voicu. Chamuscadalga. Voiki. Chamuscado. Voikiga. aotro. Voikiu.

Chapodar arbol. namarhapiga.
Charlatan, hablador. Sikiu Sima.
Chia gra enbargo. Jupuxhi. En Andi. adi. adita. adia-
mbca. Piedra huerte Chica ep. Arhidu. de
menuda, como arena, moja za &. Sibihi. vla
Sibihibia arena menuda. Sibihi habida
piedras pequeñas.

Chicuguite. ingenº Abarha. Oro. Augiaparha. q̃ tiene
taja. Berroa angosta grande. Vaio maca-
rha, ſ Cumii: Largo asmodo de petaca. Vaſa.
Oro. Guisacamagsa, iha. este tiene en la
vira Vi de un palo, que llaman guissa.

Chicuguite, que cargan en las espaldas. Cuss vicaxha. la
potades, en que guardan el mais, o de granado,
de otra vora. Hemuaga.

Chicharra. Gerpuxin.
Chisgar. Puicuda, ā otro Guicudida. Chiflo. Guicudiga. ā otra Viguida.
Que tien, vicuo Chiflal Sguicudaga.

Chile. Colox.
Chimal. Cavarha. pl. Augarha. hacer Cavarhla pl.

Chamuscarse. *voicu.* Cosa chamuscada. *voiki.* Chamuscado. *voikiga.* [Chamuscar] a otro. *voikida.*

Chapodar árboles. *namarhapiga.*

Charlatán. Hablador. *sikuokima.*

Cosa chica en largo. *tupurhi.* [Cosa chica] en ancho. *adi. aditu. adicavitca.* De otra suerte chica es *arhidu.* De [una cosa] menuda como arena, [semilla de] mostaza etcétera [se dice] *sibihi.* Verbigracia, arena menuda [le llaman] *sibihihia* y piedras pequeñas [les llaman] *sivihihohota.*

Chiquihuite en general. *asarha.* Otro. *cupiasarha.* Que tiene tapa. [Chiquihuite] de boca angosta grande. *vaiomacarha.* item. *cumisi.* [Chiquihuite] largo como de petaca. *vasa.* Otro. *guicoaca maasa iha.* Este tiene en la boca cosido un palo que llaman *guicoa.*

Chiquihuite que cargan en las espaldas. *cusoviocarha.* Los petates, en que guardan el maíz desgranado o en mazorca. *hunuaga.*

Chicharra. *cacpurin.*

Chiflar. *guicuda.* Y también [chiflar con palo de pito es] *usiguida.* [Chiflar] a otro. *guicudida.* Chiflo. *guicudiga.* ¡Qué bien y recio chifla! *s'guicudaga!*

Chile. *cocori.*

Chimal. *cavarha.* plural. *cavparha.* Hacerle. *cavartha.* plural. [No aparece.]

DISPOSITION OF THE DATA ON PAGE 85

The entries pertaining to brother-in-law and sister-in-law relationships have been alphabetized in proper sequence for the edited vocabulary. And there are terms under the edited entries for *cuñada* and *cuñado* that were once found elsewhere in the manuscript.

With respect to the terms under *Curar a alguno*, they were extracted for inclusion under new entries *Curar* and *Sanar*. Thus, *doa* appears as the Névome equivalent for *curar*, and *doarhu* as one of the entries under *Sanar, reverdecer, y también resucitar.*

Such entries as *Chamuscarse, Chapodar árboles, Cosa chica en largo, Chiquihuite en general, Chicharra,* and *Chile* are alphabetized properly for the edited version of the vocabulary — with no really significant changes except for those made to achieve correctness of grammar and for the insertion of terms for clarity.

The *Chiquihuite que cargan en las espaldas* entry has been placed under *Chiquihuite en general.* However, the reference to *los petates, en que guardan el maíz desgranado o en mazorca* has been shifted to the entry *Petate.*

Within the original manuscript, the same Névome terms are presented for *chimal, adarga,* and *rodela,* albeit with slight variations in spelling. I have chosen to retain the entry given by the compiler of the vocabulary under *Adarga* and have inserted *Véase adarga* under the entries *Chimal* and *Rodela*.

With regard to the entry *Charlatán*, the term *hablador* has been removed since there is a long entry under that term within the alphabetized vocabulary. The Névome coequals for *charlatán* and *hablador* differ a bit in spelling.

I have thought it best to reorganize the entries under *Chiflar*, and have removed *chiflo* for use as a separate entry.

There was clearly a need for cross-references with respect to certain data found on page 85. In addition to the cross-reference under *Chimal* and *Rodela* I have inserted the following in the edited version of the vocabulary: *Véase chiquihuite en general* under *Canasta* and *Cargar al hombre*; *Véase petate* under *Maíz*; and *Véase chiflar* under the entry *Pito*.

*   *   *

As mentioned before, the purpose of my editing was to provide a useful vocabulary and my intention was to retain the integrity of the vocabulary as originally compiled. I trust both purpose and intention have been satisfactorily fulfilled.

The Pima Bajo

Volume II
Vocabulario

VOCABULARIO

A

A escondidas. *aagui oimurh.* plural. *aagui oihopo. pima masima. pima masco.*

A esta otra parte. *amidurhu.* item. *aagadurhu.*

A esta parte o de esta parte. *dadurhu.* item. *siabaidurhu.*

A estas horas. En este tiempo. *hakida.*

A hurtadillas. *a'agui*[1] Nótese que *pima simasima oimurhu* es andar a [la] sombra de [los] tejados y sin aparecer.

A la luz. *simasco urha.*

A la mañana. *buhimuca.* Véase adverbios de tiempo [en *Arte de la lengua névome*].[2]

A la mano derecha. *buis padurhu.*

A la mano izquierda. *ocs padurh.*

A la medida de mi gusto. *ninuokikiti. n'hipuidag'kiti.*

A la par. *comarhu. humapa. bupo.*

A la postre. *oitu.*

A la sazón. *bunoga.*

A la una y otra parte. *hipadurhu.*

A la vista o en presencia. *nunaspa.*

A ver, veamos. *higuia.*

Abajar alguna cosa. *tubanida.* plural. *tuopaguida.* futuro. *urbinida.* Abajar de lo alto. *tubanu.* plural. *tuapagu.* futuro. *urbunu.* Abajar para tomar algo. *cuira. mudumarhicada.*

Abajo. *dumari. buto. acspa.*

Abatir. *soigabua. saibua. saidodoa.* Véase maltratar.

Abejas de panales. *mumuva.* A las que hacen cera [les llaman] *saivori.* La miel. *bapuigui. cuarhagui mumuva* son [abejas] grandes [que] hacen panales.

Ablandar alguna cosa. *moicada.*

Abogado. *vusiva nuocudama.*

Abogar. *vusiva nuocu.* Aboga por mí. *ni vusiva nuokani.*

Abolladura. *burainiga.* plural. *burhaikiga.*

Abollar alguna cosa. *burhaina.* plural. *buraisa.* item. *durhaisa.* Cosa abollada. *burhaini.* item. *durhaini.* plural. *burhaiki.* item. *durhaiki.* Abollarse. *burhainu.* item. *durhainu.* plural. *burhaisu.* item. *durhaicu.*

Abominable. *s't'hupudama.*

Abominar. *parhuida. asurhida.* item. *s'hubaida.*

Abonar. Tener por bien. *saptuta.*

Aborrecer. *scuhida. asurhida.*

Abortar. *nonoadi muha.*

Abrasar. *muhida.* [Abrasar] el campo. *cusada.* Estar abrasada la sabana. *voicu.* [Estar abrasado] el campo. *voiki.* Véase quemar.

Abrazar. *comicu.* Abrazarse [estre-

---

[1] Presumably, the apostrophes in words such as *a'agui* indicate contractions (Buckingham Smith, ed., *Arte de la lengua névome, que se dice pima, propia de Sonora; con la doctrina christiana y confesionario añadidos*, p. 9). However, the compiler of the vocabulary was not consistent in the use of the symbol; it might also have been used to indicate a glottal.

[2] Smith, *Arte*, pp. 86–89.

charse] echando los brazos por las espaldas. *nanacuriacu.*

Abrigar a otro. *tuhida.* Estar abrigado. *tuhu.* Abrigarse. *mutuhida.*

Abrir, verbigracia [una] puerta. *cupioca.* [Abrir] los ojos. *nua.* [Abrir] la boca. *tunitarhana.* Abrirse. [Brotar] las flores. *mutarhana.* [La partícula] *mu* no es radical. Abrirse las manos por el frío. *hubavinu.* Rajarlas el frío. *hubavina.* La tal abertura. *hubaviniga.* Abrirse o rajarse la tierra. *tapanu.* plural. *tactu.* La tal abertura. *tapaniga.* item. *tatkiga.*

Abrojo. *hoi.*

Abstenerse. *saidutuda* [derivado] de *saidu* que es causar temor, veneración y recelo. De [este vocablo] llaman al español *saiducama.*

Abuela por el lado materno. *uhta.* [Si termina] con [la partícula] *di* [es posesivo, verbigracia] *uhdi* [que significa su abuela]. Abuela por el lado paterno. *caca. cahca.* [Si termina] con [la partícula] *di* [es posesivo, verbigracia] *cahdi* [que significa su abuela].

Abuelo por parte de madre. *baba. basa.* [Si termina] con [la partícula] *di* [es] *badi* [o] *baadi* [que significa su abuelo]. Abuelo por parte de padre. *bosca.* [Si termina] con [la partícula] *di* [es] *bosidi* [que significa su abuelo].

Acá. *ay.* Tráelo acá. *ay g'ucti.*

Acabalar alguna cosa. *am'huguida.*

Acabar. *huquioca.* Como cuando el sol y [el] calor van consumiendo el agua. *humida.* [Acabar es también] *hukioca* [o] *natoa.* Se acabó. *natoam'-t'igui.* Acabar consumiendo. *hukiora.* Acabar perfeccionando. *natoa.* Dicen también *dugubonu.* Acabarle a otro. *hukiorida.* Acabarse. *hubuca.* Acabarse consumiendo. *hubuca.* Acabarse, sumirse [consumirse] el agua. *humu.*

Acardenalar. *totposca.* El cardenal. *oroniha totposkiga.* Lo acardenalado. *totposki.*

Acarrear. *toabada.*

Acechar. *tutuga. tutuguta.* item. *coatsada.* Véase espiar.

Acederas. Vinagreras. *mahihaba-casi.* Son agrias [como] las de España. Tienen diferentes hojas.

Acepillar. *hiba.*

Acequia. *vaica.* plural. *vaicata.* Hacer [una] acequia. *vaicata.* plural. *vapaicata.* [Reventar] una acequia. *guisanu.* Romper [una] acequia. *guiasuna.* La parte por donde [se rompe]. *guiasaniga.*

Acercar algo. *buy urina.* plural. [*buy*] *urisa.* item. *miadida.*

Acertar al blanco flechando. *muhu.*

Aclarar el día. *oanu. siadida. siarhu. mathotuanu.*

Aclarar el tiempo deshaciéndose [desvaneciéndose] las nubes. *uricoana.*

Acocear. *cuiaina.* plural. *cuiaisa.*

Acomodar. Véase aderezar [y] componer.

Acompañar. *bumatu. oimurhu.* Más correcto [es] *himu.* Me acompaña siempre Pedro. *pedro humosuri ni bumatu.* [*pedro humasuri ni*] *oimurhu.* [*pedro humasuri ni*] *himu.*

Acordarse. *stukitoa.*

Acortar. *tupurhicada.* Acortar alguna cosa larga. *tupuricada.*

Acostado. Véase estar acostado.

Acostarse. *voho.* plural. *vovo.* Acostarse de lado. *gaivoho.* plural. *gaivovo.* [Acostarse] boca abajo. *cupurivoho.* plural. [*cupurivovo.*] [Acostarse] boca arriba. *taivoho.* plural. [*taivovo.*]

Acostumbrarse. *sapurinu.* [Acostumbrarse] a algo. *sapurina.* item. *sapurinida.*

Acullá. *abu. garhu. paamu.*

Acusar. Usan el verbo *aquida* [que significa] decir.

Achacar. *bui.* plural. *buypa.* item. *ababua.* plural. *ababupa.* Me lo achaca. *ni buy.* item. *n'ababua.*

Achacoso. *mumucudama.* Ya [se] cae, ya [se] levanta. *mumukiari.* Enfermo que [se] anda cayendo y levantando. *mumukiari.* Véase enfermo.

Adarga. *cava'arha.* plural. *cavparha.* Hacerla. *cabar'ha.* plural. [No aparece.]

Adargarse. *m'hunamida.* item. *musovida.* plural. *musosovida.*

Adelantarse. *bupuga himu.* item. *vaita himu.* item. *baibitu.*

Adelante. *vaita.* Fue adelante, *vaita t'igui ki.*

Adelgazar. *comarhicada.* Se refiere propiamente a adelgazar tablas. [Adelgazar] un bordón. *adida.* [Adelgazar una] cosa puntiaguda. *mucadida.*

Aderezar. *tuita. cugurina.* plural. *cugurhisa.*

Adiestrarse. *supurhinu.*

Admirable. Cosa admirable. *sapua nuhida haga.*

Admiración. *sum'urhida cugai.*

Admirarse. *sum'urhida.*

Admitir. *bubu.* plural. *uhu.*

Adobera. *samitacarha.*

Adobes. *sami.* Hacerlos. *samita.* Véase barro.

¿Adónde? *bu? ubai?*

Adormecer a un niño. *cosida.* Adormecerse [un] pie o [una] mano. *sivapagu.*

Adversario. Enemigo. *obagga.* Tenerlo. *obagga'ta.* Adversario en el juego. *namuki.* Tenerlo. *namukita.*

Advertir. *stukitoa.* Advierte. Guía. Atiende. Advertid. Atended. *guivorhama.*

Afable. *scughipuitcama. sivaguima. hipuidcama.* Ser [afable]. *sivaguima. hipuitca.*

Afeitado, a quien se le ha cortado el cabello. *cupaiki.*

Afeitador, el que afeita. *icacama.* [El] que afeita bien. *si'cudaga.*

Afeminado. *s'hubima.* El que vive como mujer haciendo los oficios de mujer, como en su gentilidad hubo alguno. Afeminado, que en su modo parece mujer. *occibupotuitca.*

Afición. *s'ohidacugai.*

Aficionarse a alguna cosa. *sohaida.*

Afiladera. *mucadacarha.*

Afilar. *mucada.* Cosa afilada. *simuca.*

Aflicción. *soig'm'urida cugai.*

Afligido. Estar afligido. *soig'm'urida. saimurhida sai.* item. *soig'mutatu.*

Afligir a otro. *soigabua. s'cocombua. soigadodoa. soigabui himu.*

Aflojar. *dusarhcada. dusaricada.* Aflojarse. *dusatha.* Cosa floja. *dusari.*

Afrentar. *saiurhabua. pedro sait'igui ni'crabua.* [Sin traducción.]

Afuera. *buburho.*[3]

¡Afuera! item. ¡Apártate! *aagani!* plural. *aagorha!*

Agacharse. *dugata. dumari gucsu. hakitoa.* Lo cual es agacharse detrás de algo. Agacharse de rama en rama *viahimu.* plural. *vipia hihimu.*

Agarrar. Véase mano.

Agasajar. *daguiorha.*

Agil, que corre ligero. *simurhidaga.* plural. *sivopoidaga.*

Agobiarse algo, verbigracia la madera. *ainorha. muracorhicada. mutubitcada.* La [madera] comba. *gacoriga.* item. *ainoriga.* Agobiarse el viejo por la edad. *mutubitcada.* El así agobiado. *curtubitca.*

Agonizar. *saiurinu.* Es estar muy

---

[3] In a different handwriting is *tucuri.*

cansado y lo aplican cuando alguno esta expirando.

Agotar. *huquioca*. Como cuando el sol y [el] calor van consumiendo el agua. *humida*. Agotarse un río, [un pozo] etcétera. *humu*.

Agradecer. *hapurhida*. *buy simam'-urhida*.

Agradecido. *s'hapurhi dadama*, de *hapurida* [que significa] agradecer.

Agradecimiento. *hapurhida cugai*.

Agrio. *subco*. *suhcodaga*.

Agua. *sudagui*. Agua zarca. *s'toa sudagui*. Agua turbia. *scomagui sudagui*. Ir [turbia el agua]. *scomagui murha*. Estarlo. *scomagui*. Haber murmullo de agua. *sibonu*. El tal ruido. *siboniga*. Aplícase a cosas semejantes. Sumirse [consumirse el] agua. *humu*. [Sumirse] en ella. *dupinu*. Traer agua. *vaigui*. Ir a traer [el agua]. *vagui murha*. Traer agua del río cargándola como los indios. [Sin traducción.] Cuando quiero beber [digo] *sudagui ay gucti*. Agua traída. *vaigui*. Agua helada. *sudagui cubbainiga*. [Se deriva] de *cubainu* [que significa] congelarse algo. Véase acabarse; entibiar; remolino.

Aguacero. *dukiga*, de *ducu* [que significa] llover. Aguacero recio. *scobocama duki*. Aguacero tempestuoso. *stotanakima duki*. Aguacero tupido. *scobocama duki*.

Aguardar. *nunurha*. Y también dicen *nunuahimu* [que significa] te aguardo. ¡Aguarda! Amenazando. *quia!* plural. *quiavorhama!* Aguarda, verás. *hikia*. *hiquiavorhama*.

Aguas. Tiempo de ellas [estación de las lluvias]. *dukiadaga*. Ser el tiempo [de aguas]. *dutkiabaga*.

Agudo. Astuto. *s'tumatudama*.

Agudo. Afilado [puntiagudo]. *simuca*.

Aguijón de avispas. *usudi*. [La partícula] *di* no es radical.

Aguijonear. *tuacana*. plural. *tuacasa*. [Aguijonear] por dar prisa. *otsa*. [Aguijonear] con espuela. *tumaina*. plural. *tumaisa*.

Aguila. *vaagui*. plural. *vaabaa'igui*.

Aguja. *oigorh*. Otros [tipos de agujas]. *ovvidi*.

Agujerado. *duga*. plural. *duduga*.

Agujerar. *dugarha*. plural. *dudugarha*.

Agujero. *duga*.

Ahí. *ami*.

Ahijar, verbigracia el trigo [echar retoñes el trigo]. *mamarhata*.

Ahitar a alguno. *maimutuda*. plural. *maicohituda*. Ahitarse. *mahimu*. plural. *mahicoho*. El que está ahito. *maimudaga*. plural. *maicohidaga*.

Ahito. *maimuguiga*.

Ahogarse de calor. *tumo'cada*. Lo usan de modo que significa estar blando, verbigracia dejado [sofocado, abochornado]. *stonikiti*. *an'igui simioica*. Estoy lacio con el calor. Ahogarse [asfixiarse] el sembrado con zacate. *usisahimuha*. Ahogarse en [el] agua. *vatumu*. plural. *vatucoho*. Ahogado así. *vatumudaga*. *vatucohidaga*.

Ahondar. *tucaba cocoba*. item. *tucab'urina*.

Ahora. *vutu*. Ahora [hace] poco. *idani vutu*. *vutu hubana*. Ahora, de aquí a un poco. *vutu ar'hiocada*. *ariocada*. *ariocadubana*. Ahora al punto. *vutuba*. Ahora al instante. *humapa*. [De] ahora [en] un año. *hum'akida*.

Ahorcar. *naguia*. plural. *naguiguia*. Ahorcarse. *munaguia*. plural. *munaguiguia*.

Ahumar. *cuhimutada*. Ahumarse

algo. *cuhimu.* Cosa ahumada. *cuhimudaga.*

Ahuyentar. *sasada.* item. *tugguiguia.* [Ahuyentar] al enemigo. *boitana.* plural. *boitasa.* Ahuyentarse. *boitu.*

Aire. *uburhi.* Hacer [aire]. *uburhu.* Hacer como brisa tenue. Céfiro. Correr [la] brisa. *uburhidagu. uburiogu.* [Hacer aire] con el aventador [abanico]. *uburhioguida.* [Hacerle aire] a otro. *uburioguidida.* Véase remolino.

Ajena. Cosa ajena. *pima uriga. pima astuidaga. hudurhico uriga.*

Al alba. Véase aclarar el día. Romper o rayar el alba. *stoacu.*

Al atardecer. *maidu.*[4]

Al final o remate de alguna cosa. *hukidigama.* item. *coaba.*

Al medio día. *urhadu.* Denota ser medio día.[5]

Al punto. *humopa.*

Al soslayo. *gohori.*

Ala de ave. *hucaddi.* [Ala] de terrado. *ucsi.* Hacer la tal ala. *ucsita.*

Alabar. *saptuta. sapua aaga. buturdurh sapua nuocu.* Alabarse. Véase loarse.

Alameda. *opotutcami.*

Alamo. *hopo. opo.*

Alargar alguna cosa. *tuburhida.*

Albor. *stoguiga.*

Alborotarse. *nanacohua. nanacogusuda.* Dícese también de uno que travesea y es inquieto.

Alcanzar alguna parte. *ahu.* item. Alcanzar al que va delante. Alcanzar el pensamiento. *hipuidag'amurida.* Alcanzar lo que se reparte. *ahu anhugu.*

Alcoholar. *usurhida.* El rayarse de [los indios]. La tales rayas. *usuriga.* El que está rayado. *usurhudama.* item. *usurcama.* Estar alcoholado. *usurhu.* Véase embijarse.

Alegrarse o estar jugando o retozando. *titibi.* El retozón. *s'titibicuma.* [Lo usan] por estar contento. *sivaguimam'urida. sapuam'urida. sapuamuta. sivaguimamutatu.*

Alegre. *sivaguima m'urida sapuami'urhida.* item. *sapua.* item. *sivi sivaguima muratu.* item. *stas'kima.* Hombre alegre. *sivaguima m'uridadama.* Cosa alegre. *sivaguima.*

Alegría. *sivaguima murida cugai.*

Alentarse. *mugugusida. urhasta. musuidada.*

Algo. Alguna cosa. *haitu.*

Algodón. *toki.* Véase arrollar; grano; manta de algodón; reventar, verbigracia [el] algodón en el capullo; tejer.

Alguno. *urho.* Por ventura ¿alguno lo tomó? *urho aspi t'igui'buy?* Algunos y otros. *ay.*

Alisar una cosa con otra. *tubica.*

Aliso. *pitai. sopqui.*

Aljaba. Véase carcax.

Alma. *hipuidagadi.*[6]

Almagre. *huta.*

Almohada. *moscarh.*

Alocado. *nochoaki.* El burlón. *stato cugai.*

Alterarse. *cuguia.*

Alto. Véase eminente.

Alumbrar o resplandecer. *simasi* es [en] general. Alumbrar el sol. *tonorho.* Alumbrar la luna. *masabaga.*

---

[4] *mudiusch* appears to the right of this entry in a different handwriting.

[5] In a different handwriting is *dam duco.*

[6] In a different handwriting is "mejor *tukki'itoidagu* que es el entendimiento."

Alumbre. *duburhona*. Al salitre [llaman] *tuiusiona*.

Alzar alguna cosa. *taibubu*. plural. *taiubu*. item. Alzar del suelo. Alzar la cabeza mirando. *tainuhida*. Alzar lo colgado. *taiusina*.

Allanar. *dapcada*. *taparicada*. Allanar raspando. *hibihuma*. item. *hiba*.

Allegado o pariente. *haduni*.

Allegar o juntar algunas cosas. *nahusiga*. *numapaguida*.

Allí. *ami*. *garhu*. *imu*. *gaamu*. *abu*.

Amagar con el arco como quien quiere tirar. *sihdaida*. Es también [amagar] con otra cosa.

Amamantar. *sihida*. item. *sihituda*.

Amancebado [concubino]. *aaguionig' pcama*. Ella [concubina]. *aaguicunacama*. Estar amancebado de varón. *aaguihonida*. [Estar amancebada] de varón. *aaguihonida*. [Estar amancebada] de mujer. *aaguicunta*.

Amacer o aclarse el día. *oanu*. *siarhu*. *siadida*.

Amaneciendo. Véase aclarar el día.

Amapa. [El] árbol. *pihadunima*.

Amar. *sidaada*. Te amaré. *simudada mucuana*.

Amargar la boca. *sidagae*. El amargor de la boca. *sidapkiga*.

Amargo. *sivu*. Amargar alguna cosa. *sivuca*. Tenerla por amarga. *sivuhurida*.

Amargor. *sivadaga*.

Amarillear. [No aparece.] [Amarillear] de semillas y maíz. *oamariga*. [Amarillear] de [la] fruta. *vamucca*. plural. *vapamuca*.

Amarillo. *s'hohoma*. Teñir [de] amarillo. *oamadida*.

Amarrar. Véase atar.

Amedrentar. *doatkituda*. item. *s'hupudatuda*.

Amoldar la punta de la flecha. *victu*. [Punta] amoldada. *victuguiga*. Véase flecha.

Amole. *hupupurha*.[7]

Amonestar. Usan el verbo *aguida* [que significa] decir. *tutuguida* significa dar buenos tlatoles [noticias].

Amontonar. *nahasiga*. [Amontonar] el maíz y otras cosas. *sipurhicada*.

Amor. *sidaada cugai*.

Amortajar alguna cosa. *sonivia*. *mohana*.

Amparar. *vusivoinu*.

Ampolla. *toha*.

Anade. *sabarhicuha ondema*.

Ancha. Cosa ancha. *starhani*. Y dicen también *pug s'tarani*. Ancho como canal. *tapiuca*.

Andar. *oimurhu*. plural. *oihopo*. Este [verbo] no significa ir [sino estar]. Verbigracia, ¿qué se ha hecho Pedro? ¿Dónde anda Pedro? *pedro ba oimurh?* Caminar es *himu*. plural. *hihimu*. Caminar mal. *parh himu*. Andar de lado. *gaihimu*. Y dicen anda bien, *sapuaoimurhi*. Andar a gatas. Véase gatear. Andar a la redonda. *sicorhioimurhi*. plural. *sicorioihopo*. Andar a [la] sombra de tejados. *aagui*. *pima masco*. *pima sima oimurhu*. plural. [*pima sima*] *oihopo*. Andar como quien tiene las partes malas. *s'caarhimu*. Andar con pasos largos. *siduhaguimahimu*. [Andar] con pasos medidos. *scoihimahimu*. [Andar] derrotado. *huguimurha*. plural. *hukivopoho*. También [significa] perderse. Andar descaminado. *hukimurha*. plural. *hukivopoho*. El que anda así. *gukimurhcama*. plural. *huguivopohocama*. Andar menudo. *dudubukima himu*. *sivihima himu*.

---

[7] In another handwriting is "aqui llaman [a] el amole *toi*."

Andariego. *soimuricuma*. plural. *soihop'icuma*.

Andrajosa. Cosa rota o andrajosa. *banisaniga*. plural. *baniscuiga*.

Anegarse. *dapinu*.

Angosta. Cosa angosta. *aditu*. *adicabitca*. item. *sosobitca*. item. *sovitki*.

Anochecer. *stucagu*. item. *urhunu*. Anochecerle a alguno. *stucaguida*. item. *urhunida*.

Ansar. *sabarhicuha ondama*.

Antes. *bupuga*. [item.] *vaita*. Antes de mí o delante de mí. *ni vaita*.

Antier. *bupuga taco*.

Antíguamente. *hutkihuba*. item. *hudkihubana*.

Antojarse alguna cosa. *sinacu*. item. *hinamu*. plural. *hinacoho*.

Antojo. *sina cugai*.

Anudar. *avurida*. [Nudo] apretado. *siavuri*. Desatar nudos. *avurimatoca*. Anudar o hacer nudos. *avurhida*. plural. *aipurhida*. [Echar] nudos para otro. *avurhidida*. Hacer [un] nudo con otro o [con un] cordel. *mavurhida*.

Anzuelo. *vipiacarha*. [Derivado] de *vipia* [que significa] pescar con [un] anzuelo.

Añadir. *cuinoguida*. item. *bunaida*.

Añeja. Cosa añeja. *hubukita*.

Añil. *stugdoguidocarh*.

Año. Lo explican por los meses o [las] aguas. *maco dutkiadaga*. item. *macohuaba*. Un año.

Aojar, hacer mal de ojo. [No aparece.]

Apacentar. *sasada*. Este se usa.

Apachurrarse algo, deshacerse como pisándolo. *apsunu*. plural. *apsucu*. Estarlo. *cuisunu*. plural. *cuisucu*. [Deshacer] algo con los dientes. *cuisunu*. Verbos [que significan lo mismo].

apsuna cuisuna. item. *cuisurha*. La tal cosa. *apsuni*. *cuisuni*. La tal acción. *apsuniga*.

Apacible. Dicen *stug'hipuidcama*. item. *sivaguima*. *hipuitcama*.

Apagar el fuego. *tusa*. Apagarse [el fuego]. *tucu*. ¡Oh, si se apagara! *dodaki tucuna!*

Apalear. *uskiti guguta*.

Aparecerse. *buy masida*. Se me apareció. *ni buy ti'gui masi*.

Apartar a un lado. *aag'himu*. plural. *aag'hihimu*. ¡Apártate! Dicen *aagani!* ¡Apartaos! *hagorha!* Apartar alguna cosa. *aag'urina*. plural. *aag'urisa*. [Apartar] algunas cosas de otras. *saiurina*. plural. *saiurisa*. Apartar algo con los pies. *himitcubua*. plural. *himitcuba*. item. *himiduriga*.

Aparte. *hudorico*.

Apedrear. *maitcubua*. item. *maitona*.

Aplacar a otro. *hupida*. item. *hupituda*. [Aplacar] la enfermedad de calentura, etcétera, dicen *hupi*. [Aplacar] otras enfermedades. *tuhosanu*. item. *duaarhca*. Aplacarse de algún enojo. *hupi*. Me aplaqué. *an'ti'guihupi*.

Aporrear. *soigabua*. [item.] *mumuha*. plural. *cocoda*. Este *tuguiguia* significa luchar.

Apostar [en] el juego. *toha*. Poner algo. *tuca*.

Aprehender. *amurhida*. *simatu*. Ir aprehendiendo. *amurhida himu*. *simatu himu*.

Apresurar el paso. *himu*. plural. *hihimu*. [Se forma] con [la partícula] *si*, verbigracia, el Padre apresura el paso. *pare sihimu*. De uno que anda a paso picado [dicen] *sidudubuguima himu*. Del que [anda] con pasos largos [dicen] *siduhaguima himu*. Cuanda [anda] con pasos menuditos [dicen] *sivisima himu.* Cuando uno hace reverencia [dicen] *dupkima himu.*

Apretar algo cuando lía. Usan [el verbo] *vurha.* plural. *vupurha.* [Si se usa] con *si,* [verbigracia] *sigahurha* [la palabra] significa ¡átalo recio! Apretar con las manos. *dapuina.* plural. *dapuisa.* Tener con las manos. *dapu.* plural. *dadapu.* Si es cerrando la mano. *sacoma.* [plural.] *sascoma.* Si es apretar hacia abajo. *daguiaina.* plural. *daguiaisa.* [Apretar] el vestido. *aposi. viactu.* Estar apretada alguna cosa, verbigracia [apretar una] ventana. *sau.* plural. *sasau.*

Aprisa. *oy. oiba. sotoma.* Para uno. *oigani. sotomani. parbogani.* Para muchos. *oigarha. sotomagorha.* De repente. *sampa.*

Apuntar con el arco. *sihdaida.* Apuntar con el dedo señalando. *iguida.*

Aquél. *hugai.*

Aquí. Con movimiento. *ay.* Sin movimiento. *ia.* Aquí cerca. *ia va.* Aquí dentro. *ia hurha.* Aquí detrás. *ia bubiga. ia comispa.* Aquí en alguna parte. *ia bubana.*

Araña. *hibitobuki.* Es negra [y] ponzoñosa. Otra [araña] grande [y] peluda. *ohocu.* Otra [araña] pinta. *mamagarhadama.* La [araña] ordinaria. *carurhusi.* Otras [arañas] blanquillas. *tocohopi.* Otras [arañas] que en los árboles hacen telas grandes redondas. *icustadama.* Las [arañas] que tejen. Telarañas del trigo. *banisana.* plural. *banisasa.* Las arañas que las tejen. *banisaniga.* plural. *banisasiga.* Véase tela.

Arañar. *hucana.* item. *hucarha.* plural. *hucasa.* Arañar con [una] espina. *hibosana.* plural. *ibosasa.* [El] tal araño. *hibosaniga.* plural. *hibosasiga.* Véase rasguñar. Arañarse con alguna espina. *hibosanu.* plural. *hibosacu.*

Araño. *hucaaiga.* plural. *hucasiga.*

Arbol en común. *usi.* [*usi* significa] todo género de árbol. Véase chapodar árboles; renuevo.

Arboleda. *vusi tutcami.* Si es de sauces [dicen] *tuburhitutcama.* Si es de álamos [dicen] *oopo tutcami.* Y suelen añadir *mui* que es muchos.

Arcabuz. *sipuntudacarha.* De *sipunu* que es reventar algo. Véase estallido que da la madera al quebrarse.

Arco iris. *quiorha. kiorha.* Formarse [el arco iris o] hacerle aparecer. *quiorthuda. kiorthuda.* El sol muchas veces en las nubes forma el [arco] iris. *tasa muyo tubaikiaba kiorthuda.* Pones arco [iris] en mis nubes. *nitubakiaba kiorthuda mucu ani.*

Arco para flechas. *gato.* Hacerlo. *gata.* Embrazar el arco. *sihdaida. usiba* es poner la flecha en la cuerda. *hiba* [es un árbol]. La madera [de este árbol es buena] para [hacer] arcos. Véase amagar con el arco como quien quiere tirar; apuntar con el arco; cuerda del arco; estirar alguna cosa; lazada; tirar, estirar.

Arco, verbigracia de sauce. *quio.* plural. *quiquio.* Hacerlo. *quiota.* plural. *quiquiota.* Pondréis arcos de sauce. *tuburhi apimut'io quiquiota.*

Ardilla. *tucuri.*

Ardor del cuerpo. *tondiga.*

Arena. *hia.*

Arenal. *s'hiarhaga.*

Arista, [el] junco que sale del maíz. *buguiga.*

Arrabal. *haco.*

Arrancar algo. *hupana.* plural. *hupsa.* [Arrancar] hierbas como suelen [hacerlo] las indias repelándolas. *bona.* plural. *bopona.* Si es [arrancar hierbas] con raíces, todo junto. *hupana.* plural. *hupsa.* Arrancar [el] árbol de raíz. *tacabua.* plural. *tacabupa.* Arrancar hierbas para otro. *bonida*. plural. *boponida*.

Arrastrar madera. *tubaimurhada*. [Arrastrar] el vestido. *voscahimu*. item. *tuhicahimu*. Arrastrarse por el suelo. *duburhabaguci'himu*. plural. *susurig' hihimu*.

Arrear. *sada*. plural. *sasada*. [Arrear] las mulas. *mumura*. *sasada*. item. *tuguiguia*.

Arrebatar. *vopoida*. *vopohida*. El que todo lo arrebata. *sivopohitcama*. Véase quitar.

Arrebol. Sólo dicen *sivupugui*.

Arremangar [o] levantar las faldas. *vitcoaga*. plural. *vitcoasa*. Estos verbos *takibua* y *hibisa* en singular [y] *hihibisa* en plural, significan levantar la ropa cogiéndola como cuando se levanta la sotana al cíngulo.

Arrempujar. *nuiaina*. plural. *nuiaisa*.

Arrepentirse. Véase mudar de parecer.

Arriba. *guido*. *guidoba*. *damana*.

Arrimar a alguno. *vohoda*. plural. *vopoda*. Arrimarse. Usan el verbo *voho*. plural. *vovo*. Verbigracia, *vidovagui aba api voho*. Estás acostado [apoyado contra] la pared. *taivoho*. *gaivoho*. [Sin traducción.]

Arrodillarse. *ton'aba cuhca*. plural. *ton'aba guguhuca*.

Arrojar alguna cosa. *aibua*. plural. *aysuriga*.

Arrollar. *cosidoada*. Como cuando se arrolla un petate, un papel, [un] talmud a un palo [se usa] *vibiga* [y también] cuando las tejedoras envuelven el algodón a un palo. Véase revolver, arrollar.

Arropar. *tuhida*. *mutuida*.

Arruga. *sorhonida*. plural. *sososkiga*.

Arrugar. *sorhona*. plural. *sososca*. *sosorchu*. *sosorhca*. *sosorkida*. *sosor-*

kiga. item. *sorhonida*. plural. *sososkida*. Arrugar alguna cosa. *sorhoni*. plural. *sososki*. item. *visani*. plural. *vipisunki*. Estos dos [*visani* y *vipsunki*] significan arrugar como cuando encarrujan un paño. Los primeros [*sorhoni* y *sososki*] significan [una] cosa arrugada sin concierto. Arrugarse. *vidinu*. Arrugarse alguna cosa. *sorhonu*. plural. *sososcu*.

Asa de jarro. *gurharhagudi*. Ponérsela. *guiarhactuda*.

Asado. *gahi*.

Asador. *gaicarha*. Hacerle. *gaicarhata*. El que asa. *gaadama*. El que todo la asa. *s'gaicama*.

Asar. *gaha*. [Asar] para otro. *gahida*. Asar en el rescoldo. *tunoho*. Asado así. *tunohi*. Asar dando vueltas. *nonoscagaha*. Asar mezcal en tatema. *maha*. Si son otras cosas, calabazas etcétera. *tuamaha*. Lo asado así. *mahi*. item. *tuamahi*.

Aseado y atildado. *stutodi*. Véase compuesto.

Asemejarse. *bupoca*. ¡Ay, si te asemejaras a mí! *dod'api ki ni bupocana!*

Asentaderas. Véase barranca.

Asentar alguna cosa. *dasa*. plural. *darhasa*. Asentarse. *daha*. item. *daibua*. item. *darha*. item. *darhaibua*.

Aserrar. Usan el verbo *ictu* [que significa] cortar. Y la sierra [se llama] *icticarha*. Las aserraduras. *ictigadi*.

Asesar, verbigracia, como ahogándose cuando [se] camina cansado. *hibuimu*. plural. *hipcoho*.

Así. *hap*. *hapu*. *hapuba*. *hapuca*. Así, aprobando lo que uno dice *buhokigui*. Así como. *casasi*. Así; de esta suerte. *hugo*. Así pues. *hapunapi*.

Asir. *sispa*. La cosa asida. *sispi*. Asirse el vestido a alguna parte. *sahu*.

plural. *sasahu.* Asirse o sustentarse al ir a caer. *sascu. mututonida.*

Asolar. *saibua.* item. *saidodoa.*

Asomarse. *coatudu.* item. *coatsa.* Cuando poco a poco se va asomando.

Asombrar a otro. *totsida.* item. *todanida. todanu.* plural. *totodanu.* futuro. *todacu. urhacukibua.*

Aspereza. *sibucadaga.* Cosa áspera. *sibuca.*

Aspero de condición. [De uno] que siempre riñe dicen *stucuhidurhcama.* item. *s'cabunicuma.*

Atado. *vurhi.* plural. *vupurhi.* Véase haz.

Atajar. *sovida.* plural. *sovovida.* Significa también rastrear. [Atajar] en el sermón. *nuokivanictu.*

Atar. *vurha.* plural. *vupurha.* [Atar] una cosa con otra. *mavurhida.* Atado así. *mavurhi.* plural. [No aparece.]

Atarraya. *asqui.*

Atascadero. *dupiniga.* plural. *dup-kiga.*

Atascar. *dupinu.* plural. *dupicu.*

Atemorizar. *sidoakituba. s'hupu-dathuda.*

Atildado. *s'tutodi. s'tutodimasi. s'tutodi masima oi murh.*

Atizar la lumbre. Dicen *nadda.*

Atole. *idorha. sudagui idorha.*[8]

Atollar. *sthododanum bui himu. stohodanibua.* Véase atascar.

Atorarse. *muxaitutca.* El perro se atoró en agujero. *gocsi duga urha muxaidu t'igui.*

Atormentador. *soigabuadama. sco-conibuadama.*

Atormentar. *soigabua. scoconibua.*

Atosigar. *nabamutuda.* plural. *nabacohituda.*

Atrancar [una] puerta. *quiticaba. usibabana.* plural. *buupana.* Dar pasos largos. *siduhaguima himu.*

Atravesar de parte a parte. *humaibua baibitu.* El verbo *dugubonu* entre otras cosas significa pasar la flecha cuando flechan algo, aunque no sea más que asomar la punta. Atravesarse algo en la garganta. *vaimu.* plural. *vaicoho.*

Atrevido. [De uno] que nada teme dicen *pcai bunapa. hipuidcama* [que significa] de verdadero corazón. *saicama* es un hombre valiente y atrevido. *saicama* [se deriva] de *sainuhipuidcama.*

Atronado. *norhoaki.* Propiamente significa uno que habla solo. Véase loco.

Aullar [de] los coyotes etcétera. *cuhu.* plural. *cuhahonu.*

Aullido. *cuhiga.* plural. *cuhaorhiga.*

Aumentar. *bunaiga.* plural. *bupu-naida.* Añadir y aumentar se puede decir *muithuda.* Dios aumente la comida. *tistuodiga dios coadaca muithuda igui.*

Aún no. Dicen *coi.*

Aunque. *apcada.*

Aurora. Aquella albura que aparece [en el horizonte] se llama *stoakiga.*

Avejigarse o tener vejigas. *vasuta.*

Aventador. *uburioguida carha.* Aventar con aventador. *uburioguida.*

Aventajadamente. *humus'pcai. bai-bitki. butugti.*

Aventajarse. *baibitu. butuhugu.* item. *simuguhoga.*

Aventar pájaros. *sada.* item. *tugui-guia.*

Aventar para limpiar alguna cosa. *nunuhituda.* item. *hakibua.*

---

[8] In another handwriting is "aqui dicen *valculo.*"

Avergonzarse. *saiurha*. Véase vergüenza.

Averiguar. *tuitca*.

Aves en común. *ubiga*.[9]

Avezar a alguno. *sapurhinia*. *sapurhinida*. Avezarse. *sapurhinu*.

Avisar. *aguida*.

Avispar. *vipsu*.

Avispas. Véase aguijón de avispas. ¡Ay! Nota de admiración. *ia! ia nuba! taai! taainuba!* Nota de guerra. *aihu!* Nota de tener miedo o recelo. *aiho!*

Ayal [que aparentemente significa vello púbico]. *martha*. *casco*. *cacso*.

Ayer. *taco*.

Ayudador. *vusivoadama*. Buen ayudante. *sivusivoinadaga*. item. *vusihoinu*. Véase favorecer.

Ayudar. *vusiboinu*.

Azadón. *duburha*. *cocobacarha*. También se puede llamar *guaninomi cupiarha*.

Azotador. Que a todos quiere azotar. *s'gugubicama*.

Azotar. *gubu*. plural. *gugubu*.

Azote. *gubicarha*.

Azuela. *savicoanacarha*. Devastar con azuela. *savicoana*. plural. *savicoasa*. [Una] cosa así labrada. *savicoani*. plural. *savicoasi*. Las señales. *savicoaniga*. plural. *savicoasiga*. Gastar con azuela. *savicoana*. plural. *savicoasa*.

Azul. *stugdogui*. Color azul que ellos hacen. *studoguivita*.

B

Babas. *sisiia*.

Babear. *sisigamurhuda*.

Baboso. *musisiguma*. item. *sisigamurhadcama*.

Báculo. *tuhobicarha*. Hacerlo. *tuhobicarhta*.

Badea [calabaza]. *sacobari*. Cubrir con arena las badeas. *ihasa*. Y la cosa [cubierta]. *ihaspi*. Véase asar; enterrar; grano.

Bagre. Pescado. *batoppa*. *tucuvatopa*. plural. *tutcubutopa*.

Bailar. *nuhu*. ¡Bailad! *nuhiv'orha!*

Baile. *nuhi*. Bailarín, el que baila muchos bailes. *sinuidumuma*. El que baila bien. *sinuhidaga*. El que siempre quiere bailar. *sinuhicuma*.

Baja. Cosa baja. *dumarica*.

Bajar de lo alto. *tubanu*. plural. *tuopagu*. [Una] cosa bajada. *tuboniga*. plural. *tuopaguiga*.

Bajar la cabeza. *mudumaricada*. *mu* es el pronombre reflexivo.

Bajo. *dumari*. *acspa*. *buto*. [Una] cosa baja. *dumarica*.

Balar [de] las ovejas. *cuhu*. plural. *cuahonu*. Balido. *cuhiga*. plural. *cuahoniga*. Oigo balidos de ovejas. *cuahoniga cahu an'igui*.

Baldonar. Véase injuriar.

Balsa. *vahto*. plural. *vapto*. Hacerla. *vaptota*. item. *vahotota*.

Balsear el río o pasarlo en balsa. Véase río.

Ballena. *nubiga*.

Bandolero. *soimuricuma*. plural. *soihop'icuma*.

Bañar a otro. *vativida*. Bañar las tierras el río. Véase río. Bañarse. *vativi*. *batibi*. El lugar [para bañarse]. *vatibicarhomi*. Quiero bañarme. *sivativimut'an'igui*.

Barbacoa. *guitui*. Hacer [barbacoa]. *guituita*. Asarla. *maha*. Si las cosas son de carne o [de] calabaza. *tuamaha*.

Barbas. *tunibo*. Tenerlas. *tuniboga*. Muy barbado. *s'tunibocama*.

---

[9] In a different handwriting is *uugi*.

Barbilla. *tamaco.* item. *ucsu.* No se usa mucho.

Barda. *hunama. ihasarga.* El corral bardeado. *hunama ihaspi.* item. [*hunama*] *ihasa.* Bardearlo.

Barranca. *aaguiga.* plural. *sasaguiga.* Hacerla. *saguita.* plural. *sasaguita.* Principio de [una barranca]. *vihoga.* Y de aquí llaman *atabihoia* [a] la división de las asentaderas. Barrancas que se hacen con las aguas como regueras. *visaniga.* plural. *vipisasquiga.* [Estas palabras se derivan] de los verbos *visanu* [y] *vipisasu* que significan estar las tierras con tales regueras.

Barranco. *scuabiga.*

Barrena. *topacarha.*

Barrenar. *topatudugarha. topatugardio.* Del verbo *topa* que también se usa por barrenar.

Barrer. *vosca.*

Barreta. *tupoinarha.* plural. [No aparece.] Barreteadura [o] señal de barreta. *tupoiniga.* plural. *tupoisiga.*

Barretear. No tienen vocablo, se puede decir *tupoina.* plural. *tupoisa.*

Barrial. Tierra negra. *vamuri.*

Barriga. *vooca.* item. *visona. vooca* es propiamente el vientre.

Barrigón. Véase tripón.

Barro. *vita.* item. *vida. duvurhabaga.* Así llaman [a] el barro para [los] adobes [*vita o vida*]. [El] otro [*duvurhabaga* es] para [las] ollas. Quebrar [una] cosa de barro. *haina.* plural. [*hai*]*sa.* Quebrarse. *hainu.* La tal cosa quebrada. *haini.* La hendidura. *hainiga.* Quebrar [una] cosa de barro despositillándola. *tabihaina.*

Barros que salen en la cara. *gacuita.* Tenerlos. *gagaitta.*

Barruntar. *usiga.* Constrúyese así *m'aba usig'am'igui.* Barrunto y sospecho de tí. *pare n'aba usiga.* Barrunta y sospecha el Padre de mí o sobre mí.

Barzones. Dar barzones. *sicorha oimurhu.* plural. *sicorha oihopo.*

¡Basta! *hupiaba! doba!*

Bastardo. No tienen nombre, se puede decir *aagui tuturhu.* item. *usitca tuturhu* [es] hijo a hurtadillas [hijo natural].

Bastear. *gubisana.* plural. *gubisasa.* Véase hilvanar.

Bastimento. Se explica con *huguia cugai.* No necesito bastimento. *n'huguia cugai. pim'anigui sigagu.* Bastimento para caminar. *bituga.* plural. *viptuga.* Hacerlo. *vituta.* plural. *viptuta.*

Basura. *thanarhaga* [y] *tanarhaga* [que significan basura] en general.

Batallar. *mucocoda.*

Batamote. *basami.*

Bautizar. *bacoana.* plural. *bapcoana.*

Bazo. *abocádagadi.* [La partícula] *di* no es radical. Enfermedad [del] bazo. *curhaga.* Tenerla. *curhacta.* Véase enfermo.

Bebedor. *s'hihidaga.*

Beber. *hihi.* Estar con sed. *s'hihi.* plural. *s'hihicahe.* Beberle a otro alguna cosa. *hibida.* Dar de beber. *hihituda.*

Bebida. *hihicuga.*

Befo. *hupititunicama.* item. *hupitituni. urhidaga.*

Bellaco. *tatocagui. bupogusuda.* item. *oimurh.*

Bellaquear. *pima sapua gusuda. nanaco gusuda. tatocama gusuda.* De una bestia que bellaquea [dicen] *nanaco gusuda.*

Bellota. *orikibaidaga.* Otro género [de bellota] que se [le] parece *cusi.*

Bendecir. *aba corstuda.* item. *corsababupada.* Hacer [una] cruz sobre algo.

Beodo. Borracho. *nabamudaga.* plural. *nabacohidaga.*

Bermeja. Cosa bermeja. *s'ohama.*[10]

Bernegal. Sólo dicen *oasia.*[11]

Berrendo real que [se] parece al venado. *cubida.*

Besar. No tienen vocablo, ni besan a sus hijos. Dar de hocicos es *tunibua.* Se puede aplicar *ni vucosaaba tunibua ap'ta* [que significa] me besaste.

Bestia desasosegada. *nanacobua.* item. *gusuda.* El enfermo dando vuelcos. *haiharha.* Bestia matada. *hibosia.* Matadura. *hiboidaga.* Bestia roncera. *pima si himidaga.*

Bien. *sapua.* Hablas bien. *sapu'apinuocu.* Está bien, aprobando. *sapua. vasapua.* Aprobando [una] cosa futura. *hugo.* ¡Enhorabuena sea! *sapua! vasapua! hugo!* Los dos primeros [*sapua* y *vasapua* se usan] para aprobar lo pasado. *hugo* [se usa para] lo futuro.

Bien dispuesto, que se viste bien. *studoi. stutodi masi. studodi masima. tuicama. saiducama.*

Bienaventurado. *damacatuma oidcama.* item. *tistuodiga dios nuidadama.* El habitador del cielo, el que ve a Dios.

Bigotes. *dapco.* Tenerlos. *dacpoga.* El mostachudo. *dacpocama.*

Bigotudo. *sidacpocama.*

Bisabuela. *bisarha.*

Bisabuelo o ella [bisabuela]. *bisarha.* [También] significa bisnietos. Estos llaman a los bisabuelos del hermano mayor *sisi.* item. *siki.* Y [a] los bisnietos del hermano menor [les llaman] *siccuri.*

Bisnieta. *bisarha.*

Bisnieto o bisnieta. *bisarha.* También los llaman cuando son por [parte de] hermanos menores *siccuri.*

Bizco. *tusi vuicama.*

Bizcocho. *pan gakidiga.* Pan secado.

Biznaga. *guishoki.*

Blanco. *stoa.* Blanco [y] redondo como [las] hostias. *stoa sicorica.*

Blancura. *stoadaga.*

Blanda. Cosa blanda. *simoica.*

Blanquear. *toadida.* Blanquear como cuando de lejos se divisa una cosa blanca que decimos, allí blanquea. *stoamamasi.*

Bledo. *tucugusa.* Véase enfermo; hierba o zacate.

Bobo. Ser bobo. *pima stukitoa.* El bobo. *pima stukitoacama.* El insensato.

Boca. *tuni.* De boca grande. *guhtunicama.* Boca arriba. *tai.* [Boca] abajo. *cupuri.* Boca de cualquier cosa. *tuni.* [Boca] de olla. *ahatuni.* Hacerse agua la boca. *sisigabaha* que es tragar la saliva. Véase abrir, verbigracia [una] puerta; amargar la boca.

Bofes. *abocadagadi.* [La partícula] *di* no es radical.

Bofetadas. *soniaina.* plural. *soniaisa.*

Bojear o rodear [un] monte. *vidimida.* plural. *vividimida.*

Bola. *caborhi'causi.* [Bola] de piedra. *caborhicahota.* [Bola] de hierro. *cavorhica guainomi.*

Bolsa. *uhasomi.* Hacerla. *uhasomita.*

Bondad. *scugadaga.* Dios por su bondad nos hace misericordia. *listusdiga dios muscugadag'kiti s't'oiguida.*

Boquear expirando. *hipuidag'huhuca.* Y así dicen solamente *huhuca.* Ya expiró. *vat'igui huhuca.*

Borbollón. *movasiga.* plural. *momovasiga.* Véase río.

---

[10] In another handwriting is *ohami.*
[11] *ussavu* has been inserted, in a different handwriting, to the right of this entry.

Bordón. *tuhobicarha.* Hacerlo. *tuhobicarhta.*

Borracho. *nabamudaga.* plural. *nabacohidaga.*

Borrarse algo. *oanu.* plural. *oacu.* Borrarlo. *oana.* item. *oanida.* Borrado. *oani.* Lo que aparece borrado. *oaniga.*

Bostezar. *tuniacu.*

Bostezo. *tuniaki.*

Boto, no afilado. *pima muca.*

Bracear. *mabugu.* Ir braceando. *mabug'himu.* Bracear el caballo se dice *tutuca ica cagai sapua tutucahimu* [que significa] va braceando o levantando bien las manos.

Bramar el toro. *cuhu.*

Bramido. *daimuguiga.*

Brasas. *turha.* Hacerlas. *turh'ta.*

Brasil. *vugui usi. sivugui usi.* plural. *sivupugui vusi.*

Brava. Ser brava una cosa. *stucuhida* Más apropiado [es] *bamu.* plural. *ba'coho.* De un toro bravo [se puede decir] *bamudaga.* plural. *bacohidaga.* Se dice también de uno que luego se azora y encoleriza.

Braveza, enojo. *sibamu cugai.*

Brazalete que se ponen en el codo. *novisota.* plural. *noipcota.*

Brazo. *huca.* item. Ala de las aves.

Bregar. *mudadaga.*

Brillar [de] las estrellas. *vupuitcu.* El resplandor [de las estrellas]. *vupuitkiga.* [Resplandor de] otras cosas, verbigracia, oro, plata etcétera. *nanavacu. vadacta.* El resplandor. *nanavatkiga. vadatkiga.*

Broquel. Véase adarga.

Brotar [de] las semillas. *vusanu.* plural. *vubacu.* Salir el zacate [y] los árboles. *hiponu.* El renuevo. *hiponiga.*

Bruja. Véase hechizar.

Bruñido. *tubiki.*

Bruñidura. *tubikiga.*

Bruñir. *tubica.*

Bubas. *ubasiga.* Tener bubas. *uhastas.* Pegarlas. *ubasdatuda.*

Buboso. *ubasigama.*

Buena. Cosa buena. *scugatu.* item. *sapua masima.*

Bufón. *staskimacama.* Y de aquí hablar gracias [decir cosas graciosas]. *staskima nuocu.* Entrener. *tatocagui.* Una persona entretenida y de una naturaleza entretenida. *statocama hipuidaga.*

Buho. *tucurhu.*

Buitroncillo. *mohana.* Véase matar.

Bullirse o menearse alguna cosa. *hoinu.* Bullirla o menearla. *hoinida.* El meneo. *hoiniga.*

Burlarse de alguno. *asimu. asuda. saasimu.* Burlarse riendo. *huhumu. titibi* [propiamente significa] entretenerse.

Burlón. *s'titibicuma.* item. *asig'cuma,* un hombre fisgón, [derivado] del verbo *asiga* [que significa] fisgar.

Buscar alguna cosa. *gaga.* ¡Búscala! *gaguini!* Andar buscando. *gagahimu.* Buscar para otro. *gaguida.* Buscar con la vista. *tutuga.* Buscar al tiento como el ciego. *daguiama.*

C

Caballete de tejado o azotea. *saucrica.* Véase camellón [de tierra].

Cabecear como cuando [se] llama con la cabeza. *mohodusida.* [Cabecear] como quien duerme. *cortuaiguisu.* plural. *cortuaisurigu.* Caerse de sueño. Cabecear meneando la cabeza de un lado a otro como quien niega. *mohogubu.*

Cabecera de la cama. *vohicarhmo.*

vas. [A] los pies [de la cama] llaman *tatpa.*

Cabello. *cupa.* Afeitar el cabello. *ica.* Cabella crespo. *cupa sidorca.* item. *sidorhica.* item. *cugadica.* Cabello enroscado. *sidorca.* item. *sidorica cuppa.* Enrizarlo. *cupa sidorhcada.* item. *sidori.* Erizarse. *cuppa vosarhcada.* Cabello rizado. *vosarcha cupa. sidorhca. sidorica. cuisidica cupa.* Rizar el cabello. *cupasidorhcada.* El [cabello] muy crespo. *sidorhca cupcama.* [Caerse] el cabello. *voponu.* Irse cayendo el cabello. *vopon'himu.* item. *cupigasurigu* [es] caerse el cabello. item. *cupasurig'himu* [que significa] irse cayendo. Cortar [el] cabello. *ica.* Despuntarle solamente. *cuppiga.* Cortarlo sobre la frente [para] que parezca bien. *coraicada.* [Cortarlo] hasta el cuello. *hicoricaica.* Despuntar el cabello. *cuppa cug'piga.* [El] cabello de los negros. *sidorcha.* Tener este cabello. *sidorcama mohocama.* Pelarse, caerse el cabello. *tudata.* Teñirse el cabello. *mutucurhida.* [La partícula] *mu* no es radical. Véase afeitado, a quien se le ha cortado el cabello; afeitador, el que afeita; calvo; fleco; guedejas; trasquilar.

Caber una cosa en otra. *pima sahu.* item. No estar apremiada.

Cabestro. *tahumi.*[12] Hacerlo. *tauhmita.* Torcer el ixtle para hacer los hilos. *vidina.* Cuando se hace [una] trenza [del ixtle]. *icnaga.*

Cabeza. *moho.* Cabeza de venado que sirve de señuelo. *mohana.* Véase calvo; cargar al hombre; casco de la cabeza; desvanecerse la cabeza.

Cabizbajo. *murhudama.* Estar cabizbajo. *muguia.* item. *muguiatuda.* plural. *mumuguia. mumuguiatudarha.* Estar triste. *mugiatu oimurhu.* Andar cabizbajo. *muguiatu oimurhu.* plural. *mumuguiatu oihopo.* Estar mustio,

cabizbajo. *s'oig'murhitu cupurhi.* item. *dumari nuhida.* item. *muguiatuda.* Mirar como a traición. *dudumarha nuhida.*

Cacalosúchil. *vipcama.*

Cada cosa de por sí. *vusihaitu huhudurico.*

Cadillos que llaman amores. *cuham'hoi.*

Caducar. De un viejo que caduca [dicen] *arhivupo tui.* Este *arhisa* es volverse a la edad de los niños.

Caer sobre algo. *damanagusu.* plural. *damanasuriga. maisa* es coger algo debajo [al caer]. Habiendo caído el caballo me cogió debajo. *cabaio gus'cat'igui ni maisa.* La cosa así debajo cogida. *maispi.* Caerse las frutas de los árboles. *igu.* La fruta caída. *iguiga.*

Caimán. *cama.*

Cal. *aimuhidaga.*

Calabaza. *vaco.* plural. *vapco.*[13] Calabazas de verano. *gupi.* [Calabazas] de [las] aguas. *aari.* Otras [calabazas] de cuello. *dapcahari.* Otras [calabazas]. *sarcarhcaari.* Calabacillas silvestres. *arhabi.* Véase asar; badea; barbacoa; tasajo de calabaza.

Calambre. Dar calambre. *subupagui.* Me ha dado calambre en el pie. *icatarhaba sivapagui aigui.*

Calavera. *cosoba.* plural. *copsopa.*

Caldereta. *cuhaguidacarha.* Cosa caliente. *toni cuhagui. s'huca. s'toni.*

Caldo. *barhacaddi.* Así llaman al agua cocida con algo.

Calentar alguna cosa. *tondida. cuhaguida. hucadida. tondida* es calentar algo que ha de estar muy caliente. *coaguida* [es] calentar lo que se ha

---

[12] In another handwriting is "aquí dicen *tuxorin.*"

[13] In another handwriting is "aquí calabaza [es] *tutsu* [o] *baroh. imme* [es] calabaza dulce y amarillo. *gamma* [es] calabaza colorada."

enfriado. *hucatida* [es] entibiar alguna cosa. Al agua tibia le dicen *s'huca agui*. A un aposento abrigado [o] frazadas que calientan [les] dicen *s'huca*. Aquí se usa el verbo *cuhaguida* [para referirse a] calentar agua para [el] chocolate. Calentarse a la lumbre. *hucagu*. Calentar a otro. *hucaguida*. Calentarse al sol. *tascoga*. [Calentar] a otro [al sol]. *tascoguida*.

Calentura. *tondiga*. Tener calentura. *tonita*. plural. *totonita*. Véase enfermo.

Calor. Ser tiempo de calor. *tutoniabagu*. Y el mismo tiempo de calor. *tutondiga*. item. *tutoniabadaga*. Tener calor. *stonida*. item. *stutonida*. Hacer calor. *s'tutonica*. Dicen también *s'toni*. item. *stutoni'agui*. Hacer calor. Hacía calor. *stonicada*. item. *stutonicada'agui*.

Calvo. *vivoponi moho*. item. *vaco moho*. Cabeza de calabaza. *sivopigui'moho*. Cabeza pelada. Y de aquí [dicen] *sivoponi mohocama* [que significa] el que así la tiene.

Calzar a otro. *suscadida*. Calzarse. *susca*. item. *nudiasada*.

Calzones. *hipurhu*.[14] *ipurhu*. Véase hábito.

Callar. *pima nuocu*. Cuando se dice a uno que calle [se usa] *natoini* [que es] ¡acaba! Del verbo *natoa* [que significa] cesar de hablar. *huqui natoa*. Uno callado. No hablador. *pima sinuokima*.

Calle de pueblo. *vooga*.

Callo. *uridaca*. Tener callos. Crearlos. *urid'acta*.

Cama. *vohicarha*. plural. *vopicarha*. Hacerla. *vohirhacarha*. Tenderla. *vactu*. Dar vuelcos en la cama. *haibarha*. Mulle la cama. *vohicarhaga moicada*. Mullir la cama. *moicada*. Ya mullida [la cama]. *vohicarha*

simoica. Véase cabecera de la cama; tapestle.

Camaleón. *tumai*. Su collar. *guicoa*.

Cámaras. Tener cámaras. *bacubua*. Ellas. *bacubuidiga*. El que las tiene. *bacubuacama*. [Cámaras] de sangre. *huhurhu vacubua*. item. *sibugui vacubua*. Tener pujos [de sangre]. *sco'cosivitama*. plural. *sco'cohosivitama*.

Camarones. *tasani*. Los [camarones] grandes. *oitasani*.

Cambalachear. *savaida*. plural. *savpaida*. Véase feriar.

Cambalachero. *savaidarhcama*. plural. *savpaidarhcama*. [item.] *sinuaricuma*.

Camellón de tierra. *sacarica*. Hacerlos *sacaritada*. A las jeras o cuadros que hacen para sembrar el *babi* [frijol, le] llaman *ohasia*. Hacerlos. *ohasiata*.

Caminar. *himu*. El que camina mucho. *s'himidaga*. plural. *s'hihimidaga*. De [una] bestia de buen paso dicen *sapuahimidaga*.

Camino. *vooga*. Hacerlo. *voogta*. Camino áspero o fragoso se dice *stohodama* [o] *parhtu vooga* [que es] camino malo. [Camino] dividido. *vooga saarhica*. Caminos divididos. *vooga saaricama*. Donde se dividen [los] caminos. *vooga saaricami*. Donde se encuentran [los caminos]. *vooga muna mucami*. Monte que se divide en dos [caminos] como los de Tecoripa. *doaki saarica*. Donde se juntan [los caminos]. *vooga munamucami*. Hacer noche [pasar la noche] en el camino. [Lo] explican con el verbo *voho* [en singular] y *vovo* [o] *voho* [en plural] que es acostarse, pero los usan en este sentido, verbigracia ¿cuántos días has de tardar? Esto es ¿cuántas noches has de hacer en el camino? *hukio ap't'vohi?* Quizás haré cuatro noches. *quico aspumusi an't'io vohi*. Este modo es

---

[14] In another handwriting is *salvel*.

muy usado en muchas lenguas. He de hacer noche en el camino. *voogaba an't'io vohi.* ¿En dónde habréis de dormir? *ba'pimu t'io vohi?* Quizás haremos noche [pasaremos la noche] en el pueblo de Las Lajas. *aitcat'c'ami aspumusi vohi mucu ati.* No he de hacer noche sino iré derecho porque hace buena luna. *pimant'io vohi posa suri an't'io hi coiva sapua masabaga.* Amanecerle a alguno. *siadida.*

Camotal. *icobitucami.*

Camotes. *icobi.* Camote lleno de hebras. *icobitita hucama.*

Campiña. Véase vega.

Campo. Véase abrasar.

Canal de madera. *usisapitca.* [Una] cosa como canal o teja. *sapitca.*

Canasta. Véase chiquihuite en general.

Candela. *candera.* Cabo de candela. *candera hukiga.* [El cabo] de otra cosa. *ihukidaga.* [Alumbrar] la candela. *buguida.* [Alumbrar] a otro [con la candela]. *buguidida.* Véase rayo de luz, por un resquicio.

Cansado. *pihidama. pihimudama.* plural. *pihicohodama.*

Cansancio. *pihicugai. pihimu cugai.* plural. *pihicohicugai.*

Cansar. *s'tohodamabua.* item. *dodoa.* Me cansas. *api s'tohodama ni buy himu.* Cansar a otro. *pihituda. saiurinituda. pihimutuda.* plural. *pihocoho.* Este *saiurhinu* es estar rendido de cansancio.

Cansón, el que cansa. Cansado. *s'hipihidaga.* item. *pihimudaga.* plural. *pihicohidaga.*

Cantar [de] las aves. *cuhu.* plural. *cuhaonu.* Ave que canta bien. *sicuhidaga.* plural. *sicuahonidaga.* El canto [de las aves]. *cuhiga.* plural. *cuahoniga.* Cantar [de] los hombres. *nuhu.* El canto [de los hombres]. *nuhi.* El que

sabe muchos cantos. *sinuhidumuma.* El modo de cantar. *nuhicugai.*

Cantero. *sonicaniga.*

Caña. *vacca.*[15] plural. *vapca.* [Caña] de maíz. *hunubaoga.* item. *bahoca.* Echarla. *bahocta.* Caña dulce. *s'ihobibaoca.* Caña u otate que usan para coger pitayas. *cuiporha.* Hacerlas. *cuiporhta.* Cañaveral. *vacca tutcami.* Nudos de caña. *mui vupuicama.*

Cañada de tierra. Al modo de cañada. *basoniga.* plural. *bapsoniga.*

Cañuelas de piciete para chupar. *oatki.* Llenarlas. *ohata.* Las cañuelas solamente raspadas. *ibisona.* Cañuelas de patole. *utascarha.* Hacerlas. *hutascarhta.* Estas [cañuelas de patole] tienen sus nombres propios [que son] *curi, occi, mootcuri* [y] *urhastucu.*

Capacete. Véase guacamayo.

Capar. *vipidopiga.* Así llaman al capón.

Capillas. *nonovicama. noivita.* Vestido que tiene mangas. Capillas de león. *mavita. noivita.*

Capitanear. Ir adelante. *bupuga himu.*

Capullo de flor antes de abrirse. *hubosiga vinori.* plural. [*hubosiga*] *vipinori.*

Cara. *vuiosa.* plural. *vupuiosa.* [El que tiene la] cara hoyosa. *sonimu vuiosacama.* Cara pecosa. *subsumu vuiosacama.* Las pecas. *subsumiga.* Véase barros que salen en la cara; granos del rostro; lavarse el rostro; peca del rostro; rostro; verruga.

Carbón. *turhatukidiga.* Brasa apagada.

Carcañal. *tuma.* item. *tucoba.*

Carcax. *vocsa.* plural. *vopocsa.* Hacerlo. *vocsata.*

---

[15] In a different handwriting is "*vaugar*, caña [y] *hun vaugar*, caña de maíz."

Cárcel. Sólo [usan la expresión] poner a uno en el cepo. *urhiurhadasa.* plural. *usiuradarhasa.*

Carcomerse la madera. *tuispita.* La carcomido. *tuispigadi.*

Cardar. Véase lana.

Cardenal. *tatoskiga.* item. *totposkaraga.* [Cardenal] con mucho sangre. *uscoa.*

Cardenillo. Dicen *stugdogui* [o] *vupui toadidacarha.*

Cardo santo. *ipiguidama.*

Cardón. *tupoki.*

Cargador. *motohodama.* El que carga bien. *simotohidaga.*

Cargar al hombre. *cotob'aba tucca.* Cargar en la cabeza. *motoho.* plural. *momotoho.* Cargar en la mano o en [el] brazo. *matoriga.* Cargar en las espaldas. *cusubio.* Cargar los muchachos [sobre] los hombros cayendo los pies [sobre el] pecho. *hibitoa.* [Cargar] sobre [las] mulas. *motoho.* Véase chiquihuite en general; mula de carga.

Carlear el perro. *hibuimu.* plural. *hip'coho.*

Carne. [No aparece.] Hacer tatema de carne, etcétera. *tumaha.* Véase barbacoa; tasajo de calabaza.

Carnero mocho. *pima aagacama.*

Caro. Precio caro. *sinamucaida* [que significa] pagar mucho.

Carrera. Lugar donde corren. *vopohicarhami.*

Carrillo. *cama.*

Carrizal. *vapca. tutcami.*

Carrizo. *muivapca.*[16]

Carta. *ohana.* Ponerla en un palo para llevarla. *vaosiba.*

Casa. *qui.* plural. *quiki.* Casa casi debajo de [la] tierra. *osparhi.* Hacerla. *osparhita.* [Casa] de zacate. *vacoki.* Hacerla. *quita.*

Casada. *cunacama.* Estar casado él. *honiga.* [Estar casada] ella. *cuna.* Casarse el varón. *honita.* Querer casarse [un hombre]. *s'honimuta.* [Querer casarse] ella. *cunata.* [También se dice] *s'cunamuta.*

Casado. *honid'cama.*

Cascabel [cencerro]. *samun'dama vainomi* del verbo *samunu* [sonar y de *vainomi,* metal].

Cascalote. Hacer cascalote o tostar maíz. *cathorhoa.* Los zacates con que [lo] tuestan. *nonoiga carha.* Del verbo *nonoiga* [que significa] menear algo cuando se tuesta dándole vueltas como al maíz.

Casco de la cabeza. *cosoba.* plural. *cocsopa. motca* significa el pellejo de [la cabeza] con cabellos. plural. *momota.*

Casi. *tum.* Casi se ahogó Juan. *juan tum va'tumi t'igui.*

Caspa de la cabeza. *tuapo.*

Cautivar en la guerra. *soitu.* plural. *sosobitu.*

Cautivo. *sovitki.* plural. *sosovitki.* Esclavo del diablo. *diabro sovitki.*[17]

Cavar. *cocoba. tucuba cocoba.* Lugar donde se cava. *cocobacami.* Cavar haciendo [un] hoyo para sembrar. *coboricada.* El hoyo. *caborica.* Cavar de las hormigas. *totoni cocoba.* Enterrar las hormigas que sacan. *totoni ihasa.*

Cazador. Nombre general. *surhcama.* Conforme a los verbos puestos [que son] *vavodama* [en singular] y *naopodama* [en plural]. El [cazador] diestro. *sinavodiga. siviarhcama. sivipiarchama.* Véase cabeza.

---

[16] In another handwriting is "*vapaca* dicen aquí; aunque *vapca* lo entienden. O quizás se comen otros la *a*."

---

[17] In another handwriting is *siobitu.*

Cazar. *sada*. plural. *sasada*. [También [significa] aventar la caza. Cazar con señuelo. *novoda*. plural. *noopoda*. Cazar aguardando como quien espía. *via*. plural. *vipia*. Ir agachándose. *viahimu*. Señuelo para cazar. *mohana*. Véase espiar; sediento.

Cazo de hierro. *vainomi ohasca*.

Cebolleja. *sibi*.

Cecina. *hicomarigui*. Hacer cecina la carne. *icomariga*.

Cedazo. *sabicarha*. *sasabatacarha*. item. *siscacarha*. De *sisca* [que significa] cerner.

Cedro. *tanabo*.

Cejar en alguna obra. Dejarla. *dakitoa*.

Cejas. *huhubo*. Así llaman también a las pestañas.

Celajes. Véase arrebol.

Celar. Dicen *s'hugamu*. Propiamente es reñir dos por una mujer.

Celoso. *s'hugamudaga*.

Ceniza. *mathai*.

Censontle. Pájaro. *suca*. item. *suga*.

Ceñidor. Uno de [los] cordeles que usan. *babaitona*.

Ceñir a otro. *visa*. Te ceñiré. *an'tio'mu visa*. Se usa también *visida* [que significa] ceñir por otro.

Ceñirse. *muvia*. [La partícula] *mu* no es radical. Hacer tener [un] cíngulo. *muguivurhtuda*.

Cepillo. *hibacarha*.

Cera. *Saivori vita*. [Cera] del oído. *n'acaidaga*. Véase abejas de panales.

Cerca. Corral. *hunama*. Cercar algo. *hunamida*. *vidimida*. Hacer [una] cerca. *unam'ta*.

Cerca, no lejos. *mia*.

Cercado. Estar cercado. *urhintu*.

Cercar. *vidimida*. *hunamida*.

Cerco de luna. *masada cavarha*. Cerco del sol. *tasa cavarha*.

Cerner. *sasaba*.

Cernido. *sasabi*. item. *siski*.

Cerrar [una] puerta etcétera. *cupa*. plural. *cucpa*. Cerrarse ella. *udurimu cupa*. Cerrar los ojos. *cupu*. Andar [con] los ojos cerrados. *cuptu himu*. Cerrar los puños. *sactu*. item. *sacoma*. plural. *sascoma*.

Cerrarse una llaga. *manamucu*. Irse cerrando. *munamuc'himu*.

Cerro. Loma. No tienen más nombre general que *tonica*. plural. *totonica*. Si es tendida. *sacavica*. [Si es] redonda. *caburica*. [Si es] tendida con otras lomillas como haciendo surcos, una de estas se llama *vato* [en singular y] *vapto* [en plural]. Cerro que tira a monte. *doaki*.

Certidumbre. Tener certidumbre. *surinima*. *buhocama*. *pcai haitu simatu*. item. *amurhida*.

Certificar. *gurima*. *buhocama*. *pcai simatuda*. item. *amurhidatuda*. item. *cahituda*. Hacer percibir.

Cerviz. *cusivo*. plural. *cucsivo*.

Cervizudo. *s'cusibocama*.

Cicatriz o señal de una herida. *taiabuga*. *curisiga*. *pastaga*. plural. *tataiapaga* etcétera.

Ciego. *pima nuadama*. Ser ciego. *pima nuha*.

Cielo. *damacatuma*.

Cientopiés. *maiocca*.

Ciertamente. *buho*. *buhocadu*. *buhocama*. *pcai vurha*.

Cigarro. *ohatki*. Hacerlo. *ohata*.

Cinco. *utaspo*. Cinco veces. *utaspa*.

Cíngulo. *guiburu*. Hacerlo. *guiburta*.

Cinta. *comar'hca*. Hacerla. *comarhcata*.

Cinto de hierro o cenojil. *viscarha*. Hacer [un cinto]. *viscarhta*.

Clandestinamente. *aagui*. *pimasimasima*. *pimasco urha*.

Claridad. Haber claridad. *samasi*. Claro está que sí. Manifiestamente. *asigui*.

Clavar alguna cosa. *sispa*. Cosa clavada. *sispi*. Dar golpes clavando una cosa. *sonitionida*. *sispa* significa también prender con alfileres. Aquí dicen por cerrar una carta *ohanna sispa* [que es] carta cerrada. Véase hincar, clavar.

Clavo. Salirse [un] clavo. Desclavarse. *hupana*. plural. *hup'cu*.

Coa. *guica*. [Coa] de hierro. *vainomi guica*. [Coa] de guayacán. *icusivap'coandama guica*.

Cobarde. *sitoadima*. item. *sidotcuma*. item. *sidoatcuma*. item. *shupudacuma*.

Cobertor de cama. *tuhidacarha*.

Cobertura. *himacharha*. item. *cupacarha*.

Cobrar. Parece que no tienen vocablo.

Cobre. A todo género de metal [le] llaman *vainomi*.

Cocer. *idorha*. [Cocer] para otro. *idorhida*. Deshacerse lo que se cuece. *mohonu*. Deshacerlo. *mohona*.

Coces. Dar coces. *cuiaina*. plural. *cuisaisa*. La señal. *cuiainiga*. plural. *cuiaisiga*.

Cocina. *baupari*. item. *baida carhami*.

Codiciar. *s'hoida*.

Codicioso. *s'hoidacuma*.

Codo. *siso*.

Codorniz. *cacatuba*.[18] item. *hoboca*. Su cresta. *sisibota*.

Coger algo con el puño. *sacuma*. plural. *sascuma*. Coger como [un] gatillo. *hukisapa*. Coger con las manos para tener. *dagu*. *dagunini*. Significa asir, agarrar, echar mano a uno. Coger con las uñas. *hukisa*. *hukibina*. Dar movimiento [a] una uña con otra como para sacar una espina. Coger con las uñas como gavilán. [Re]coger hierbas como los indios. *bonu*. plural. *boponu*. item. *bona*. plural. *boppona*. Ir las [re]cogiéndolas. *b'on'himu*. plural. *boponi'himu*. Andar [re]cogiéndolas. Coger, tomar algo. *buhu*. plural. *uhu*. Esto es tomar, *buhini*. Yo lo cogí. *an'tigui vuhi*. Coger una cosa desparramada por el suelo. *tutuvuhu*. [Coger] un poco de maíz con el puño. *haitu hunu sacumari*.

Cogollo. Pimpollo de [los] árboles. *cugadi*. El renuevo de la palma. *buhadi*. plural. *vupvadi*. [El renuevo] de las plantas. *hiponiga*.

Cojear. *parhorhimu*. Andar mal. *govicu*. Cojear cuando uno tiene enferma una pierna. *govihimu*. Ir cojeando. *siduihimu*. Cojear como quien hace reverencia. *dup'chimu*.

Cojo. *parhorhimudama*. Y así otros verbales.

Cola. *vahi*. plural. *vavahi*. Cola del lobo [una planta]. *monimu*.[19]

Colar. *tuitani*, [que significa] limpiar pero [lo] usan así.

Colchón. *vohicarha*. plural. *vopicarha*.

Colear. *bahigubu*.

Cólera. *bamuhiga*. plural. *bacohiguiga*. *bamu cugai*. plural. *bacohi*

---

[18] In another handwriting is "aquí dicen *ioogui* a la codorniz."

[19] The entry for the herb *cola del lobo* is in a handwriting different from that for *cola*.

cugai. *sabamuguiga.* plural. *sibaco-higuiga.*

Colérico. *bamudaga.* plural. *bacohidaga.* Colérico actualmente. *bamudama.* plural. *bacohodama.* Colérico de naturaleza. *bamudaga.* plural. *bacohidaga.*

Colgar. *naguia.* plural. *naguiguia.* Colgarse algo al cuello. *vaiucata.* Lo colgado. *vaiuca.*

Colmar el almud. *sumicama.* Estar colmado. *simucama.* item. *suuda,* de *sudaida* [que significa] colmar.

Color frailesco. *scomagui.* A un fraile franciscano le llaman *scomagui noivitcuma* [que es] el del vestido frailesco.

Colorado. *sibugui.* plural. *sibupugui.* Teñir así. *vuguidida.* plural. *vupuguidida.*

Columna, pilar. *tutonarhaga.* Si es como horcón [dicen] *sacari usi.*

Combarse la madera. *gacorica.* item. *aynorha.* Estar o irse combando. *gacorica himu.* Item. *ainorha himu.*

Comedor. *sukidaga.*

Comején. *ihapta.* item. Piojo del vestido.

Comelón. Véase tragón.

Comenzar o tener principio alguna cosa. *sonaga.* Dárselo. *sontuda.* item. *sosontuda.* [Comenzar] un petate. *tibicta.*

Comer. *coa.* imperfecto. *coatada.* perfecto. *hu.* futuro. *hukimucu.* imperativo. *huccani.* plural. *hukicorha.* subjuntivo. *hucana cuma.* plural. [*hucana*] *cucuma* [que significa] comer [una] cosa esférica. Comiendo pozole dicen *cuma.* plural. *cucuma.* ¿Están los muchachos juntos comiendo pozole? *aari guguri cabirha cucuma?* Hacer comer. Obligar. *hukituda.* [Hacer comer], verbigracia a un niño. *coituda.* Comer von salsa o apetito *visuta.* No

tender ganas de comer. Comer a desgano. *s'hubaida.* Véase glotón; glotonear.

Comezón. *simocagui.* Tenerla. *simocagui.* Causarla. *simocaguida.*

Comida. *coadaga.* item. *hukicuga.* item. *hugusa cugai.* Véase sustento.

Como, [cuando] expresa semejanza. *bupo.* De la manera. *cosasi.* ¿De qué manera [¿cómo?]? *astuigama? satuigama?* Estos significan interrogativo. *saburhtuigama. asimasi. asimasima.*

Compadecerse. *soiguida.* Véase favorecer [hacer misericordia].

Compañero. *bunaiga.* El compañero de este zapato. *ica susca bunaiga.* Estos zapatos no son compañeros. *ica susca pima bunaigama.* También cuando dos son hermanos, dice el uno hablando del otro, el marido a la mujer etcétera. *ica burhni bunaiga.*

Compañones. *vipido.*

Compeler. Se explica con los compulsivos de los verbos que se hacen con [la partícula] *tuda.* Compeler a escribir. *ohanatuda.* [Compeler] a hablar. *nuokituda.*

Componer. *tuitta. cugurina.* plural. *cugurisa.* Componerse. *mu stutodituda.*

Compostura. *stutodidaga.*

Comprar. *nuarhu.* Véase feriar; mercar; vender.

Compuesto. *s'tudodi. s'tutodimasi. s'tutodi masima oi murh.*

Comulgar. [Recibir el] Santísimo Sacramento. *buhu.* plural. *uhu.*

Comunicar a alguno. Se puede aplicar el verbo *nutuhida* [que significa] hablar y tener conversación con alguno. Nunca jamás [me] he comunicado [con] Pedro. *pim'an't'ikido pedro nutuhi.* Comunicar alguna cosa. *aguida* [que significa] decir.

Con. Instrumental. *ikiti.* Con quien.

buma. item. *bimatu.* Con mayor razón. *humus'pcai.* Con mi orden. *ninuokiti n'hipuidag'ikiti.* Con orden y parecer. *nuokikiti.* item. *hipuida-guikiti.* Con tiempo. *oiva. sohtoma.* Véase aprisa. Con tiento. *scugudodoa. sivavagui ihama.* Con [una] piedra. *hot'kiti.*

Concebirse. *humatuda.* Se construye como reflexivo. *vitana.* La vida se adquiere en los órganos internos. Fundación de los hombres. Hacerse hombre. *humatuda.* plural. *huhuma-tuda.* Para su construcción es necesario el pronombre reflexivo *mu.* El hijo de Dios se concibió en las entrañas de la Virgen. *tistiuodiga dios tuturha sta. maría voo'curha, m'humatu t'igui.* No es verbo transmutativo.

Concha de nácar. *cosca.*

Condescender. *hubuguida.*

Condimento [cierta especie]. *tupu-rima.* [Las] hojas [de esta planta] sirven como perejil.

Condolerse. Véase lastimarse de uno. [No aparece.] Tenerle lástima a uno. [No aparece.]

Conejo. *tobi.*

Conejuelo. Véase gazapo.

Confesarse. Dicen *mu convesta.*

Confiarse de alguno. *ibiga.* item. *ibiguida.* Tengo confianza en tí. *m'ibidan'igui.* Se puede tener confianza en Pedro. *pedro ibiguidama tui.*

Confines de [la] tierra. *huquidaga.* item. *hukidaraga.*

Conforme. Véase según.

Congelarse algo. *cubainu. cubaicu.* Congelado. *cubuyniga.* plural. *cubai-kiga.* Congelarlo. *cubainida.* plural. *cubaikida.*

Conocer alguna cosa. *simatu.* item. *amurhida.* [Conocer] carnalmente también [es] *amurhida.* El propio es

dohadoma [que es conocer] el varón a la mujer.

Consejos. Dar consejos. *tutuguida.* Darás buenos consejos a tu hijo. *mutu-turhu sapuca ap't'iotutuguida.*

Consentimiento. *huhuga cugai.*

Consentir. *saptuta.* [item.] *huhuga.* Usan *vuhogurhida* [que significa] consentir con alguno.

Consolado. *sivaguima m'urida sapuam'urhida.* item. *sapua. sivi sava-guima mutatu.*

Consolarse. *titibi.* item. *sukica.*

Consumir. *hukioca.* Consumirse. *hubuca.* Consumirse el agua del río. Véase río. Consumirse por enfermedad. Véase enfermo. Consumirle a otro. *hukiorida.*

Contar. *haquiarhida.* Contar cuentos. *tamusoriga.* El que siempre los cuenta. *tamusori cuma.*

Continuamente. *cuinoki. humosuri. siarhibugadi.*

Continuar una cosa. *cuinoguida.* Verbigracia, de una cosa que estaba comenzada, una media o un razonamiento etcétera.

Contra. *buy.* Contra mí. *ni bui.*

Contrario [en] el juego. *namuki.* Tenerlo. *namukita.*

Contravenir lo que se manda. *baibitu. mutuhanu.* Contravino tu orden. *cugai an't'igui baibitu.*

Contristar [a] alguno. *soig'murhi-datuda.*

Contristarse. Véase entristecerse.

Convalecer el enfermo. Véase enfermo.

Convertirse. Se hace [forma] con [la partícula] *tuda* añadido a los nombres un pronombre reflexivo. Verbigracia, [de] *siki* [venado se deriva] *musiki tuda* [que significa] convertirse en venado. Véase *Arte de la lengua névome*.[20] Convertirse a Dios, se puede decir lo primero *tistus diga dios buy sinorhakimud'an'igui.* Quiero volverme a Dios. [Lo segundo es] *tistus diga dios buy n'hipuidag s'vidimi damut an'igui.* Quiero volver mi corazón a Dios. Convertirse en alguna cosa, [verbigracia] en hombre. *m'humatcamatuda.*

Convidar. No hay [vocablo]. Dicen *buy baitu.* Verbigracia, *pedro an't'igui ni buy.* item. *ni ki buivay.* Convidé a Pedro; lo llamé a mi casa.

Copal, [el] árbol. *huba.* item. *huba cocpiccama.* A otro género [de copal le llaman] *stoa cocpiccama.* A otro género [le llaman] *stucu cocpiccama.* La resina que suda. *osabaga.* Significa generalmente todas las resinas o gomas de los árboles. Copal bueno [que se usa para incensar]. *cocpiccama.*

Coral. *tumari.* El verdadero que se saca del mar.

Corazón. *hurhadi. hupuidaga.* Es más propiamente el alma. Tener [el] corazón doblado. *goco hipuidaga.* Al que [lo tiene] así le llaman *goco hipuidcama.* Y al que ya dice esto, ya lo otro, le llaman *goco.* item. *go'ipa nuocu.* Corazón duro. *scabac'hipuidaga.* El que tiene [corazón duro]. *scabac'hipuidcama.* Corazón endurecido. *scabai hipuidaga.* Endurecerlo. *scabatuda hipuidaga.* Palpitar el corazón. *hipuidaga. totcu.* item. *hoinu. toctu* es dar latidos algo. Penetrar [en el] corazón dicen *simatu, amurhida* [y] *nuhida.* De todo corazón. *vusihipuidag'kiti.* Dar saltos el corazón de miedo. *hipuidag totobua.* Dar saltos el corazón. *hipuidag'totcu.* El salto. *totkiga.* Dar vueltas el corazón. *hipuidag'hoinu.* Aquietarse un azorado. *hipuidaga daibua.* Sosegar el corazón. plural. [*hipuidaga*] *daribua.*

Corcoba. *tubitcacotoba.* [Más apropropiado es] *comi* [que significa]

el que es algo inclinado. Andar inclinado. *stupiti.* item. *stupithimu.*

Corcobado. *tubitca. cotobacama.* item. *comicama.*

Corcobear una bestia. *oipudada.* item. *m'atadadahituda.* Usan estos [vocablos].

Corcho de la tierra. *babui.* item. *babuhi.* [Este árbol es] muy liviano.

Cordel. Nudos de cordel. *avurhi.* plural. *aupurhi.* Cordel torcido como reata. *tahumi.* [Cordel], trenza. *itpaga.* [Cordel] torcido para coser. *vidina.*

Cornadas. Dar cornadas. *againa.* plural. *agaisa.* Y así cuando los toros riñen dicen totoro *m'agaisa aigui.* Herir el toro con el cuerno. *tuacama.* plural. *tuacasa.* Topar los carneros. *mohaina.* plural. *mohaisa.*

Coronas como de flores o guirnaldas. *guicoa.* Hacerlas. *guicoata.* Guirnalda de flores. *huhosiga guioca.* [Guirnalda] de espinas. *hoi guiocoa.* Coronar con espinas. *hoi guicoa mohobadara.* item. *toha.* item. *tuca.*

Corpulento. *guhonacama.* item. *guhiabarha onacama.*

Corral. *corhai.*

Corredor. Véase suelto, ligero, corredor.

Correr. *murha.* plural. *vopoho.* Correr ligero. *simurhida.* plural. *sivopohidaga.* Correr atropellado el caballo cuando arroja manos y pies. *tutubua.* plural. *tutudubupa.* Dícese sólo en la carrera. Levantar pies y manos. *tutuca.* Correr parejos. *bupovopoho.* También [lo usan] respondiendo, verbigracia todas son iguales. *vusimubupo.*

Corromperse algo. *duba.* plural. *dududuba.* item. *dubarha.*

Corta. Cosa corta en largo. *tupurhica.*

Cortar. *ictu.* Cortar con cuchillo.

---

20 Smith, *Arte,* p. 47.

ictu. plural. *icumiacu*. [Cortar] con tijeras. *icsana*. plural. *icsasa*. Cortar con las uñas. *huctu*. plural. *hucumia*. Cortar [la] plática. *nuokivanictu*. Cortar madera. *sonictu*. plural. *sonicomiacu*. Cortarse algún cordel. *vinicta*. plural. *vanicumiacu*. Cortarse con tijeras. *mictana*. item. *m'icsara*. item. *mi'iciata*. Cortarse, verbigracia [una] mano. *m'ictu*. *an't'igui n'ictu*.

Corteza de árbol. *uridaga*.

Corvas. *tonavaita*. plural. *totonovavaitu*. Ser corva una cosa. *gacorica*. item. *tubitca*. Hacerla. *gacoricada*. item. *tubitoada*.

Cosa. *haitu*. *astu*. Véase nada. Cosa chica en largo. *turpurhi*. [Cosa chica] en ancho. *adi*. *aditu*. *adicavitca*. De otra suerte chica es *arhidu*. De [una cosa] menuda como arena, [semilla de] mostaza etcétera [se dice] *sibihi*. Verbigracia, arena menuda [le llaman] *sibihihia* y piedras pequeñas [les llaman] *sivihihohota*. Cosa clara como agua transparente. *stugdogui*. El vidrio y [cosas] semejantes. *tonorha*. Lo dicen también del agua como cuando en el río se ven las piedras. Cosa deslavada, teñida, pero blanquizca. *stoakaki*. Cosa espantosa que causa espanto. *stupudama*. *tuica*. item. *masi*. Véase espantoso. Cosa que tiene pelo. *soupacama*.

Coscates [caracoles]. Usan varios géneros. Los [caracoles] que parecen coral. *tumori*. Otros [caracoles] como canutillos. *hihibita*. Otros caracolillos muy largos y puntiagudos. *hisimuki*. Otros [caracoles]. *hotobosi*. Otros [caracoles] delgaditos y pequeños. *aohihita*.

Cosechar. Véase segar.

Coser. *soma*. plural. *sosoma*. Que cose bien. *somidaga*. Cosido. *somi*. Véase costura; costurera; hebra para coser; hilván; hilvanar; remendar; remiendo; repulgar; repulgo.

Cosquillas. *simokagui*. Tenerlas. *simocagua*. Hacerlas. *cuitorhida*. item. *simocaguida*. El que hace cosquillas. *cuistorida*. [Hacer cosquillas] a otro. *cuhicoguida*.

Cosquilloso. *simocaguidada*. El que es un extremo [cosquilloso]. *simocaguicuma*.

Costa del mar. *gug'sudagui hukidigana*. item. *coaba*.

Costal. *uhasomi*. Hacerle. *uhasomita*. Significa bolsa [o] talega. *tioviri*. Véase saco.

Costilla. *nonomadi*. [La partícula] *di* no es radical.

Costumbre. Tener costumbre de alguna cosa. *aba sap'urina*. item. *humo suri ag'gusuda*. Siempre tiene esta maña. Tener costumbre o hábito. *sap'urinu*. De uno que tiene una maña. *hap'gusuda*. Costumbres. Véase imitar.

Costura. *somaraga*.

Costurera. *sisomarhaga*.

Coyote. *vana*. plural. *vavana*. De otro génera [de coyote]. *suhitatani*, tío del lobo, de *suhi* [que es] lobo.

Crecer. *gurhu*. plural. *gugurhu*. Ir creciendo. *gurhimu*. plural. *gugurhihimu*.

Creencia. *buhogurida cuagai*.

Creer. *buhogurhida*.

Cresta o copete de las aves. *sisibota*. Criado. *arhidaca*. Así llaman a todos los que estan bajo su amparo y tutela. Véase familiar; inferior; mozo; siervo.

Criar, verbigracia [a] un muchacho. *gurhida*.

Criatura. Recién nacida. *arinosi*. plural. *a'arinonosi*. [También usan] *aribugui* [en singular y] *aribubugui* [en plural]. [Estos] son pocos usados aquí.

Crudo. *sidohi*.

Cruelmente. *scocoma*. [Cruelmente]

me atormentó. *scocomat'igui ni'ibua.*
item. *ni'dodoa.* El cruel. *scocomabua-dama.* item. *dodoama.*

Crujir o rechinar alguna cosa.
curhunu. [Rechinar] los dientes. *tatami cuma.* Este crujido [de dientes]. *tatami cumiga.*

Cruzar los brazos. *mucomicu. comicu* significa abrazar. ¡Cruza los brazos! *mucomikini!* plural. *mucocomicu!* !Cruzad los brazos! *mucocomikivorha!*

Cruz de nácar que se ponen en la frente. *huaiguia.*

Cuadro. Véase marco.

Cuajada. *vipacuvainiga.*

Cuajar. *cubainida.* plural. *cubaikida.* [Cuajar para] otro. *cubainidida.* Cosa cuajada. *cubainiga.* Hacer cuajar. *cubainidatuda.* Cuajarse. *cubainu.*

Cuajo de res. *vippa.* Otra [clase de cuajo]. *cubainicarha.*

¿Cuál? *sasagui? huhumaco?*

¿Cuál? Dudando. *astuigama? satuigama? asimasi?*

¿Cuál? ¿Quién? *urho? doburh?* Para oblicuos. *hucudoi.*

Cualquiera. *posa mado. posa urho.*

Cuán largo, qué largo. *husitu.* También [significa ¿qué] trecho? item. ¿Qué tamaño?

¿Cuándo? *ikido?* No sé cuando. *ikodosi ikidova.*

¿Cuántas cosas juntas quieres comprar? *hukiapa cavorha scugurina mut'api?*

¿Cuántas maneras? *hukiapa?* item. ¿En cuántas partes están los indios? *huhumatcapca hukiaba darha?*

¿Cuántas veces? *hukia?* ¿Cuántas veces no entraste en la iglesia? *hukia pim'ap'ta teop'urha vapcu?*

¿Cuánto tiempo? *husio?* ¿Cuánto tiempo has de estar aquí? *husio ia*

ap't'io da? No largo tiempo. *pima husio.*

¿Cuánto trecho? *hucunai?*

¿Cuántos? *hukio?* No sé cuantos. *hukiosi.*

Cuarenta. *goc obpai.*

Cuarto de ventana. *vacorha.* Hacerla. *vacortha.*

Cuatro. *guico. macoba.* Cuatro veces. *guica.* [Cuatro] cosas. *guicpa.*

Cubrir algo con tierra. *hiabata.* Lo así cubierto. *ihabatki.* Cubrir algo con un paño. *hina.* Lo cubierto. *hinacara cupa.* Cubrir un aposento a una casa. *ihasa.* Cubrirse con o ponerse el sombrero. *unonamada.* Cubrirse la tierra con [el] agua del río. Véase río.

Cucharas que usan. *adabu.* plural. *adaupu.*

Cuchillo. *tumusi.*

Cuerda del arco. *guiracha.* Significa todo con lo que se amarra alguna cosa, [verbigracia] cintas, arzones de estribo, riendas etcétera. Ejercitar estas cosas. *guiarhacurhta.* Persona cuerda. *humadama.* Véase arco para flechas; estirar alguna cosa; lazada.

Cuerno. *aaggac.*

Cuero o pellejo de un animal. *urhidaca.* Si es ablandado. *hoki.* Véase extender algún cuero clavándolo alrededor; gastar algo consumiéndolo.

Cuerpo. *hona.* Hombre corpulento. *gug sobarhca. honacama. tubuhonacama.*

Cuervo. *coconi.*

Cuesta arriba. *tai.* [Cuesta abajo.] *acspa.*

Cueva. *tuho.* item. *vaca.* El primero [*tuho*] es la cueva artificial que la naturaleza hace en las peñas y debajo de la tierra. El segundo [*vaca*] es la de los coyotes.

Cuidado. Tener cuidado de alguna cosa. *urhabogu*. Estoy occupado en muchas cosas. *mui haitu an'igui urhabogu*. Cuando uno está amancebado dicen *occi urhabogu*. Y [de] la mujer [dicen] *tuoti urabogu*.

Culantrillo de pozo. *babathurbusi usi*. [Es] medicinal.

Culebra. En general parece [ser] *vinoi* [en singular y] *vipinoi* [en plural]. item. *barmarha* [es una culebra grande]. Otra [culebra] chica [es] *tucupagui*. Otra [culebra es] *comagui vinoi*. Otra [culebra es] *harimutcama*. Otra [culebra es] *cocori vinoi*. Otra [culebra es] *vitivi*. Otra [culebra es] *vuqui vinoi*. Otra [culebra] negra grande [es] *tucu vinoi*. Enroscarse la culebra en alguno, verbigracia [en] el brazo. *tuvivia. sivuguia*. Se me enroscó una culebra. *vinoi t'igui ni vivia*. [La partícula] *tu* de *tuvia* es el acusativo implícito de la persona. Enroscarse la culebra. *muvidimida*. Irse enroscando. *muvidima himu*. Estarlo. *sicorhiboho*. plural. *sicorivovo*. Desenroscarse la culebra. *m'usurima*. plural. *musurisa*. Revolverse [o] liarse a algo la culebra. *vibia*.

Culebrear. *tutudurhi*.

Culpa. Véase echar a perder; pecado.

Cultivar la tierra. *duburha urhabocu*.

Cumbre del monte. *doaki cuga*.

Cumplir alguna cosa. *amhuguida*. Daré cumplimiento a mi palabra. *ni nuokiam buguida mucuani*.

Cuñada. Hermana mayor de mi marido. *ubbi gunicuna*. [item.] *ubigugnicuna*. Hermana menor [de mi marido]. *mimaraboboi*. [item.] *n'nimarhaboboi*. Hermana mayor de mi mujer. *guh'n'oniga*. [item.] *gug'n'honiga*. Hermana menor [de mi mujer]. *tutuguisi*. Mujer de mi hermano mayor. *arhimaiduh*. [Mujer] de mi

hermano menor. *nituturuduh*. Esto es un laberinto.

Cuñado. Hermano mayor de mi marido. *gugnicuna*. Hermano menor [de mi marido]. *m'arh'hoaki*. [item.] *marhaqui*. Hermano mayor de mi mujer. *nituturhduhcuri*. Hermano menor [de mi mujer]. *m'ocan'*. [item.] *nocuri*. Marido de mi hermana mayor. *maroga*. [Marido] de mi hermana menor. *marhoga*.

Curar. *doa*. Curar a alguno. *doadida. doarhida*. Sanar a alguno. [El] primero [(*doadida*) se deriva] de *doa* [(curar) y el] segundo [*doarhida*] de *doarhu* [sanar]. Véase restañar la sangre con fuego.

Curioso. *sinuhidacuma*.

Chamuscar. *voica*. [Chamuscar] a otro. *voikida*. Chamuscarse. *voicu*. Cosa chamuscada. *voiki*. Chamuscado. *voikaga*.

Chapodar árboles. *namarhapiga*.

Charco. Véase lago.

Charlatán. *sikuokima*.

Chícura. *arham'hibagui*. [Es una planta medicinal] buena para muchas cosas.

Chicharra. *cacpurin*.

Chiflar. *guicuda*. Y también [chiflar con pito de palo es] *usiguida*. [Chiflar] a otro. *guicudida*. ¡Qué bien y recio chifla! *s'guicudaga!* Véase silbar.

Chiflo. *guicudiga*.

Chile. *cocori*.

Chimal. Véase adarga.

Chinches. No tienen [vocablo]. [Chinches] voladoras que beben sangre. *huhura hihidama*.

Chino, [el árbol]. *uparh*. [El árbol] chino chico. *ariuparh*.

Chiquihuite en general. *asarha*. Otro. *cupiasarha*. Que tiene tapa.

[Chiquihuite] de boca angosta grande. *vaiomacarha.* item. *cumisi.* [Chiquihuite] largo como petaca. *vasa.* Otro. *guicoaca massa. iha.* Este tiene en la boca cosido un palo que llaman *guicoa.* Chiquihuite que cargan en las espaldas. *cusoviocarha.*

Chirimía. *cubicarha.* plural. *cucubicarha* [o] *cuaonikara.*

Chispa. *tumuniga.*

Chispear. *ṭumunu.* Lo que chispea. *tumunidaga. tatana* es chispear como cuando el tizón hace un generillo de ruido que se llama *tataniga.*

Chocar una cosa con otra. *abagusa. mapsusurigu.* Una nave chocó con una peña. *maco busiki bababat'iguigui.* Si son dos [naves]. *tiguisuri.* Dos naves chocaron por el gran viento. *goco vusikiki gug'urburhi kiti mapsusuri tigui.*

Chual. *cobu.* Sembrarlo. *guiguida.* Granar [chual]. *ibuca.* Quiero sembrar chual. *cobu s'guiguida mut'an'igui.*

Chuchupastle. *paiusa.*[21]

Chupador. *s'dunidaga.* [Chupar] en demasía. *s'dunicuma.* El pedazo de cigarro que queda. *dunicharha.* Chuparle a alguno un cigarro. *dunida.*

Chupar como cuando a uno le sale [la] sangre y la chupa. *vinupana.* Y como son los hechiceros. Chupar los dedos. *tup'suma.* Significa también limpiar un plato con los dedos. Chupar piciete. *dunnu.* item. *duduna.* El primero [*dunnu*] es más usado. Chupar, verbigracia mezcal. *vinu.* plural. *vipinu.* Véase cañuelas de piciete para chupar.

D

Danzar. Véase bailar.

Dañar a otro moralmente. *hipui-*

dagadi. saidodoa. item. *saibua.* Dañarse [moralmente]. *hipuidaga saituidu.*

Dañarse la madera, pudriéndose. *duba.* [Dañarse las madera] carcomiéndose. *tuispita.* Dañada así. *dubariga. tuispiga.* Generalmente *saituidu* [es] echarse algo a perder.

Dar. *maca.* Dar algo. *maca.* También usan *gagarha.* Dí mi vestido [se puede decir] *ni noivita an't'igui cagarha.* También significa repartir. Daremos o repartiremos mañana algodón. *toki siarh' at't'io gagarha.*

Dar a entender. *cahituda.*

Dar contento a otro. *sivaguima murhidatuda.* Dar contento o contentarse con alguna cosa. *saptuta.*

Dar cumplimiento a alguna cosa. *amhuguida.* En otra ocasión daré cumplimiento a mi razonamiento. *ikido hubana ni nuoki amhuguida mucu ani.*

Dar de mano. *dakitoa.* item. *aibua.* plural. *aisuriga.* También se puede decir con verbos [que significan] olvidar. *hukibua. hucsuriga.*

Dar de palabra o mandar. *aguida.* El Padre me mandó un cuchillo. *pare tumusi t'igui n'agui.*

Dar de sí. *duhagu. siduhaguima. tuica.* Dará de sí, cosa que dará de sí. *duhagu.* También significa estar extendido. *duhag'himü.* Se va extendiendo.

Dar en rostro. *asurhida. suhaida.*

Dar leche o amamantar. *sihida. sihituda.*

Dar prisa. *otsa.* ¡Dáles prisa! *huhumatcamaga otsa!*

Dar tlatoles. *tutuguida.* Dar buenos tlatoles. *sapuatuhiguida.* Dar [tlatoles] malos. *pima sapua parhubutuguida.*

Dar vida resucitando. *hibuibuituda.*

Dar voces. *hinacu.* Darlas llamándole. *hunaida.*

Dar vueltas alrededor sin salir de una parte. *sicori oimurh*. item. *oihopo*. Dar vueltas alrededor de algo. *sicorha vidimida*. [Dar vueltas alrededor] de un palo. *sicori vidimida*.

De. *durhu*. Respuesta a ¿de dónde? que es *badurhu?* item. *ubaidurhu?* Cuando se responde con *amiduruh* se pospone, [verbigracia] de Movas [es] *movas amiduruh*. De abajo. *buto durhu*. De allí. *ami durhu*. De aquí. *ia durhu*. De aquí [en] adelante. *vutuhaba*. item. *iadurhu*. De arriba. *guidoburu*. De dentro. *urhaducu*. ¿De dónde? *ubaidurhu?* item. *badurhu?* De esta parte. *miacudurhu*. *miacu*. *mianorha*. De la otra parte del monte. *basdurhu*. *bubigadurhu*. item. *comispa*. Véase *Arte de la lengua névome*.[22] De mi parte o de lo que está a mi cargo. *ni'taguiva*. item. *ni'tagui badurhu*. De mi parte saludarás al Padre. *nibutudurhu*. item. *ni'taguiva durhu mumama ap't'iogu gusi*. De ninguna parte. *pim'ubaidurhu*. De otra parte. *humapiadurhu*. De parte de. *butudurhu taguivadurhu*. De todas partes. *buscapodurhu*. *buscon'adurhu*. De una parte. *siabaidurhu*. De la otra parte. *aagadurhu*. De [una] parte escondida. *aagui durhu*.

De aquí a un poco. *ariocada*. *vutuarhiocada*. *butuhubana*. *ariocad'hubana*. *uscad'ubana*. *ariocad'ubscada*.

De balde. Sin qué ni para qué. *sam'uritu*. Sin qué ni para qué me riñes. *sam'uritu apini'cabanu*. De balde he venido acá. *sam'uritu an't'-aydivia*. Este modo es difícil.

De cuando en cuando. *huhumova*. De una vez a otra. *gactuhubana*. Dicen también *pima humosuri posaikidova*. No siempre, sino alguna vez.

De dentro. *urhaducu*. De dentro de la casa. *cuiurhaducu*.

_____
[22] Smith, *Arte*, p. 58.

De esta manera. *ica bugo. hucabugo*.

De este tamaño. *ica hasi. ica hasitu*. De este anchor. *icahasi turhani*. De este grosor. *ica hasi sabarhca*. De este largor. *ica hasi tubutu*.

De golpe. *saibora*.

De grado y voluntad. *hipuidag'kiti*. De mi voluntad. *n'hipuidag kiti*. De tu [voluntad]. *m'hip[uidag kiti]*.

De lado. *gai*.

De la manera que. *cosasi*.

De ligero creer. *pima buhocama nuoki buogurhida*. item. *sam'urida vusi haitu nuoki buhogurhida*.

De medio a medio. *urha*.

De mejor gana. *humuspcai*.

De ninguna manera. *hupumusi*. *hanucsi*. Es respuesta y luego [por supesto] no es para siempre. Cuando se dice de ninguna manera, se ha de hacer esto, *pima* antepuesto *pcai*. item. *pcai vurhu*. Verbigracia. *pcai pima*. *pcai vurha pima*.

De otra manera. *hudurico*. Tú pareces otro género de gente. *api'hudurico tui*.

De parte a parte. Veáse atravesar de parte a parte.

De por sí. *hudurico*. Pon todas las cosas de por sí. *vusi haitu huhudorico gatoa*.

De prisa. *oi. oiva. sohtoma*. **Véase** aprisa.

De puntillas. *tuari*. item. *stupidi*.

¿De qué manera? Véase como, cuando expresa semejanza.

¿De quién? *hucudoi?* ¿De quién es ésto? *hucudoi uniga?*

De repente. *sampa*. item. *sagumpa*. Un indio sin estar enfermo, se murió ayer de repente. *macco humatcama pima stucocodca taco sampa t'igui mucu*.

De rodillas. Véase hincar la rodilla.

Debajo. *buto.*

Debilitado. Estar debilitado. *statu.* Por el hambre estoy debilitado. *sibiuhikiti an'igui sistatu.*

Decaído. Estar decaído. *statu. sparhumu an'igui tatu.*

Decentemente. Andar decentemente. *pima saiturhuma masima oimurhu.* plural. [*pima saiturhuma masima*] *oihopo.*

Decir, [verbo] intransitivo. *aaga.* Así lo dijo *hap't'igui aaga.* Decir mal de alguno. *pima sapua.* item. *parho nuocu saiturhama nuoko. parho.* item. *pima sapua aaga.* Véase murmurar. Decir, [verbo] transitivo. *aguida.* Decir alguna cosa. *aguida.* ¿Qué te dijo Juan? *juan astut'igui m'agui?* Para decir ¿quién te dijo? dicen *dohta hap'cahitu'?* ¿Quién lo hizo entender u oir? *cahituda? hap'an't'igui cahitu.* Así lo dicen. Decirse. Así se dice o hace con la [forma] pasiva del verbo *aaga* o *cahituda. hap'an'igui aaga.* item. *cahituda.*

Declarar alguna cosa. *aguida.* Declarar o manifestar lo oculto. *masocourhina.* plural. *masocourisa.*

Declinar el sol. *tasagaimbua.*

Dedo. Señalar con el dedo. *iguida.* [Señalar con el dedo] para otro. *iguidida.* Dedos de la mano. *tarcuiga.* Véase sonar.

Defender a alguno de [un] peligro. *dugovonida. sosovida.*

Defender alguna cosa escatimando. *sidaida.*

Defenderse cortando el golpe. *muhamida. musosomida.*

Defraudar. Véase hurtar.

Deidad. Divinidad. *diosdaga.* Véase *Arte de la lengua névome.*[23]

Dejar a uno en cueros. *scomiguima viha.*

Dejar algo a más no poder. Véase *Arte de la lengua névome.*[24]

Dejar algo olvidado. *viha.* Dejé un chiquihuite. *maco asarhi an't'igui viha.* Dejé parte de la comida. *haitu coadaga an't'igui viha.*

Dejar atrás a uno en la carrera o camino. *bua.* plural. *suriga.* Me dejaste lejos. *mucat'ap'ta ni bu.*

Dejar de la mano. *dakitoa.*

Dejar el río tierra nueva. Véase río.

Dejar hacer. Se hace con verbos compulsivos. Dejar, hacer a compeler a trasplanar. *siccoannatuda.*

Dejar para otro. *vihida.* Te dejé maíz. *hunu an't'igui mu vuhida.* Déjame algo. *haitu ni vihidani.*

Dejar yéndose. *buac'himu. dakitoag'himu.* plural. *surigac himu.* item. *hihimu.* Mi marido me dejó yéndose a Parral. *ni cuna parhi muy ni buaca t'igui hi.* item. *ni dakitoaca t'igui hi.*

Delantal. *naki.* plural. *nanaki.* Hacerlo. *naquita.* plural. *nana[quita].* Véase mandil.

Delante. *nunappa.* Ir delante de alguno. *bupuga.* item. *baitahimu.*

Deleitarse. *sivaguima m'urida.* item. *sapua m'urida. sukia.* item. *s'hukica.* Se usa también por deleitarse. Porque me azotaste se deleita ahora Juan. *coiv'ap'ta nigugu juan vutu s'hukica.*

Deleznable. Véase deslizarse.

Delgado. Cosa delgada como papel. *comarica.* Adelgazar todo. *comaricada.* Se dice como de arena, mosquitos, [semillas de] mostaza [etcétera]. *sivihi.*

Delicado. *simoica.* [Se dice] de toda cosa blanda. Delicado de condición.

---

[23] Ibid., p. 64.

[24] Ibid., p. 80.

ari bupo tuica. item. *masi.* Parece [un] muchacho.

Demasiado. *baibitu.* item. *baibitki haitu habua.* Azotar más de lo justo. *baibitki guguba. humuspcai.* item. *gaibitki.* item. *baibitki.* Has hablado demasiado. *baibitki ap'ta nuoku.*

Demudarse. *s'toasacu.* Demudado. *s'toasaki.* Ojalá no te hubieras demudado. *dodapiki pima s'toasacuna.* item. *s'toama tuica.* Está demudado.

Dentadura. *tatami.*

Dentera. *tamainiga.* plural. *tamaikiga.* Tener dentera. *tamamu.* plural. *tamaicu.* Causarla. *tamainituda.* plural. *tamaikituda.*

Dentro. *urha.* Dentro de la casa. *cuiurha.*

Depósito. Tener en depósito. *vanicoanna.* Tengo este cuchillo en depósito o prestado; no es verdaderamente mío. *ica tumusi an'igui vanicoanna, pima vurh n'uniga.*

Derecho. *suri.* Cosa derecha. *surini.* Derechamente. *surinima.*

Derramar. *ihabua.* Cosa derramada. *ihabui.* Derramarle [algo] a otro. *ihabuida.* [Derramar] sangre. *hurhopanu.*

Derrengarse. Véase deslomar.

Derretir. *oig'nada.* Hablando del metal decía un indio *cosi sudugorhana,* atiza para que se deshaga. Para que se haga agua. *sudugorhana.* Derretirse alguna cosa. *vamainu.* plural. *bamaicu.* Derretirla. *vamainida.* plural. *vamaikida.* Lo derretido. *vamainiga.* plural. *vamaikiga.*

Derribar alguna cosa. *aybua.* plural. *aysuriga.* Derribar el aire el zacate, verbigracia, echarlo [es] *voiorha.* item. *cupurhubua.* plural. *cupurhur suriga.* Lo mismo cuando en una siembra los caballos van pisando el maíz y lo echan [doblan].

Derrumbadero. *scuabiga.*

Derrumbarse algo. Véase desmoronar algo. Si es como cuando una peña se cae a pedazos. *coanu.* plural. *coacu.* Lo desmoronado. *coaniga.* plural. *coakiga.* Cuando el río crecido lleva pedazos de tierra. *tumainu.* plural. *tumaicu.* El ribazo caído. *tumainiga.* plural. *tumaikiga.*

Desabrida. Cosa desabrida. *basudiga.* Ser así insulso. *basudigca.* ¡Oh, si la comida no fuera desabrida! *dodagui coadacca pima basu digcana!*

Desabrigar a otro. *inobia. inibia.* Acaso mejor [es] *hinobia.* Desabrigarse. *m'inobio.* item. *m'inibia. m'* es pronombre reflexivo.

Desa fiar [en] el juego. *nanamucu.* El contrario [en] el juego. *nanamuki.* Tener un contrario [en el juego]. *namukita.*

Desagarrar alguna cosa. *surina.* plural. *surisa.* item. *susa.*

Desagradecido. *pima hapurhida. bui pima sivaguima m'urida.* Así dicen.

Desalmado. Hombre de mala vida. *parhhipuidcama. pima sapua.* item. *pima scug'gusudama.*

Desamorado. *pima sidaama.* El que no ama.

Desamparar. *dakitoa.* item. *bua.* plural. *suriga.* Una mujer cuando la ha desamparado su marido dice *ni cuna nibui hit'igui,* se fue dejándome. item. *ni daguitoaca t'igui.* plural. *surig'himu.*

Desangrarse. *hurhopanu.* [Desangrar] a otro. *hurhoparida.* Hacer que se desangre. *hurhopanu.* Se construye con [el pronombre] reflexivo. Me desangré. *n'huropanu an'igui.* Cuando sale sangre de la boca o [la] naríz [dicen] *muy buhurha buhanu.* item. *bubacri.*

Desanudar. *matoca.*

Desaparecer alguna cosa. *hukigucsu.* plural. *hucsurigu.* La cosa desaparecida. *hukigusiga.* plural. *hucsuriguiga.*

Desarraigar. *tacta habua.* plural. *tacta basuga.* item. *tacta bupana.* item. *hupsa.* Sacar las raíces.

Desatar. *burioca.* Desatar lo atado. *virioca.* Cosa desatada. *vurioki.* plural. *vupurhioki.* [Ser desatado] por otro. *vurio kida.* plural. *vupurhioca. vupuriokida.* Desatarse. *agusa.*

Desbaratar. Descomponer algo. *matoca. banicoana.* plural. *banicoasa.* Cosa devastada. *matoki. banicoani.* plural. *banicoasi.* Lo descompuesto. *matokiga. banicoaniga.* plural. *banicoanisa.* Desbaratar lo compuesto. *sibionaguida.*

Desbarrancarse. Véase rodar.

Desbocada. Ser desbocada una bestia. *matuni. sgubucu.* Recia de boca. item. Dicen *freno pimatata* [que significa] no siente el freno. *freno kitipima vidimida.* No vuelve con el freno. Una bestia que obedece fácilmente el freno. *matuni pima sgubuca. freno tata buhogurhidu. scuno kiti vidima.*

Descalabradura. *maicanipa.* plural. *maicasiga. vaha* significa acertar o dar con lo que se tira.

Descalabrar. *maicuna.* plural. *maicusa.* Tu hermano me descalabró. *musicuri t'igui ni maicana.*

Descalzar. *susca.* item. *hapua* [que significa] media. plural. *basuga.* [Descalzar] a otro. *babuguida.* plural. *basuguida.*

Descamar [un] pescado. *cocom'piga* [es] por la similitud [que tiene con el nombre] de un pescadillo llamado *cocomicuma* que tiene el pellejo duro y escamoso. Desollarlo es el mismo *cocompiga.*

Descaminado. Véase andar.

Descansar. *pihivnu.* item. *pihihuna.*

Descarnar algún cuero. *hibicoana.* plural. *hibicoasa.* item. *hibihuma.* El cuero descarnado. *hibicoani.* plural. *hibicoasi.* item. *hibihumi.* La descarnadura. *hibicoaniga.* plural. *hibicoasiga.* item. *hibihumiga.*

Descender de lo alto. *tubanu.* plural. *tuopagu.*

Descolgar alguna cosa. *tubanida.* plural. *tuspaguida.* Bajarlo de lo alto. *acspabua.* plural. *acspasuriga.*

Descolorido. *stoaacu.* El que está así. *stoasaki.* El rostro descolorido. *stoasaki vuio sacama.*

Desconcertarse [dislocarse] algún hueso. *saimurimu.* plural. *daiominu.* La parte desconcertada [dislocada]. *daimuriniga.* plural. *daiominiga.* El desconcierto tal. El hueso mismo. *daimurini.* plural. *daiomini.*

Desconfiar de algo. *pimaibiguida.* No creer. *pima buhoguinida.* No es Pedro en quien se ha de confiar. *pedro pima ibigui dama tuica.* Lo mismo dicen de una bestia maliciosa.

Descontento. Véase triste.

Descortezar. *uripiga.*

Descoser. *somioca.* La cosa [descosida]. *somioki.* Lo descosido. *somiokiga.* Véase desdoblar.

Descubrir alguna cosa. *hinobia.* item. *hinibia.* [Ser descubierto] por otro. *hinibida.* Descubrirse, quitándose el sombrero. *vanama bah buai.* [Descubrirse] para otro. *vaconama bah buida.*

Descuidarse. Dicen *hukibua* [en singular y] *hucsuriga* [en plural]. Es [también] olvidarse. item. *stuhoda.* Flojear.

Desde. *durhu.* Desde abajo. *buto durhu.* Desde adentro. *urhadurhu.* Desde afuera. *duburho vurho.* Desde allí. *ami durhu.* Desde aquí. *ia durhu.* Desde arriba. *guido durhu.* item. *damana durhu.* Desde donde. *badurhu.*

item. *ubaidurhu.* Desde más allá. *gamaidurhu.* Desde más cerca. *miakudurhu.*

Desdén. *asurida cugai.* Por tu desdén estoy triste. *m'asurhida cugai. soig' an'tigui n'urida.*

Desdentado. *pimatatamicuma.*

Desdeñador. *asuridadama.*

Desdeñar. Usan *asurida.*

Desdichado, cuando decimos estoy triste. *soiga.* Verbigracia, soy un desdichado. *soig an'igui.* Lo eres tú. *soig' api.* Tener por desdichado. *soiga urhida.*

Desdoblar. *matoca. turhana* se usa por desdoblar. Es [también] extender o descoser alguna cosa.

Desear algo o codiciarlo. *s'ohoidacugai.* Desear algo para otro. *s'ohoidida.* Significan también desear cosas malas. Desear comida. *sinacu.* item. *hinamu.* plural. *hinacoho.* El antojadizo se puede llamar *sinakicuma.* El antojo. *sinacugai.* Desear hacer algo. Se hace con [la partícula] *mu* en singular y con [la partícula] *coho* en plural. [Véase] capítulo 9, sección 3 [en *Arte de la lengua névome*].[25] Desear mal a alguno. *buy parho aag.* item. [*buy parho*] *tatoa.* plural. *soiga aag.* item. [*soiga*] *tatoa.* Desear que alguno muera. *simukiorhida.*

Desechar alguna cosa. Véase dar de mano.

Desengañar se puede decir *surima.* item. *buhocama.* item. *pcai cohituda.* item. *aguida.*

Desenojarse. *hupi.* [Desenojar] a otro. *hupida.* item. *hupituda. hupi* se construye como reflexivo. Ya me desenojé. *v'an'tigui n'hupi.*

Desenredar. *matoca.*

Desensillar dicen *bahbua.* plural.

―――
[25] Ibid., pp. 54–57.

basuga. ¡Desensillad! *sisirgorh basuga!* ¡Quita la silla! *siraga bahbua!*

Desenterrar. *hibabia. ganibua* es desenterrar escarbando, como los cuervos lo sembrado.

Desesperar. No tienen [vocablo]. Sólo dicen matarse, ahorcarse. Desesperarse. *bahbua.* plural. *gasuga.*

Desfallecer. *stucagu.* [Desfallecer] de hambre. *bihuguimu.* plural. *bihocoho.* Hacer desfallecer de hambre. *bihuguimutuda.* plural. *bihocohituda.* El así desfallecido. *bihuguimudaga.* plural. *bihocohidaga.*

Desfigurado. *s'toaraqui.*

Desflocar o desflorar. *bosarhcada.* Lo que se desflueca. *bosariga.* Desflocarse agluna manta. *bosoharca.* item. *bosarica.*

Desflorar. Quitar [las] flores. *huhosiga piga.* Desflorar a alguna doncella. *tuiadugurha.* item. *pima dubcama amurhida.* item. *dohdomu.*

Desgarrar algo. *banisana.* item. *banisarha.* plural. *banisasa.* El desgarrón o lo que se desgarra. *banisaniga.* plural. *banisapiga.*

Desgranar el maíz. *curiba. gubimuna. caiva.* Desgranar apaleando. *capiga* [que se usa en] general [para designar] todas las semillas. Las tres primeras [*curiba, gubimuna* y *caiva* son] sólo de maíz. Desgranado [el] maíz. *caibahimu.* [Desgranar] otras semillas. *caita.* [Desgranar] el chual. *ibuca.*

Deshacer algo. *vanicoana.* plural. *vanicoasa.* Deshacer entre las manos. *mohona.* Lo deshecho. *mohoniga.* Deshacerse en lágrimas. *oogapanu.* Derramar lágrimas. *oogabuami.* item. *ooganuibuanu.* Se dice del que tiene [los] ojos llorosos por [una] enfermedad.

Deshierbar o tlaspanar. *siccoana* [es deshierbar o tlaspanar] antes de sembrar. *tuhisida* [es deshierbar o tlaspanar] después de sembrado. Suelen deshierbar arrancando la maleza. Estas [hierbas son] *vopona*. Irlas arrancando. *voponahimu*.

Deshilachar. *cahana*. Deshilacharse. *cahanu*. Deshilachado. *cahanigu*. Irse deshilachando. *cahaiha'mu*. Deshilachar así. *bosarchada*. Deshilachado así. *bosariga*.

Deshincharse alguna cosa. *hagu*. item. *baihunu*. No es muy usado. Irse deshinchando. *hag'himu*.

Deshojar el mezcal. *carhana* [que significa] quitar las hojas tatemadas. *sicarhanu* [se usa] cuando el mezcal está ya tatemado. *carhanu* [significa] caerse las hojas. *carhaniga* [es] las hojas quitadas. Deshojar [los] árboles. *aapiga*.

Deshonesto. Ser deshonesto. Se puede usar *saiturhumagusuda*. El deshonesto. *saiturhuma gusudama*. La deshonestidad. *saiturhuma tuidiga*. *saiturhuma* es trascendental y significa todo lo que causa empacho y de que se puede tener vergüenza. Hablar [de] cosas que causan empacho. *saiturhuma nuocu*. Y al que dice y hace [deshonestidades le] llaman *saiturhu macama*. Véase injuriar.

Desigualdad. *hopadigada*.

Desigualmente. *hopadi*. Hablar muchos con desigualdad [distinta intensidad] cual alto, cual bajo. *hopadi nuocu*. Ser cosas desiguales. *hopadi huhuca*. Cosas desiguales. *opadi huhucama*.

Desleír. *buga*. plural. *vupuga*. Significa también hacer lodo, diluír pinole, hacer chocolate y cuando éste no está bien deshecho [se dice] *pima sapua vaga*.

Desliar. *vurioca*. plural. *vugurioca*.

Deslizarse. Véase resbalar. *daibonu*. plural. *nuihupanu*. Es como [cuando] cogiendo alguna cosa se sale de la mano deslizándose. item. Salirse o escapar como el pescado de la red, [o] la gente de la casa, huyendo de algún peligro.

Deslomadura. *comisaniga*. plural. *comisakiga*. item. *comisasiga*. *comit* parece [significar] desollarse o pelarse una bestia el lomo, o como decimos, sahornarse. *comit paniga* [es] sahornadura.

Deslomar. *comisana*. plural. *comisaga*. Deslomarse. *hupimu*. plural. *hupacoho*. Estar lastimado. *comisanu*. plural. *comisacu*.

Deslumbrarse con el sol. *s'tasa muguima*. item. *s'cupioguima nuhida*. Cerrar los ojos como cuando se miran los rayos del sol. *s'cupigu*. El águila no cierra los ojos a los rayos del sol. *baagui tasa nuidtu pim'ikido scupiogi aigui*.

Desmayarse. *stucagu*.

Desmentir. No tienen [vocablo], sino [que] dicen, miente. Dice que miento. *n'hartocaag*. Decís que yo mentía. *n'hotoca aagtada*.

Desmenuzar. *mohona*. *mohonu*. Lo desenuzado. *mohoniga*.

Desmolada. *pima manturicama*. Las muelas. *manturi*.

Desmontar. *vusi sonicumiacu*.

Desmoronar algo. *coanida*. plural. *coakida*. *tumainida*. plural. *tumaikida*. Desmoronarse algo, como una pared mojada. *coanu*. plural. *coacu*. Lo desmoronado. *coaniga*. plural. *coakiga*. Cuando el río lleva pedazos [residuos] de tierra. *tumainu*. *tumaicu*. Lo desmoronado. *tumainiga*. plural. *tumaikiga*.

Desnarigado. *pima dacama*.

Desnudar a otro. *noivita bahbuida*. plural. [*noivita*] *basguida*. Desnudarse. *munoivita bahbua*. plural. [*munoivita*] *vasuga*.

Desnudo. Andar en pelota. *scoma-guima. oimurh.* plural. [*scomaguima*] *opopo.* Quedar en cueros. *scomagu.* Andar en cueros vivos. *scomatu oimarhu.* plural. *scomagtu oihopo.*

Desollar. *uripiga.* La cosa desollada [es] *uripigui. uripiga* es génerico [y significa] descortezar palos etcétera. *buhuma* es sólo desollar animales. [La] tal cosa desollada. *buhumi.*

Despabilar. *candera turha tisoa.* Cortar la pavesa que llaman *candera turhadi.* item. *candera turhpiga.*

Despacio. *ihama. scugudodoa. sibabagui.*[26]

Despachar. *ada.* Te despacharé a Movas. *movas buy an't'io m'ada.*

Desparramar. *gantana.* plural. *gantasa.* [Desparramar] maíz a las gallinas. *gantanida.* plural. *gantasida.* Echa maíz a las gallinas. *haitu hunu totori gantanida.*

Despavorido. Estar despavorido. *sidohadimu.* plural. *sidoadicoho. vohacu kibua* es helado, sin sangre. item. Dar a alguno un dolor de repente.

Despedazar algo. *banisana.* plural. banisasa. [Despedazar algo] con las uñas. *hukisana.* plural. *hukisasa.* [Despedazar algo] con [un] cuchillo. *icsana.* plural. *icsaga.* El pedazo. *bunisaniga.* plural. *bunisasiga. huquisaniga.* plural. *hukisasiga. huquisaniga.* plural. *hukisasiga. icsaniga.* plural. *icasiga.*

Despedir a alguno. *ada.* Hacer [obligarlo a irse]. *himituda.* Como cuando a quien está conmigo [le] digo que se vaya: diré. *gamu anta.* !Véte! [singular.] *gomo* [anta]! ¡Idos! [plural.]

Despeñar. Véase rodar.

Desperezándose. *masurina.* plural. *masurisa.*

Despertar del sueño. *nunu.* Aún no

ha despertado el Padre. *pare coit'igui nunu.* [Despertar] a otro. *nuntuda.* Despiértale. *nuntudani.* Despierta en breve. *oig'n'nuni.* Despertar entre sueños. *vuitanu.* plural. *vuitacu.* [Despertar] a otro. *vuibana.* plural. *vuibasa.* Cuando despierta uno y vuelve a dormir. Véase recordar, despertar.

Despicar el maíz para tlascales. *vupuipiga.* Dí a las tlascaleras que despiquen el maíz. *hascali abuadama ga aguico hunu vupuipigana.* El maíz despicado. *hunu pupuipigui.*

Despierto. Estar despierto. *nua.* Estoy [despierto]. *nu'an'igui.* Todavía el Padre está despierto. *pare guia nua.* Estabais despierto. *nuacad an'igui.*

Desplegarse o abrirse las flores. *mutharhana.* Irse desplegando las flores. *huhasiga mutharhan'himu.*

Despoblar algún pueblo. *buac himu.* plural. *susurig'hihimu. daguitaag'hi-himu. dugubonu.* plural. *dugubosa tipia.* En el ejecicio con los indios, adviértanse las pronunciaciones de estos vocablos. *quiarhu* es casa o pueblo ya caído y arruinado.

Despojar a uno de cuanto tiene. *cuidivida.*

Despostillar. *tabiaina.* plural. *tabiaisa.* Despostillarse. *tabainu.* plural. *tabiaicu.* Lo despostillado. *tabiainiga.* plural. *tabiaikiga.*

Después. *gatuca.* Después de mí. *n'oiti.* Después de tí. *m'oiti.* Después del Padre. *pare'citi.* item. Dicen *oitu* [que es la] última vez. Después escribiré. *gatuca an't'io oha.* Del mismo sentido es *damana.*

Despuntar el cuchillo, aguja etcétera. *motpoma.* plural. *momotpona.* Despuntarse. *motponu.* plural. *momotponu.* La punta que saltó. *motponiga.* Cosa despuntada. *motponi.* plural. *mo-motponi.*

Desquitarse cuando otro día se ha

de jugar. *siarh'antio n'agabua*. Mañana me desquitaré. Desquitarse [en] el juego. *huguidatuda*. Es necesario el pronombre reflexivo. Me desquito. *n'huguidatuda*. Te desquitaste. *m'huguidatud ap'ta*. Desquitarse de los tantos perdidos. *agabua*.

Destapar alguna cosa con tapa. *carha. cupioca*. [Destapar alguna cosa cubierta] con [un] paño. *hunibia. hiniha*.

Destejer. *matoca*.

Desteñirse alguna cosa. *oanu*. plural. *oacu*. Desteñido. *oaniga*. plural. *oakiga*.

Desterrar. No tienen [vocablo]. Se puede usar *oidaga dakitohituda*. Hacer dejar el pueblo. *oidaga toituda*.

Destetar a los niños. *vipida ki tortuda*. item. *vipitohituda*. Hacer dejar el pecho. item. *hitoituda*. Hacer dejar de mamar.

Destorcer. *matoca*. Cuando [algo] está muy torcido. *doarhida*. Cuando [algo] está torcido y hace como canutillos o da vueltecillas. El destorcerlo es *susa*. plural. *surhisa*.

Destripar. *tepona*. plural. *teposa*. La cosa [destripada]. *itponi*. plural. *itposi*. [Destripar] para otro. *itponida*. plural. *itposida*.

Destroncarse una bestia. *saiurinu*.

Desvanecerse la cabeza. *ni moho saboca aigui*. Está ligera mi cabeza.

Desventurado. Ser pobre. *soiga*. Soy un pobre. *soig'an'igui*. El pobre. *soigama*. item. *pima haitu uniga*. No tener hacienda. item. *pima haitu urhaguida*. No tener una hilacha que guardar. item. *vusi haitu sigagu*.

Desvergonzado. Ser desvergonzado. *pima suiurha*. Y así haciendo una desvergüenza o atrevimiento le dice [a] otro *na pim'api saiurha*. Se dice también *saiturhuma gusuda*.

Desviar algo. *aagurina*. plural.

aagurisa. [Desviar algo] con el pie. *himitcubua*. plural. *himitsuriga*. item. *cuba*. Véase apartar a un lado.

Detenerse. *vihi*. ¿Dónde te detuviste? *baap'ta vihi?* Anda uno y se para. *cuhca*. plural. *guguhuca*. ¡Párate! *cuhcani!* [Una] bestia que se va parando. *cuhc'himu*. Véase esperar.

Detrás. *bubiga. bubigadurh. comispa.*

Devastar [la] madera con [el] hacha. *gubiocana*. plural. *gubiocoasa*. Las *astillas* [que quitan y las] señales [que quedan]. *gubiocoaniga*. plural. *gubiocoasiga*. Cosa devastada. *cubicoani*. plural. *guviavasi*.

Deveras. *buho. buhocana. pcai. vurha. surinima.*

Día. *siarhi*. item. *siadi*. item. *tasa*. Cada día. *siari. siaribugada*. item. *siaribugadi*. item. *vusissadikiti*. En este día. *ica tasa aba. ica saidi ba*. Tal día, como éste. *ica tasa vupo. ica saidi bupo*. Tarde del día. Ser ya la tarde. *maidu*. [La partícula] *du* es trascendental. Junto con algunos adverbios significa la posición del sol y a su modo las horas del día. Y así [para] decir ya es tarde dicen entendiendo después del medio día. *vamiadu*. Cuando el sol está ya por ponerse. *dumaridu*. Cuando está ya muy abajo. *dumari duru*. Cuando estuviere [antes a después del cenit es] *guidodu* [que significa] estar el sol todavía alto. Y así por las mañanas [es] *va guidodu* [que significa] ya está alto. Y por la tarde [cuando] aún no ha declinado mucho [es] *cuia guidodu* [que significa] todavía [está] alto. [Un] día entero. *gubitasa*.

Dices bien. *buhokigui*. [singular.] Para muchos. *buhoca dakigui*.

Dichoso. Véase feliz.

Dientes. *tatami*. [Dientes] de una sierra. *mumuvitca. mumuvitca*. Y así a los petates que les hacen al derredor

como dientes llaman *mumuvitcama
mainna.* Y el que tiene así los dientes.
mumuvitcama. tatamicama. Crujir los
dientes. *tatamicuma.* Mudar los
dientes. *vututa tatami.* Rechinar los
dientes. *tatamicuma.* El estridor.
tatamicumiga. Salir los [dientes]
nuevos. *babacu.* Véase muelas.

Diestro. Ser diestro en algo se explica
con *dumuma.* Verbigracia, diestro en
el canto. *sinuhidudama.*

Dieta. *saidutuda.* Véase abstenerse.

Diferentemente. *hudurico.* Hablar
diferentemente. *hudurhico nuocu.*
Todos los que estamos aquí hablamos
diferentemente. *vusi ati ia darhacama
huhudurico nuocu.*

Dificultar algo. *sihaituda.* Equivale
al *obam* del Heve. Tener por impedimento. *stohodama urhida. sihartuda
parece* [que pro] viene de *siaihiga* [que
significa] ser difícil una cosa. Es difícil.
sihaiga igui. El que pone dificultad.
sihaigama.

Diligente. *sothomacama.* item.
sothomahipuidcama.

Disparar el arcabuz. *sipuntuda.*
Hacerle reventar. *sipunu.* Disparar,
verbigracia cuando se tira alguna cosa.
sparhumu. Véase errar al blanco.

Dispuesto. Véase bien dispuesto, que
se viste bien.

Distribuir algo. Usan del verbo
maca, dar. [Sin embargo] *hagarha* es
más apropiado. ¿Has distribuído
algodón a las indias? *toqui doaki ap't'io
hagarha?* Significa también limpiar
dar o enajenar.

Dividir. *aag vaina.* Dividir [los]
caminos. *vooga saarhcada.* Dividir,
partir algo. Véase partir con un cuchillo. Dividirse en [la] calle la gente.
goco voocsi huhumatcama guguhucca.
En dos hileras. Porque *voocsi* es la
hilera, aunque sea de maíz.

Divisarse. *simasi.* item. Dicen *sima-
simada.* item. *oimurhu.* plural. *darha.*
item. *oi po.* Pedro bien patente [clara-
mente] anda de [la] otra banda. *pedro
humacorha sapua simasima oimurhu.*

Dizque. *sa.* Se suele juntar con *igui.*
Ya dizque llegó. *vai s'igui divia.*

Dobladura. *nasiga.* plural. *nanasiga.*

Doblar. *nasa.* plural. *nanasa.* Lo
doblado. *nanaspi.* [Doblar] para otro.
nasida. plural. *nanasida.*

Doblegarse algo. *simoica.* Ser blando.

Doce. *macobai.* item. *bustamama.*
gamaigoco.

Dócil. *s'humaduma.* Ser de buena
naturelza [o] de buen juicio. *s'humadumaca. humaduma* es una persona
reposada, cuerda [o] quieta. Como
[por el contrario] una persona indomable [es] *pima humaduma.*

Dolor. *s'cocoguiga.* Causar dolor.
s'cocodiga. item. *scocotuda.* Mitigarse
el dolor. *dusarica.* Cuando se mitiga
la calentura dicen *hup'himu.* Irse
enfriando. Ya mi dolor se ha mitigado.
vat'ni scocuguiga igui durarha. Hacer
mitigar. *durahicatuda. durarhcatuda.*

Dolores de parto. *mamarhoguiga.*
Tener dolores de parto. *mamarhogu.*

Dolorido. *s'coco.* Estoy dolorido en
todo el cuerpo. *n'onaaba vusia p'an'igui
scoco.* Mi llaga está muy dolorida.
n'hibuidaga sicoco. Oh, si no estuviera
dolorido. *dodaki pima scococana.*

Domar. *sapurinituda.* item. *sapu-
rhina.*

Dominio. Tener dominio de [una]
cosa animada. *soiga.* Tengo un
caballo. *cabaio an'igui soriga.* Tener
dominio de [una] cosa inanimada.
uniga. item. *astuidaga.* No soy dueño
de cosa alguna. *pim'an'igui haitu
uniga.* Tener dominio, señorío y mando.
s'tuodigca. Equivale al latín "domi-

nor." Y *s'tuodiga*, [que significa] el Padre que manda y domina.

Doncella. *coidugcama*. item. *pimadukcama*. La que no está violada. *tuia*. plural. *tutia*. Muchacha pequeña que al parecer corre plaza de doncella. Véase virgen que corre como doncella.

¿Dónde? ¿En dónde? *ba?* item. *ubai?* ¿Dónde estabas? *b'api?* item. *ubai api decada?* ¿Adónde? *bu?* item. *ubui?* ¿A dónde vas? *bu'p'himu?* Cuando se ejercita la acción del verbo se hace con estas partículas. *cami*. *carhami*. *parhami*. *aicami*. Véase *Arte de la lengua névome*, capítulo 10.[27]

Doradilla [una planta]. *babahuhogisa*.

Dormilón. *s'cos'cuma*.

Dormir. *coso*. plural. *cocso*. Dormir a la lumbre. *taico voho*. [Dormir] debajo de alguna cosa. *ucsa urhavoho*. *ucsa* es [una] sombra que se hace de zacate etcétera. Dormir o hacer noche [pasar la noche] en el camino. *voho*. plural. *vovo*. Dormir todo el día hasta la noche. *cos'tu urhumu* [significa] me anocheció durmiendo. *cos'tu siadida* [es] me amaneció durmiendo. Dormiré un tantillo. *humovidinida an'tio cohi*. Tuve un sueño muy sabroso. *so'vi'm'-an't'igui cohi*. Velar con viveza. Tener dificultad [en] dormirse. *sgubucahuha*. El desvelado. *scubuca nuadama*. item. *sgubuca vupuicama*.

Dos. *goc*. Dos cosas. *gocpa*.

Dudar. *sihaituda*.

Duende. Le llaman *norhoaki*.

Dueño. Véase dominio.

Dulce. Cosa dulce. *sihovi*. Serlo. *si'hovica*. Tenerla por dulce. *sihovi uricada*. *siovi urida*.

Dulcemente. *si'hovima*. Y también [significa] cosas dulces. Guardo muchas

cosas dulces y sabrosas. *mui haitu si'hovima nucad'an'igui*. Nótese que el *s'* es si. El nombre [es] *ihovi* y así dicen *pima ihovi* [que significa no es dulce].

Dulzor. *ihovidaga*.

E

¡Ea, pues! *higuia! pucui!* A ver. Veamos.

Echar a perder. *saidodoa*. Echarse a perder las frutas con el sol. *s'tasamu*. plural. *tascoho*. La cosa así perdida. *s'tasamudaga*. plural. *tascohidaga*. Echar afuera. *vusaida*. plural. *vubaida*. También esto es quitar a uno el oficio. Echar [de] menos, verbigracia, me has hecho mucha falta. *sigagu*. *simugagu*. Echar [de] menos alguna cosa. *hukigusu*. plural. *hukisuriga*. Echar la culpa a otro. *ababa*. plural. *ababupa*. *aba* es una preposición. Me echa la culpa. *n'ababua igui*. También dicen *n'abaibato*. Echar por ahí algo. *aibua*. plural. *aysuriga*. Me derribó, me arrolló el caballo. *cavaio t'igui ni bua*.

Echarse. Acostarse. *voho*. plural. *vopo*. [Echar o acostar] a otro. *vohoda*. plural. *vopoda*.

Edificar. Véase casa.

Efectivamente. *pcai. surinima. buho cana*. En efecto has de volver a Movas *pcai surinima, buhocana movas buy ap't'io norha*.

El mismo. *huc udurhi. hugai uduri*. Yo mismo. *an'uduri*. Tú [mismo]. *ap'uduri*.

El, pues. *huc unapi*. Tu, pues. *api unapi*. Pedro, pues. *pedoro unapi*.

Elegir. *matu*. Elegible. *simatuma*. Todos estos cuchillos son malos, no hay donde escoger. *vusaicama tumusi parhai pima haitu simatuma*.

Elote. *tunibo*. Tener [un] elote. *tunibota*. Ir echándolo el maíz. *tunibota himu*. *hibaidaga* es [el] nombre genérico de la fruta [del elote]. *caibadaga* [y] *caiburiga* [significan] elotes con granos. *tutunopa* [es el elote] tierno sin granar. Echar [los granos]. *tutunopita.* Elote que en una caña sale debajo del otro. *buputonagadi.* Cuando salen dos pegados, al pequeño [le] llaman *marha* [que significa] hijo. Quita un elote. *maco caibarica an't'igui habua.*

Embarazar. *sihaituda.*

Embarrar. Verbigracia, una botija cuando se tapa con brea etcétera. Dicen, así tápala. *usabida.* Lo tapado. *usabidi.*

Embijarse. Como suelen [hacerlo] para bailar. *m'ohana.*

Embije. *oarhaga.* Las mujeres se ponen en el rostro rayas de un género de gusano, las llaman *sisimuri.* Véase alcoholar.

Emborracharse. *nabamu.* plural. *nabacoho.*

Embriaguez. *nabamuguiga.* plural. *nabacohiguiga.*

Eminente. *tubu. tubutu.* Montes altos. *tubutu doaki.* Pinos altos. *tububutu hucu.*

Empachado. *mai'mudaga.*

Empacharse. *maimu.* plural. *maicoho.*

Empacho. *maimuguiga.* plural. *maicohidaga. maicohiguiga.*

Emparejar. *m'asituda.* Cosas parejas. *masitudama.*

Emparentar. *hadunica.*

Empatar, verbigracia los tantos en el juego. *vigabua.*

Empegar algo. Ponerle pez. *vitsa* que significa untar.

Empeine. *vitaguiga.* Tenerlos. *vitaguigta.*

Empellón. *nuiainiga.* plural. *nuiasiga.* Dar empellones. *nuiaina.* plural. *nuiaisa.*

Empero. Conjunción adversativa. *posa.*

Empezar, tener principio algo. *sonaga, de sona* [que significa] principio. Propiamente [significa] comenzar. *sontuda. sosonatuda.* Empezar algún petate. *tibita.*

Empinarse, puédese decir *tatarha cucug'ab cuhca.* plural. [*tatarha cucug'ab*] *gugu huca.* Pararse en la punta de los pies.

Empobrecer, se dice *vusi haitu daga huhuca* [que significa] consumirse y acabarse la hacienda. Empobreció Pedro, consumióse toda su hacienda. *vusi pedoro haitu daga t'igui huhuca.*

Emponzoñar las flechas. Véase flecha.

Empreñar. *nonoathuda.* item. *nonorda.*

En alguna ocasión. *icguido hubana.*

En alguna parte. *ubai hubana. im hubana. am hubana.*

En breve. *oi. oiva. sohtuma.* En breve tiempo. *ario. aricoada. ariocadhubana.*

¿En dónde? *ba?* item. *ubai?*

En el aire. *stuadiga.* Colgado en el aire. *stuadiga naguia.*

En lo alto. *damana. guido.* item. *guidova.*

En medio. *urha.*

En ninguna manera. *hupumusi. ior iio* [sic]. Parecen decir [no aparece]. Siendo que decían *cux* ya no lo dicen. Atiéndase a la forma en que lo pronuncian[28]

En nombre de. *butudurhu taguivadurhu.*

---

[28] In a different handwriting is "ni esto en entiendo."

En presencia. *nunaspa* [que significa] en público.

En primer lugar. *bupuga.* item. Primeramente. Este tumaitu es primera vez. *tumadago* [significa] el primero Verbigracia, [si] tiene uno tres hijos al primero [le] llaman *tumadaga.* Al segundo, o cuando hay otros intermedios, le llaman *urhavacama.* Al último [hijo le llaman] *hupuidovacama.*

En que parte. Véase *Arte de la lengua névome.*[29] *aba* [es una] preposición. *ami* [es] un adverbio. En el cielo. *damacatum'ami.* En la iglesia. *teop'ami.* En la mesa. *mesa aba.* En mi alma. *n'ipuidag'ami.* En Movas. *movas ami.*

En tiempo breve. *ario. ariocada. ariocadhubana.*

En tiempos pasados. *huquibuta. huhkidubana.*

En todas partes. *busco. buscona. buscapa.*

En [una] parte peligrosa. *s't'buihucami.*

Enajenar. Sólo dicen *maca,* dar. También [se dice] *gagarha.* Verbigracia, cuando uno quiere enajenar un caballo dice *cavaio an't'io gagarha* [que significa] lo enajenaré.

Encaminar. Solamente dicen *vooga aguida* [que significa] decir el camino. Allí hay [un] camino derecho. *anasuri vuogaga.* Por allí. *inasuri voogaga.* Por aquí. *inasuri vuogaga.*

Encantar. Enhechizar. *hiboina.* plural. *hiboisa.* El encantador. *hiboinarhcama.* plural. *hipoinarhcama.* Véase hechizar.

Encarrujar. No hay vocablo, mas puede traducirse como *visana* [en singular y] *vipisasa* [en] plural. Lo cual significa hacer el agua cuando llueve,

unas reguerillas en la tierra y hacerse éstas es *visanu* [en singular] y *vipisascu* [en plural]. La reguera. *visaniga.* plural. *vipsisaquiga.*

Encender la candela. *cuda.* [Encender la] lumbre. *nadda* [que significa] fuego que hace llama. Encenderse [el] fuego como cuando se quema algo. *muhu.* Ir ardiendo. *muhi himu.* Iba [ardiendo]. *muhi himucada.*

Encerar. *saivori.* Encerado. *vitkitivitsa.* Untado con cera. *saivori vitkiti vipti.* Untado con sebo. *guikiti vitsa.*

Encerrar. *urhacupia nucada.* item. *urhacupa.* Encerrar en la casa. *qui urhacupa.*

Encima. *damana.* Encima [de] la casa. *qui damana.*

Encina. *ori.* Otro género [de encina]. *cusi.* Véase roble.

Encogerse los nervios. *tata sipurica.* item. *simurhica.* Dormir o estar acostado hecho un ovillo. *sipuri voho.*

Encolerizarse. Véase enojarse.

Encontrar a alguno. *namucu.* plural. *nanamucu.* Ir a encontrar. *namuc'himurha.* plural. *namuc'hiopo.* Encontrar alguna cosa. *tamituana.* plural. *tamituasa.* El encuentro o encontrón. *tamituaniga.* plural. *tamituasiga.* Encontrar o pasar de largo. *caiovina.* plural. *cakiovina.* Darse un encontrón. *mohibua.* futuro. *vasobua.* Encontrarse en el juego o ser contrarios. *nanamukita.* El tal contrario [es] *namaki.* Encontrarse los caminos. *vuogga munanamucu.* El lugar donde se encuentran. *vuoga mu nanamuccami.* Caminos encontrados. *vuoga mu nanamuki.*

Encostalar. *vaioma.* Lo mismo es [encostalar] en unos chiquihuites que llaman *vaso macharha. sidunida* [es] apretar con palos lo que se encostala.

Encubrir. Ocultar. *ustoa.* Ocultar

---

29 Smith, *Arte,* p. 83.

[algo] de otro. *ustoida.* Encubrirse.
Ocultarse. *m'ustoa.* ¿Dónde te ocultaste? *b'ap'tam'ustoa?*

Enderezar. *suricusa.* plural. *surituta.*
[Se dice] de las cosas que se ponen
enhiestas. De [las] cosas que se blandean como una vara [se dice] *surina.*
plural. *susa.* item. *surisa.* Si es [una]
cosa mal tendida, verbigracia un petate
[se dice] *surivactu.* item. *tuca.* Colgarla
derecho. *surinaguia.* plural. *surinaguiguia.* Enderezarse desperezándose.
masurina. plural. *musurisa.*

Endurar alguna cosa. *sidaada.*
Amarla. *sivuhogurhida.* Véase escatimar alguna cosa.

Endurecerse. *s'cabaca.* Irse endureciendo. *s'cabaca himu.* Hacer endurecer. *muscabaca tuda.* Ir endureciendo.
muscabacatuda himu. item. *aivagta.*
Estar en alguna parte dura, un cuero
que se ablanda por haberle penetrado
la sangre o manteca del animal. Cosa
dura o recia. *sivinaca.*

Endurecido. Véase corazón.

Enemigo. *obagga.* Tenerlo. *obagg'ata.*
Tener enemistad. *obbagtu.* Esto es
cuando es entre naciones. Para decir
Pedro es mi enemigo no juzgo tienen el
vocablo apropiado. Sólo dicen *pedoro
n'asurida* [que significa] no me puede
arrostrar [hacer cara] Pedro. Hacer
huir, verbigracia a los enemigos. *boitana.* plural. *boitasa.* item. Huir,
volver las espaldas. *voitu.* Rendirse el
enemigo. Estos Eudebes nunca se
entregaban. Huir es rendirse que es
voitu. Se puede decir *mugagarha.*
Volver las espaldas al enemigo. *voitu.*
Véase guerrear; huir; vencedor; vencer
a los enemigos haciéndoles huir; vencimiento, victoria.

Enfadar. *s'hooda.* item. *s'ohoda.*
item. *stohodamabua.* item. *dodoa.* Me
enfadas. *api s'tohodama ni buy himu.*

Enfadosamente. *stohodama.* Hablar
asi *stohodama nuocu.*

Enfermar hasta el cabo. Solo dicen
saiurinu.

Enfermedad. *mumukiga. scocodaguiga.* item. *sococodigu.*

Enfermo. *stucodama.* Consumirse
por enfermedad. *gakisa. gac'himu.*
item. *gakisahimu.* Irse consumiendo.
A un niño que por mamar mala leche
se va secando le llaman *gagpiki.* Secarse
o enflaquecerse por eso. *gagpikita.*
Convalecer el enfermo. *tubosanu.*
Ir convaleciendo. *tubosan'himu.* Para
decir que está alguno mejor dicen
arashubana mutatu. item. *m'urida.*
[Enfermo] de cierta enfermedad de [los]
ojos. *vus'ota.* plural. *vupus'ota.* La
tal enfermedad. *vuiosiga.* plural.
vupuiosiga. Estar enferma una criatura
por mamar leche corrupta. *gagpikita.*
La criatura así enferma. *gagpiki.* La
enfermedad. *gagpikiguiga.* Estar
enfermo. *mumucu.* item. *sococoda.*
El primero [*mumucu*] es achacoso.
[Estar enfermo] de bubas. Véase bubas.
Estar enfermo de calentura. *totonnita.*
La calentura. *tondiga.* [Estar enfermo]
de incordios. *hapuadaga.* Tenerlos.
hapuag'ta. Así llaman a las secas y
también a las mollejas de las aves y
también de las reses. Estar enfermo del
bazo. *curhagta.* La tal enfermedad.
O aquella dureza que decimos bazo.
curhaga. Estar enfermo por comer
bledos. *mavaita.* La enfermedad que
cría. *mavaidaga.* [Al] así enfermo.
mavaitcama. Estar hidrópico. *tusadu.*
Tener hinchado el vientre como hidrópico. *vooca tusadu.* Estar muy enfermo.
statu [es] estar sin sentido. Mejorar el
enfermo. *doarh'himu.* Estar sano.
doarhu. Está mejor. *arah hubana.*
item. *ario hubana mutatu. tuhosanu*
es propiamente mejorar el enfermo.
Mejoría. *tuhosariga.* Recaer el enfermo.
tamituana. Habiendo recaído Juan
murió en breve. *juan tamituanaca
oit'igui mucu.* Secarse por enfermedad.
gakisa. Estar ético [tísico]. *gakisa.*

Hacerse ético [tísico]. *gakisa himu.* Estar consumido de ético. *gakisa.* Véase achacoso.

Enflaquecer. *gacu. gac'himu.* Ir enflaqueciendo. *gakisa.* Véase enfermo.

Enfrenar. *freno ada.* Ya enfrené. *v'an't'igui,* freno ahí. Enfrenarse una bestia, como [cuando] decimos [qué] bien se enfrena. Encoge el cuello. *freno ikiti mumuguia. mumuguia* es andar con la cabeza baja. Se enfrena, anda enfrenada la mula. *freno ikiti mura muguita himu.*

Enfrente. *vasoguiva.* [Enfrente] de mí. *ni vasoguiga.* item. *taibiga.* Párate enfrente de mí. *ni taibiga.* item. *ni varoguivadurhu p'cuhti.* Estar una cosa enfrente de otra. *vasoca.* plural. *vapsoca.* Estar los cerros uno enfrente de otro. *dodoakimu buy vapsoca.*

Enfriar. *hupida.* item. *hupituda.* Enfriarse alguna cosa. *hup'himu.* Cosa fría. *hupi. hupima.*

Enfurecerse, enojarse mucho. *sibaamu.* plural. *sibacoho.*

Engalanarse. *mui haitu unniga m'ada.*

Engañador. *hi hatoguidcama.*

Engañar. *hiha toguida.*

Engaño. *hihatoguidiga.*

Engolosinarse. No hay vocablo. Se puede decir *sapurhinu* [que significa] acostumbrarse o estarlo.

Engordando. *tutca. guuta.* Ir engordando. *tutcahimu. guica'himu.* Estar gordo. *tutca. guuta.*

Engreído. *saituduma cuma.*

Engreírse. Ensoberbecerse. *saituduma m'urida.* Vivir como hombre engreído y soberbio. *saituduma bupo vimurhu.* item. *gusuda.*

Engullir. Se puede decir *pima cuiviatubaha* [que significa] tragar sin mas-

ticar. *cuivia* [es] masticar. *baha* [significa] pasar la comida.

Enhechizar. Véase hechizar.

Enherbar las flechas. Véase flecha.

Enhorabuena. Aprobando algo futuro. *hugo!* ¡Enhorabuena sea! ¿Qué se ha de hacer? *hugo?* plural. *hugovorhama?*

Enjarrar. *dapcada.* Añaden *duburhabaga ikiti* [que significa] con lodo.

Enjuagar alguna cosa. *guiguida.* [Enjuagar] la boca. *vaguiguida.*

Enjugar algo. *gakida.* item. *gakituda.* [Enjugar algo] por otro. *gakidida.* Cosa enjuta. *gaki.* Estar todavía húmedo lo que se pone a enjutar. *gakisida.* Estar alguna cosa enjuta. *gacu.* Irse enjutando. *gac'himu.* Enjugar las lágrimas. *ovga oanna.* [Enjugar las lágrimas] a otro. *ovga oannida.*

Enlazador. *sibiadaga.* plural. *sibibiadaga.*

Enlazar. *bia.* plural. *bibia.*

Enmelado. *siavorimaguima.*

Enmohecerse alguna cosa. *conividi. moho. conividaga.*

Enmudecer. Dicen *pima nuocu* [que significa] no hablar.

Enojarse. Nótense los verbos siguientes. *bamu.* plural. *bachoho. scuhida. cabanu. parhuida. sibaganuoca. scuhida* es enojarse con alguno ríñale o no. *cabanu* [es] reñir [con] alguno, verbigracia darle una mano [un manazo]. *parhuida* [es] estar uno [enojado] en su interior para con otro adversario. Hablar como riñendo y enojado. *baga nuocu.*

Enojo. Véase ira.

Ensartar. *uscoanna.* Parece ser el plural. *uscoasa.* [Ensartar] por otro. *uscoanida.* plural. *uscoasida.* Cosa ensartada. *uscoani.*

Enseñar. *nuocturida.* item. *mastiai.*

No lo usan mucho. El que enseña.
nuocturidadama. Enseñar señalando
con el dedo. *iguida.* [Enseñar señalando con el dedo] a alguno. Apúnta-
melo. Señálamelo. *iguidida h'iguidi-
dani.*

Ensillar. *siratuta.* [Ensillar] por
otro. *siradate.* item. *dasida.*

Ensoberbecerse. *saituduma. m'urida.*
Véase engreírse. Este modo *m'hipuidag'ba bitu* [significa] estar sobre sí
como cuando uno no hace caso por
desprecio. Véase soberbio.

Ensuciar alguna cosa. *suamadodoa.*
La tal cosa. *suamacama.* item. *suama-
tuicama.* item. *masima.* Véase sucio.

Entender. Dicen *cahu* [que también
significa] oir. Te entendía. *mu cahu-
cad'an'igui.* Te entiendo. *mu cahu
an'igui.* Entender en algo. *urhabogu.*
Tengo cierta ocupación. *haitu an'igui
urhavogu.* Los muchachos están
ocupados todos. *aariguguri vusi haitu
urhahogu.* item. Dicen *dadagu.* [Este
vocablo] úsanlo por trabajar. Poner las
manos en algo usan el verbo *urhaguida.*
Están las mujeres ocupadas en los
petates. *hohoki mamain urhaguida.*

Enterar alguna cosa. *amhuguida.*
Entera [junta] las vacas. *haibani amhu-
guidani.* También sirve [para expresar]
el cumplimiento del tiempo que se
señala. Verbigracia [cuando] mando ir
a alguno por ocho días; para decir que
los cumplirá dice *am hugui damucu
api.*

Enterrar. *ihaina.* item. *ihasa.* La
cosa enterrada. *ihaspi.* También se
dice de las badeas que entierran. Del
maíz antes de nacer [dicen] *guia ihaspi.*
Enterrar algún cuero. *ihabata.* El
cuero enterrado. *ihabatki.* Y aunque
[se refiera a] otra cost, [se utiliza el
mismo termino].

Entibiar. *hucadida.* item. *rida.*
Estar tibia el agua. *s'huca.* También
la cosa abrigada, verbigracia el apo-

sento. *s'hucoma.* Entibiar alguna cosa.
hucaidida. [Entibiar alguna cosa] para
otro. *hucadidida.*

Entierro. *ihasacami.*

Entoldarse el cielo de nubes. *taba-
kikitihina.* Irse [entoldando]. *hinahimu.*

Entonarse. Véase ensoberbecerse.

Entonces. *bunogor.*

Entrar uno. *vacu.* plural. Ya sea
que se refiera a entrar muchas per-
sonas o a entrar una sola persona
muchas veces. *vapcu.* La entrada,
vakiga. plural. *vapkiga.*

Entre. *urha.* Entre mis parientes.
na'dunni urha. Entre los sauces. *tuburhi
urha.* Entre alguna cosa. *saguidova.*
Verbigracia, entre estos papeles está
una carta cerrada. *ohana saguidova
maco hoana sispicatu.* Entre dos luces.
sidumogu. Cuando está oscureciendo.
Estaba entre dos luces cuando llegué.
sidumgucada igui co'n't'igui diviha.

Entregar. *gagarha.* Han de entregar
los de mal corazón al capitán. *paparh
hipuidagcama capita an'tio gagarha.*
Con este verbo se puede empezar lo
que decimos. Alcahuete. Entergar
[una] mujer [es] *occigagarha.*

Entresacar. Véase escoger.

Entretener. *tatocagui.* Una persona
entretenida y de una naturaleza entretenida. *statocama hipuidaga.* Entretenerse. *titibi. s'huquiga.* Este [*s'huquiga*]
significa entretenerse con gusto y placer.

Entretenido. *stas'kima.*

Entreverar. *sasaguida.* La tal cosa.
sasagui.

Entristecerse. *soig'm'urida. saom'-
urida. soigagusu. saimutatu.*

Entumirse [un] pie o [una] mano.
sivapagui. Encogerse los nervios del
pie por haber tropezado es *ucsupanu*
[en singular y] *uccsupasu* [en plural].

Enturbiar el agua. *scomaguida.* item.

comaguituda. Enturbiarse o estarlo el agua. *scomagui.* Correr turbio el río. *scomagui murha.* Está turbio. *scomagui aigui.*

Enviar algo a alguno. *buyada.* Quiero enviar cierta cosa al Padre. *pare buy haitu an'igui sadamuta.* Despachar o enviar a algunos. *ada.* Despacharé a los arrieros. *harr an'tigui ada.*

Envidiar, dicen *s'ohoda.* Desear. *sohada.* Te tengo envidia. *sim'ohoda aniigui.* Nadie me envidia, ni yo envidio a nadie. *pim' urhoi sin'ohada an'upu pim'hucudoi s'ohoda.* item. *s'hugamu.* plural. *s'huhucoho.*

Envidioso. *s'ohodadama.* Muy envidioso. *sohodacuma.*

Envolver alguna cosa. *vinorha.* plural. *vipinora.* Un envoltorio. *vinorhi.* Envolver, arrollar un petate. *cabitcuda.* Envolver, verbigracia un lienzo en un palo. *vibiga.*

Equivocarse. Dicen *sparhumu* [en singular y] *spaparhumu* [en plural]. Lo que solemos decir me engañé. *sisurha.* [El] plural parece [ser] *sisusa.* Me engañé. *ni si surh an'ta.* [Se usa] como reflexivo.

Errar al blanco. *sparhumu.* plural. *spaparhumu.* Suelen explicar la puntualidad de entrar a la iglesia. Verbigracia, siempre entro en la iglesia, no falto. *humosuri teop'urh' an'igui vapucu pimikido spaparhumu.* No acertar al blanco. *sparhumu.* También significa hacer falta en alguna cosa. Yo erré [al blanco]. *sparhum'an'ta.* Errar el camino. *huquiamurha.* plural. *huquivopoho.* [También dicen] *huquimurha.* plural. *hugui'vopo.* Me perdí. *hugui an'ta murha.*

Es otro día. *vaig.*

¿Es posible? Preguntando. *nabuho?* ¿Es cierto? Respondiendo, es la pura verdad. *buhoaigui.*

Escalera. *tusadicarha.* plural. *tutsadicarha.* item. *tutudicarha.*

Escalofríos. Tener escalofríos. Dicen *s'hubada,* tener frío. Esta forma, *stasamuguima m'urida* parece significar sentirse uno como cortado.

Escampar. *dukinatoa.* Cesar las aguas. *duki natoana.* Cesando. *dukitoa.* [Lo cual propiamente significa] cesar de llover. Ir cesando. *dukitoahimu.*

Escapar o librarse de algún peligro. *cuguvonida.* Se usa para decir, no se libró Cristo Nuestro Redentor del Demonio. Escaparse de un peligro. *duguvonu.* Salir huyendo. *daivonu.* plural. *nuihupanu.*

Escarabajo. *tucucui.* Otro. *viarcama.* Otro. *vit'iarhcadama.* Otro. *vitatai.*

Escarbadero. *tuganagarha.* item. *ganibuicarha.* La tal tierra. *tuganiga. ganibuiga.*

Escarbar. *tugana* [referente a] las gallinas. *ganibua* [referente a] cuervos cuando escarban el maíz. Y del toro se puede decir *duburha nunu hituda* [que significa] aventar la tierra.

Escarcha. *cuba.* Así llaman a la nieve. Nevar o escarchar. *cubaguosu.* Nevó. *cubat'iguigui.*

Escardar. Véase limpiar alguna cosa.

Escarmenar. *cahana.* Lo escarmenado. *cahaniga.* Significa lo deshilachado.

Escarnecer. *asiga.* El que escarnece. *asigacama.*

Escatimar alguna cost. *sidaa. hapurhida.* Véase lacerar algo.

Esclarecer el día. *oannu. siarhu.* Ir esclareciendo. *oan'himu siarh'himu.* Reír el alba. *stoacuhca.* El albor de la mañana. *stoaguiga.* Acabar de ser de día, cuando ya todo se divisa. *matho-buhanu*.

Esclavo. *soiga*. El que tiene esclavo. *soig'cama* [que significa] el [que] es dueño de [una] cosa animada. [Un individuo] capturado en la guerra. *soig'vitki*. plural. *sosoig'vitki*. Esclavo del diablo. *diabro sobitki*.

Escoba. *vosarcarha*.[30]

Escoger. *matu*. Escoge tú. *matuni*. [Escoged] vosotros. *matuvorha*. Como si hubiera alguna cosa buena para escoger. *haitu humusi s'cugtui, co'n'igui matuna*. No hay cosa escogible.

Esconder. *ustoa*. [Esconder] de alguno. *ustoida*. La tal cosa. *ustoi*. El que la esconde. *aagg'ustoa*. Significa encubrir. Os encubrís unos a otros. *apimu vusi aipadurh m'ustoa*. Esconderse. *m'ustoa*.

Escorpión. *tuarhaki*.

Escorzonera. *sarina*. *sanari*. [La] raíz [de esta planta se usa para preparar una bebida que se toma] para abortar.

Escozor. Véase sentir, ejercitar el sentido del tacto.

Escribir. *ohanna*. Lo escrito. *oharhaga*. Cosa escrita. *ohana*. [Escribir] para otro. *ohanida*.

Escuchar. *cahu*. [Escuchad] vosotros. *cahinitu*. *cahivorha*. [Escuchar] por otro. *cahida*. Escucha por mí aquella plática. *hugai nuoqui ni cahi dani*.

Escupir. *sisibua*. Te escupí. *mu sisibua an'ta*. Cristo fue escupido en el rostro. *tistus diga jesukristo mu vuios'-aba an't'igui sisibua*.

Esforzarse. *urhasta*. *mugusida*. *musuidida*. *m'aburhicada*. De uno que nada teme, dicen *pima haitu asuridda*. Corazón sin temor, dicen *pima haitu asuridanna hipuidaga*. El que tiene

corazón verdaderamente de hombre. *siburh tuoti hipuidcama*. Del que verdaderamente es valiente. *saicama*. item. *soinigama*. Véase valor de las cosas.

Eslabón. Véase pedernal.

Eso mismo. Eso propio. *asinuha*. Verbigracia, se dice una cosa, y yo, para certificar si es, la repito. El que la oye dice *asinuha* [que es] eso propio. Eso es lo que yo digo.

Eso pues. *hapbunapi*. Eso quiero decir. *hap'an'igui aag*.

Espacioso. *ihamacama*. Tener una naturaleza espaciosa. *ihama hipuid-cama*. Ser espacioso. *ihamaca*.

Espadaña o tule. *urhuuaki*. *urhu-bagui*. Lo que llamamos juncia. *coopaca*.

Espaldas. *comi*. El de grandes espaldas. *s'tarhanicomicama*. Espaldas de res. *honona*. Véase cargar al hombro; chiquihuite en general.

Espantajo. *taturha*. Es propiamente el que llaman dominguillo. Puédese aplicar a los gigantes del Día de Corpus y semejantes, aunque no sean espantajos.

Espantarse. Sobresaltarse. *todanu*. plural. *totodanu*. [Espantar] a otro. *tot'sida*. Espantadizo de cualquier cosa. *s'todanidaga*. El que siempre se anda espantando. *s'todanicuma*.

Espantoso. *s't'hupudama*. Cosa espantosa, que causa espanto. *stupu-dama tuica*. item. *masi*.

Esparcir algo. *gantana*. Esparcir para otro. *gantanida*. Esparce maíz a las gallinas. *haitu hunu totori ganta-nida*. [Esparcir] sal en la comida. *guiguida*. Este verbo lo utilizan también para referirse a la siembra de chual. También [significa] espolvorear.

Espera, verbigracia aguarda, verás. *hoguia*. plural. *hoguiavorhama*. Signi-

---

[30] To the side of this entry, but in a handwriting similar to that of most of the manuscript, is "aquí [dicen] *casivicorha*."

fica también ¡apártate a un lado! Significa lo que decimos cuando se quiere dar algo. ¡Venga! ¡Espera! ¡Aguarda! *quia! quiagani! quiamucu!* plural. *quiavorhama!*

Esperando. Véase esperar.

Esperar. Aguardar. *nuhurha.* Te espero largo tiempo. *gupio an't'igui mu nunurha.* Así usan *nuahimu* [que significa] te espero. *mu nuahimu an'igui.* Esta forma se usa cuando, verbigracia se ha de hacer alguna cosa y aguardan que se lo digan. Y es como si se dijera, te estoy esperando.

Espesar alguna cosa. *tucta.* Estar espesa. *tuctuga.* Irse espesando. *tucta himu. tuctuga himu.*

Espía. *tutugadama.* El que anda espiando. *coad'tud'himudama.*

Espiar. *tutuga.* item. *tutuguta.* item. *coatudu.* plural. *coatsadu.* Se construye con [el] acusativo y [la] preposición de la persona a quien se espía. No me espíes. *pim'api nibui coatudana.* Es propiedad de los indios espiar sacando la cabeza para mirar. El que así espía [es] *sicatudicuma.* Espiar [la] caza. *viahimu.* plural. *vipiahimu.* Cazar con señuelo, meneando la cabeza de venado como suelen [hacerlo] *didivicta.* La tal cabeza. *mohana.*

Espiga. *murhadaga.* Dícese del trigo, maíz, zacate etcétera.

Espigar. *murhada. murhadagtu. murhadahimu.* item. *murhadagtu himu* [que significa] ir [espigando].

Espina. *hoi.* Cosa espinosa. *s'hoidaga.* Quitarlas. *hoipiga.* Cuando alguno se clava una espina, el quitarla o sacarla. *huppana.* plural. *hup'ta.* Cogerla con las uñas. *hukisa.* El dar una uña con otra para sacarla. *hukivina.* Véase arañar.

Espinazo. Aquí dicen *suri hodi* [y] *noni adi.* No saben lo que es.

Espinilla. *nohorhoa. nonorcha.*

Espolear. *tumaina.* plural. *tumaisa.*

Espolvorear. *guiguida.* Espolvorea o echa un poco de sal en la comida. *haitu onna coadacoaba guiguidani.* Lo espolvoreado. *huguidiga.*

Esponjarse, verbigracia el pan. Dicen *uhacoda.*

Espuelas. Se pueden llamar *tumainacarha.* plural. *tumaisacarha.*

Espulgar. *hapiga. aapiga.* [Se deriva] de *atu* [que es] piojo de la cabeza. Piojo de vestido. *ihapta.* Espulgar el vestido. *ihaptapiga.* Véase piojo.

Espuma. *totsoiga.*

Espumar. *totsoigabahbua.*

Esquina. *tuburhida.* También [significa] rincón.

Estafiate. *mosche. mosse. motse.*

Estallido que da la madera al quebrarse. *cobonu.* El estallido. *coboniga.* Y lo mismo [se dice de] sonar los dedos. Estallido que hace el arcabuz al dispararse. *sipunu.* Dispararlo. *sipun'tuda.* item. *tatansida* [se deriva] del verbo *tatana* que es dar la nube el crujido al disparar el rayo. Este crujido. *sibuniga. tataniga.* [El] arcabuz. *sipuntadacarha.* Hacer un género de ruido como cuando se dan palmadas. *capana.* El tal ruido. *capaniga.* Los muchachos cogen los excrementos de los caballos y encendidos les ponen debajo saliva y dándoles con una piedra, [le] hacen dar un estallido como si fuera [un] arcabuz. Al [estallido en] general [le] llaman *tatansida.*

Estar. Este verbo es difícil. Nótense todos estos. *catu. vutu. daca. darh'ca. daibua. darhaibua. cuhca. guguhuca. tutu. voho. vovo.* Con estas diferencias. *catu* en singular [se refiere a una] cosa inanimada. plural. *vutu.* Aquí esta la carta. *ohana ia catu.* Aquí hay maíz. *hunu ia vutu. catu* se dice también de una persona enferma que no se levanta. Y así cuando de alguno dicen *am catu* [que literalmente significa] allí está, se entiende [que] está enfermo. Estar [refiriéndose a una] cosa racional. *caca*. plural. *darhaca*. Y así *am'da*. item. *darha* [significa] allí está o están. No se dice sino de los racionales atendiendo al modo en que están. Allí estaba el Padre. *am'dacada pare*. Allí estaban los indios. *am'darhaccada humatcama*. Estar una cosa parada. *cuhca*. plural. *guguhucca*. O, [en su defecto] *tutu*, con estas diferencias. El verbo *cuhca* se dice de [cosas] animadas e inanimadas, *guguhuca* sólo [se aplica a cosas] animadas. *tutu* también es plural [pero] sólo [para cosas] inanimadas. Estar sentado. *dahibua*. plural. *darhaibua*. Sentarse. *daha*. plural. *daraha*. Siéntate. *dahini*. Sentaos. *darhaivorha*. Estar acostado. *voho*. plural. *vovo*. Significan estos. Acostarse. Acuéstate. Acostaos. *vohini*. plural. *vopivorha*. También [se dice] de cosas inanimadas que están tendidas se dice en singular *catu*. plural. *vovo*. item. *vutu*. Estar parada una cosa, pero ladeada. *gaigucha*. plural. *gaiguguhuca*. Si con cosas inanimadas [se dice] en plural *gaitutu*. item. *cupurhututu*. Cuando están muchos árboles [o] zacates ya echados, verbigracia como recostados. Estar harto. *scobotu*. Estoy harto y por eso no quiero comer más. *s'cobot'an'igui hucadi pima aba haitu s'hukimuta*. Estar incierto. *pima amurhida*. *pima simatu*. Añaden el adverbio *surimina*. Estar justa o venir [justa] una cosa. *sapua ahi*.

Estéril. Dicen *pima marhtaama*. La que no pare, del verbo *martha* [que significa] parir.

Estimar alguna cosa. *sidaada*. item. *sibohugurhida*. item. *apurhida*. Estimarse o tener por algo. *bupom'ur'ida*. Verbigracia, te estimas y tienes como

Señor. *api stuoti bupo m'urida*. Te estimas com si fueras gobernador. *api governaro bupo murhida*. Te estimo y tengo como si fueras un perro. *gocsi bupi an'igui m'urhida*.

Estirar alguna cosa. *vaniuna*. Estira tú. *vaniunani*. Estirar o poner tirante la cuerda del arco. *guia*. Aflojóse la cuerda del arco, estírala. *gato guiarhaga t'igui durharca, guiani*.

Estómago. *vuooca*. Parece [que] no establecen diferencia entre estómago y vientre. Si bien *vuooca* es el equivalente a vientre y *ibosana* [es el equivalente a] estómago. El remate de las costillas, donde se juntan al principio del estómago se llama *coporha*. Tener dolor de estómago. *sinoriga*. Tenía dolor de estómago. *sinorigiad'an'tigui*.

Estorbar. Se hace con los compulsivos, anteponiendo la negación *pima*. *pima ohonnatuda* [que significa] no dejar escribir.

Estornudar. *vistcu*.

Estornudo. *vistki*.

Estragarse en las costumbres. Véase dañar a otro moralmente.

Estrecha. Cosa estrecha. *sovitca*. plural. *sosovitca*. item. *sapitca* y *sovida*. plural. *sosovida*.

Estregar. *daguivina*. plural. *daguivisa*.

Estrellas. *siavugui*. item. *uhapa*. *huhuga*. El primero [*siavugui*] son las estrellas mayores. El último [*huhuga* significa] las [estrellas] menores. *uhapa* [son] todas [las estrellas] juntas. Pronúnciase con fuerza.

Estremecerse. *guiguibucu*. Dícese de uno que está temblando de miedo o titiritando de frío. Al temblor [le llaman] *guiguibukiga*. Estremecerse alguna cosa, como cuando tiembla la tierra. *hornu*. El temblor. *horniga*.

Estrujar. Exprimir. *apsuna*. item.

apsurha. plural. *apsusa.* Si es pisando [se dice] *cuisuna.* item. *cuisurha.* plural. *cuisusa.* Si es con los dientes [se dice] *kisuna.* item. *kisura.* plural. *kisusa.* Y todos tienen sus verbos neutros: *apsunu, apsucu; cuisunu, cuisucu;* [y] *kisunu, kisucu.*

Etico. Véase enfermo.

Examinar. *tuitca.* Examínalo tú. *tuitcani.* [Examinadlo] vosotros. *tuitcavorha.*

Exhortar. *tutuguida.* Dar consejos o tlatoles. Cuando uno dice que diga algo a otro le dice *hap ap'it'io tudua,* se lo dirés así. *hap an'tigui tutuda* se lo dije así.

Experimentar. *tata.* item. Dicen *aaga,* probar. He de experimentar esta mula. He de probarla. *ica mura an't'io aagga.*

Expirar. Dicen *hip'uidag'huhuca.*

Exprimir. *bacuhu.* [Exprimir] algún paño torciéndolo. *batopa.* Tuércelo. *batopani.*

Extender algún cuero clavándolo alrededor. *sitana.* plural. *sitasa.* El cuero así extendido. *sitani.* plural. *sitasi.* Extender alguna cosa, verbigracia semillas. *aiurisa.* [Extender] manteles o cosas semejantes. *vactu.* item. *teca.* Extenderlos para otro. *vactica. tequida,* que no será pima [névome] por tener *e.*

Extremo de alguna cosa. *hukidaga.* item. *cuga.* Esto es cuando la cosa es puntiaguda. Verbigracia, a la punta [de] un arbolito le llaman *cugadi.* Así [llaman también la punta] de un monte.

F

Fabricar. Fábrica. No tienen [un] vocablo general. Dicen hacer [una] casa. *quita.* Hacer [una] iglesia. *teopata.* Y a [la] fábrica con forma la llaman *qui.*

Fabuloso. *tumusorigcama.* Cosas fabulosas. *tumusoriguma.* El que las habla. *tumusorigama nuocu,* [derivado] del verbo *tumosoriga* [que es] contar fábulas. Contar cuentos o fábulas. *tumosirga.* Estar entretenido oyéndolas. *tumusorigadama.*

Fácil. Cosa fácil. En esta lengua muchos nombres afirmativos se explican con la negación [*pima*]. Verbigracia, [para una] cosa fácil. Dicen, no difícil, [que es] *pima stohodama tuitcama* [o] *pima sihaima.* No es difícil. *pima stohodama tuitca.* item. *masi.* Os mando [hacer] cosas fáciles. *pima stohodama tuitcama.* item. *masima. amu tuhanu an'igui.* Como si fuera difícil. *stohodama humusi.* Hacer fácil. Facilitar [o] no dificultar. *pima sihaituda. pima siaiga. pima stohodama urhida.* Estos verbos *sihaituda* y *sihaiga* significan poner dificultad en alguna cosa y así a uno que todo lo dificulta [le] llaman *sihaigama.* item. *sihaiga hipuitcama.* Es difícil. *sihaigaaigui.*

Faisán. Así llaman a unos pajarillos que no son faisanes. *tarha.* plural. *tatarha.*

Faja. *visacarha.* plural. *vipicarha.* Hacer [una] faja. *visacarhta.*

Fajar. *visa.* plural. *vipisa.* [Fajar] a otro. *visida.* plural. *vipisida.* Fajarse. *muvisa.*

Falda. Véase naguas.

Falsario. Se puede decir *hihatocuma* [que significa] mentiroso del verbo *hiato* [que significa] mentir.

Falsedad o mentira. *hihatki.* Hablar falsamente. *hihato noogui.* Hablador, mentiroso. *hihato nuokima.*

Faltar alguna cosa. En muchas ocasiones se usa el verbo faltar, y tales son, faltar alguna cosa que se mandó traer y se quedó. *vihi.* plural. *vipihi.* Todavía falta algo. *haitu quia vihi.*

No quiero que falte nadie. *pim'hucudoi an'higui sivihi orchida.* Faltar alguna cosa para dar complemento. Se explica con los mismos verbos. Mando hacer cuatro ollas. [O si] hacen solamente tres, digo *pima vusi am'tigui hapudu, maco quia vihi* [que significa] no se han hecho todas, todavía falta una. También dicen *pima t'igui amhu* [que significa] no están cabales, alguna falta. El verbo *amhugu* significa llegar alguna cosa a su complemento. Dar complemento. *am huguida.* Faltar alguna cosa por haberla hurtado o haberse desparecido. *hukigusu.* plural. *hukisurigu.* Mejor [es] *huksurigu.* Faltar alguno del pueblo sin saberse [a] dónde se ha ido. Es en singular *hukigusu* [y en] plural *huksurigu.* Ha faltado un muchacho en el pueblo. *maco ariguri hubui hukit'igui gu.* Si el faltar es por haberse quedado en alguna parte es *vihi.* plural. *vipihi.*

Falta de hacienda dicen *pima haitu urhaguida.* Estar muy pobre. *pima haitu uniga.* item. *astuidaga.* No tener, verbigracia ajuar ni hacienda. *vusi haitu.* Necesitar de todo. Falta de tejado o azotea. *ucsi.* Hacerle. *ucsta.*

Falta de memoria dicen olvidarse. El que fácilmente se olvida. *sihaitu hukisibui.* item. *mudama.* Falta de salud. *mumucu.* Al que anda cayéndose y levántandose [le] llaman *mumukiari.*

Faltriquera. *uhasomi.*

Fama. Tener fama de alguna cosa. [La] voz común [es] *hap'am'igui aaga.* Así se dice comúnmente. Y así para decir que corre mala fama de uno dicen *mabuturh oidagga urha pima sapua am'igui aaga.* Corre de tí mala fama en el pueblo. Y también *hap'am'igui cahituda.*

Familiar. Criado. *ibiga.* Mi criado. *ni'biga.* Pero el criado se llama ordinariamente *ariddaga.* Así llaman a los que están bajo su tutela. *ida'vurh na'rida* [que significa] está bajo mi amparo.

Fanega. *soiviri. maco soiviri.*

Fardo o atado de ropa. *vuri,* [se deriva] de los verbos *vurhi* [y] *vurhu.* plural. *vupuri.* [Se deriva, a su vez] de *vupurha.*

Fastidiar. *stohodama bua. stohodama dodoa.*

Fastidioso [impersonal]. *stohodama buadana.* item. *stohodama dodoadama.* Fastidioso [personal]. *stohodamacama.*

Fatigado. Y que fácilmente se fatiga. *pihidaga. pihimudaga.* plural. *pihicohidaga.*

Fatigarse. *saiurinu. pihi. pihimu.* plural. *pihicoho.* [Fatigar] a otro. *saiurinituda. pihituda. pimimutuda.* plural. *pimicohituda.*

Favorecedor. *soiguidada.*

Favorecer. Ayudar. *vusivoinu.* plural. *vusivoicu.* Pero raras veces [se usa]. En lugar de decir *vusi oninu* dicen *vusi ohoinu.* item. *vusiva hoinu* y parece ser que decimos menearse por alguno. Verbigracia, te has de menear por mí. *ni vusioo ap't'io hoinu.* No me menearé por nadie. No ayudaré a nadie. *pim'hucudoi vusio an't'io hoinu.*

Favorecer [hacer miseriococordia]. *s'oiguida.* [La] *s* no es radical. Siempre nos favorece Dios. *tistodiga dios humosuri st'oiguida.* Cuando quieren avisar a uno o llamarlo para que le ampare dicen *sin'oigui'dani. oida* significa seguir a otro que va adelante. El segundo [*s'oiguida* es] socorrer, favorecer, [o] hacer misericordia. Mando dar de comer a alguno [pero] no le dan. Y dice *pima an't'igui n'oi* [que significa] no fui socorrido. Véase misericordia.

Fe. *buhorgurhida cugai.* Tener fe. Dicen *buhogurhida.* No creer [es] *pima buhogurida.*

Fea. Cosa fea. *parhu. parhtu.* Es feo, es malo. *parhuda igui.* De rostro feo. *parh vuiosacama.* plural. *paparh vupuiosocama.*

Fealdad. *parhudagadi.* [La partícula] *di* no es radical. Es [un término] abstracto.

Feliz. *vurh apicat.* En lugar de *api* se puede poner cualquier otro pronombre. Dichoso es el que está en el cielo. *vur'h hugai cat ti dama catmu'ami.*

Fémina. *ubbi.*

Feria. Lugar de compra y venta. *saupardacarhacami. nunuarhicarhami.*

Feriar. Cambalachar. *savaida.* plural. *savpaida.* item. *nuarhu.* plural. *nunuarhu.* [Feriar] por otro. *savaidida. nuarhida.*

Feroz. Fiero. Que cuasa temor. *s't'hupudama ivisa.* item. *masi.* Es feroz aquel toro de verdad. *hugai toro pcai s't'hupudama tuica.*

Festejar. Hacer [una] fiesta. Dicen *nuha* [que significa] bailar. [Festejar] a otro. *nuhide* para distinguir de *nuhida* [que es] mirar [o] ver.

Fiarse de alguno. *ibiguida.* Aplicativo de *ibiga* que parece significar tener confianza.

Fiebre. *tondiga.* Tener fiebre. *tonnita.*

Fielmente. Usan *surimina* [que significa] derechamente. Lo dirás fielmente. *surimina ap't'io aguida.* Por ejemplo, usan [también] los verbos *pcai, vuho* [y] *vurha* [que también pueden significar] derechamente.

Fiesta. *saiduca.* El domingo. *saiduca.* No entré en día de fiesta en la iglesia. *saiducaba pim'an'ta teop'urha vacu.*

saitu significa ser una cosa sagrada y de esfera superior. Y así se puede decir de Dios que es *saiduca.* Dios, Nuestro Señor, no [es] solamente Señor sino sagrado, [y] de esfera superior. *tistuodiga dios pima habiaba stuoti posa siburh saiduca.* Y hacer tener una cosa sagrada es *saiduta.* El mismo hijo de Dios habiendo sido admirable sobre todo pensamiento, se hizo hombre en las entrañas de la Virgen. *tistuodiga dios tuturhu uduti saimudutuca sta. maría voco urha t'igui m'humatu.* El mismo Dios Nuestro Señor haciéndose maravilloso y grande, con sólo su palabra hizo todas las cosas. *tistuodiga dios saimudutucta mu nubkiti hapiaba vusi haitu t'igui apudu.*

Fijamente. Estar firme alguna cosa. Si está parada dicen *sicuhca.* plural. *siititu.* Si está de otra suerte. *sicatu.* plural. *sivutu.* Este *urhabaspa* significa porfiadamente inmóvil.

Fin o remate de alguna cosa. *hukidigana. hukidaga. coaba.* Tener fin, término o remate alguna cosa. *huga.* plural. *huhuga.* Esta tierra tiene aquí su término. *ica gaga i'a guihuga.* Poner término o linde. *huguida.* Pon linde a esta tierra. *ica gaga huguidani.* Tener fin acabándose. *huhuca.* Dar fin, acabar alguna cosa. *hukioka.* Acabarse el agua por haberse sumido [infiltrado]. *humu.*

Fingir. Usan el verbo mentir.

Fisgar. *asiga.* Siempre me fisgas. *humosuri api n'asiga.*

Fisgón. *asig'cuma.* El que [se] burla. Véase burlón.

Fisonomía. No tienen [vocablo], sino [dicen] rostro. *vuiosa.* plural. *vupuiosa.*

Flaco. *sigaki.* Estarlo. *gaku.* Ir a ello. *gac'himu.*

Flamante. Cosa flamante. *vututa.* Cosa nueva, reciente.

Flaqueza. *sigakidaga.*

Flauta. Se puede llamar *cubicarha.*

Fleco. *mampo.* Estar con él. *mampoca.* Hacerlo. *mampota.* Significa también los rapacejos.

Flecha. *huhu.* Cuando el palo de la flecha no es puntiagudo le llaman *hapota.* Ponerlo. *apotuda.* Disparar la flecha. *gatobua.* El que dispara bien. *gatosibui daga.* El palo tostado en que ponen.el pedernal. *vota.* El pedernal. *uru. urugamahuhu.* Emponzoñar las flechas. *hinata.* La ponzoña. *hinatadama. hinatki.* El árbol con cuya leche las enhierban. *hinata. inatadama. hinatadama.* En la flecha en donde se encaja la cuerda del arco ponen un palillo que llaman *hicuigaiga.* En la extremidad de abajo donde atan un nerviocillo, antes le amoldan [y] el amoldarlo es *victu.* El instrumento. *victucarha.* Lo amoldado. *victigadi.* Enherbar las flechas. *hinati.* Entre las plumas en las flechas suelen poner colores y es *usavidarhaga,* [derivado] del verbo *usavida* que entre otras cosas significa poner los colores. [Flecha] con hierba. *huhu hinaki.* Flecha con pedernal. *urugamahuhu.* Poner el pedernal. *urutuda.* Hacer [las] flechas. *huhuta.* Las flechas con plumas. *humarhcama huhu. humaida.* [Las] plumas de la flecha. *humarhaga.* Véase amoldar la punta de la flecha; atravesar de parte a parte; hierba o zacate; pedernal; tirar al blanco con una flecha.

Flechar. *muhu.* plural. *mumuhu.* [Flechar] al soslayo. *gai.* item. *gahori muhu.* [Flechar] de medio a medio. *urhamuhu.* Flechar pasando la flecha de parte a parte. *humaibuacamuhu.* [La] cosa flechada. *murhaga.* item. *murhcama.*

Flema. *ihamadaga.* Ser espacioso. *ihamaca.*

Flemático. *ihama hipuidcama.*

item. *ihamacama.* Ser uno flemático. *ihama hipuid'ca.* Oh, si no fueras tan flemático. *dod'apiki pima hap'ihama-hipuidcama.*

Flexible. Ser flexible alguna cosa. *simoica.* Y de naturaleza blanda [como] cuando decimos [que] es de cera. *simoica hippuidaga.* El de tal naturaleza. *simoica hippuit'cama.* Ser de tal naturaleza. *simoica hipuidca.* item. *hipuidaga.* Por tu dócil naturaleza te amo. *simoica m'hipuidag'kiti, si mudad'an'igui.*

Flojamente. *dusari.* Aflojar y descoser lo comenzado. *dusarica.* Y así de otro que ha descosido se puede decir *hipuidag'aba dusarica igui.* Y a uno que así ha aflojado [le llaman] *dusari haipud'cama.*

Flojear. *stuhoda.*

Flojedad. *s'ohoda cugai. stuo'hota cugai.*

Flojo. *Perezoso. s'ohodama. stuohodama. s'tuhodama.* Cosa floja. Atada flojamente. *dusari ma.* Estar [atada flojamente]. *dusarica.* Irse aflojando. *dusarica himu.* Ser flojo. *s'ohoda. stuota.* Soy flojo. *s'ohod'an'-igui.* item. *stuani'igui ohata.*

Flor. *huhosiga.* Flor colorada. *murioga.* La corteza [de esta planta es] buena para lavar. Quitar las flores. *huhosiga piga.*

Florecer y estarlo. *huhota.* Ya ha florecido el naranjo. *vat'igui naranjo huhota.* Ir floreciendo. *huhos'himu.*

Floresta. *muiopa huhosiga. tutu cami.* [El] lugar de muchas flores.

Fogoso. *sohtomacama.* item. *sohtoma hipuidcama.* Ser de tal naturaleza [es] *sohtoma hipuidca.*

Forastero. *hoba.* Así llaman a cualquier [persona de una] nación diferente, aunque viva en su pueblo, y cuando quieren decir forastero dicen *pima i'a oid'cama.* item. *quicama* [que significa] el que no es de este pueblo. El que no tiene aquí su casa, también [dicen] *pima i'a tuhumacama* [que significa] el que no está aquí con nosotros.

Forcejar. *s'gubucada.* La *s* no es radical. Es necesario el pronombre reflexivo. Yo forcejo. *sinigubucad'an'igui.* Para decir a uno que forceje con prisa [dicen] *sigani.* item. *vapuga sigani.* item. *vapuga tumaica.*

Formidable, horroroso. *s't'hupudama.* Es formidable. *s't'hupudama tuitca.* item. *masi.* [Una] cosa que causa miedo o recelo como algo que quiere caer o que amenaza. *s't'ihigui hukima.*

Fornicar. Usan *amurhida.* Más propio es *dohdomu* pero se dice de parte del varón que conoce carnalmente a una mujer. Tuve que ver con una mujer. *maco occi an'ti'igui'idohdo.* La mujer dice, un varón tuvo que ver conmigo. *maco tuoti t'iguin'dohdo.* Con el verbo *amurhida* dirá, *maco tuoti an'ti'igui amuri.*

Fornido de cuerpo. *gug honacama.* *gugurhtu hohonacama.* También [se puede decir] *gug'sabarca honacama.* [A un] cuerpo grande [o] rollizo [le llaman] *sabarcu.* Cosa rolliza. *icuhasi sabarhca.*

Forzudo. Ser forzudo. Dicen *s'gubuca.*

Frágil. [Una] cosa frágil que se puede quebrar. Si [es] de barro [se dice] *hainima.* plural. *haikima.* [Se es] de palo o hierro *murhinima.* plural. *ominima.*

Fragmentos. *mohoniga.*

Franja. Se puede decir *comarcha.* Hacerlas. *comarhcata.*

Frecuentar. Se hace con los plurales

de los verbos. Véase *Arte de la lengua névome.*[31]

Fregar. No tienen sino lavar. *vacoana.* plural. *bapcoana.* Fregar los platos, lavarlos. *purato gorh bapcoana.*

Frenesí. *norhoaki.* item. *norhoacudama.* Estar frenético. *norhoacu.* Estar sin juicio. *norho aguiga.*

Frenético. Véase frenesí.

Freno. Dicen *pelin.*[32]

Frente. *cova.* plural. *cocova.* [La] frente ancha. *guh hanhani cova.* El cabello que les cubre la frente. *cobaicarha.*

Frente a frente. *vasoguiva.* Estar frente a frente. *vasoguidadarha.* Pero, si están de pie así dirán *vasoguivagagu huca.* Siéntate enfrente de mí. *ni'vasoguiva gaibua.* Véase enfrente.

Fresco. Hacer fresco. *hupi.* Refrescar la tierra. *duburha hupi.* Cosa fresca. *supima.* Estar en [un] lugar fresco. *sapuntadaga urhada.* Estoy en [una] parte fresca. *s'hupie urhaniguida.*

Frijol. *babi.* [Frijol blanco]. *stoababi.* [Frijol] grande. *gugur'babi.* [Frijol] negro. *stucubabi.* [Frijol] pequeño. *vupuanbabi. vupuicama. tucu vupuicama.* [Frijol] pardo [o] amarillejo. *sohamababi.* Véase milpa.

Frío. *s'hupi.* Invierno. *tomudaga.* Ser tiempo [de frío]. *tomuabagu.* Hacer frío. *s'hupicu.* ¡Oh, si no hiciera frío! *dodakipima s'hupicuna!* Tener frío. *s'hubada.* Estar muerto de frío. *s'hubamu.* plural. *s'hubacoho.*

Friolento. *s'hubamudaga.* plural. *s'hubacohidaga.* El que actualmente tiene frío. *s'hubadacama.*

Frisar. *vihonaguida.* Véase pelusa, el pelillo de la ropa.

---

[31] Smith, *Arte,* pp. 50–51.

[32] This entry is in a different handwriting from that of most of the vocabulary.

Friso. *vihonaguiga.* Estar una cosa frisada. *vihonagu.*

Frita. [Una] cosa frita, verbigracia [con] manteca. *urha cotorhoi.* Freir [con manteca]. *urha cotorhca.*

Frontera. *vasaguiva. taibiga. nivasaguidurh gauki.* Estar una cosa enfrente de otra. *vapsoca.* Todos estos cerros estan enfrente de otros. *vusi icama dodoaki mubui vapsoca.*

Fruta. *hibaidaga.* Es genérico. Las cidras porque no ha llovido no han fructificado. *sisirha coiva pima t'igui ducu, pima t'igui hibaita.* Véase amarillear; pintar.

Fruto. Echar fruto. *hibaitu himu.* Tenerlo. Fructificar. *hibaita.*

Fuego. *tai.* Hacerlo, encender lumbre. *nadda.* Hacer [un fuego] para otro. *nadida.* Enciéndeme lumbre. *ni nadidani.* Hacer fuego que levante llama. Sacar fuego con palos. *ibita.* Véase apagar el fuego; atizar la lumbre; carbón; encender la candela; lumbre; llama; pedernal.

Fuente. Véase manar el agua. [No aparece]. Véase ojo.

Fuera. *duvurho.* El Padre anda fuera. *pare duburho oimurhu.* ¡Fuera! item. ¡Aparta! *agani!* plural. *aagorha!* item. *ag'ghimi!* plural. *aag'gorh hihimi!* Sacar fuera. *vusaida.* plural. *vuvaida.* Salir fuera. *busanu.* plural. *vudacu.* Salirse [el] cordel o hilo fuera, verbigracia de lo tejido. *hupanu.* plural. *hupcu.*

Fuerte. Cosa fuerte. Verbigracia, hilo, pimiento etcétera. *stoni.* Del piciete [dicen] *vinoscoco.* Cosa fuerte, recia y dura. *scabaca. sivinaca. sigugu hukima scabaca. siguguhukima* se dice de un hombre de recia y fuerte complexión. *sgubuc* [se refiere a cosas] de barro o palo. *sivinaca* [se refiere a] otras cosas, verbigracia cuero, mantas, hilado y de cosas correosas.

Fuertemente. Usan la partícula *si.* Me azotó el Padre fuertemente. *pare si t'igui ni gugu.* Me abofeteó [fuertemente]. *si t'igui ni'sonicusa.*

Fuerza, valentía. *gubucadaga.* Ya se me han acabado las fuerzas. *nigubugadaga t'igui huhuca.* Fuerza, vigor. *s'gubudaga.* Aún no se me han acabado las fuerzas. *ni' s'gubudaga coi t'igui huhuca.* La enfermedad me va consumiendo las fuerzas. *ni' scocoguiga nigubudaga hukiora himu.* Fuerzas. *guguhukima.* Tener fuerzas. *s'gubuca.* Todavía tengo fuerzas. *quia an'igui s'gubuca.* Hombre de fuerzas. *sisgubucama.*

Fugitivo. *simurhcama.* plural. *sivopoicama.* Uno que ordinariamente huye. *simurhicuma.* plural. *sivopoicuma.*

Fundir el metal. Derretir. *sudugorha.* No [se] quiere derretir. *pima sudororimuta.* Metal derretido. *sudugoriga.*

G

Gafo. *s'gubucama.* item. *s'gubucadama.* plural. *s'gubucadama.* Se ha de añadir *novi.* Ser gafo de las manos. *novi s'gubuca.* plural. *nonovigupca.* item. *s'gubuca.* Dícese de cualquier parte del cuerpo que se mueve con dificultad, por estar los nervios lesionados. Estoy todo yerto. *n'hona vusio s'gubuca.* Tienes la boca yerta. *mu tuni s'gubuca.*

Galán. Bien compuesto. *mui unigaadi.* Engalanarse. *mui unigamada.* item. *mui astuidagamada.*

Galantear. Véase paloma [*sic*].

Galardón. *namucaidiga.* Dios es buen galardonador porque nos galardona aventajadamente. *tistus diga dios pcai sisinamucaidaga coiva humosuri baibitki ti namucaida.*

Galardonador. *sinamucaidaga.* [El] galardonador actual. *namucaidadama.*

Galardonar. Modo de pagar. *namucaida.*

Galgo. *gocsi.* plural. *gogocsi.*

Galillo o campanilla. *aritu nuhnu,* [que propiamente significa] lengua pequeña.

Gallardamente. *pcai sisapua.* item. *buhocama si'sapua.* Lo hiciste gallardamente. *pcai sisapua.* item. *buhocama sisapua ap'ta hapudu.*

Gallardo. Airoso. *sisapua masi.* item. *tuica.* He visto un mancebo de linda disposición, gallardo. *mado oviapoguri sisapua masima.* item. *tuicama an't'igui nuhi.*

Gallina. [Usan el] Mexicanismo *totori.* item. *totoli.* Otras [gallinas]. *totoni.* Gallina de la tierra. *tobo.*[33]

Gamo. Venado. *siki. hua.*

Ganar [en] el juego. *maitu* es [un vocablo] general. Ganar al patole. *guguba.* Te he ganado. *an't'iguimu gugu.* Cuando ganan todos los tantos dicen *ahu,* según las veces que se ganan. [Verbigracia,] *humo an't'igui ahu* [que significa] gané una vez los tantos. Ganar cayenda las cañuelas de forma que se gane un solo tanto dicen *divia* que significa llegar, o *divian'ta* que significa gané un tanto. Cuando el que de esta suerte ha ganado un tanto y echó las cañuelas de cierto modo, para tornar a dejar el tanto, dice *bua va'p'ta nibua* [que significa] ya me volviste el tanto que me habías ganado. [Una] cosa ganada [en] el juego. *maitki.* Ganacioso. *maitudama. maitucama.* El que ordinariamente gana. *simaitudasa* [que significa] venturoso.

Gañir. Véase aullar de los coyotes etcétera.

Garabato. *gacoriga.* [Garabato] de

hierro. *gacorica vainomi.* Un garabato de palo que llevan las indias cuando van por leña. *cuiporha.* Así llaman al [instrumento] con que cogen pitayas.

Gargajear. *arhamadagabua.* plural. *arhamadaga suriga.*

Gargajo. *arhamadaga.*

Garganta. Véase atravesar de parte a parte. Garganta del pie. *tarhugai vurhiga.*

Gargantilla. *vaiuca.* Llámase así todo lo que se ponen al cuello, y así *paño vaiuca* es al paño del cuello. Y colgar algo al cuello [se dice] *vaiucata.*

Garrapatas. *mamasurhaga.*

Garrocha. *tuacanacarha.* plural. *tuacasacarha.* Garrochar un toro. *toro tuacana.* item. [toro] *tuacasa.*

Garza. *mumuguiadama.* Es blanca. [La] garza parda. *vacoani.* Otra [garza] menos blanca. *stoavacoani.*

Gastar algo consumiéndolo. *hukioca.* Gastar es genérico [y] no hay vocablo. Gastar el día en algo. *aba hurhunida.* En esto gasté todo el día. *i'ca ab'an't-igui urhuni.* Si es con verbos, se hacen las oraciones con el gerundio en *do* [y] con la partícula *tu,* verbigracia gasté todo el día escribiendo. *ohan'tu an't'igui urhuni.* Lo mismo parece significar este *duca* con el pronombre reflexivo. Quizás gastaré en esto todo el día. *ica aba aspumusi an't'io si ni duca.* Gastar raspando. *hiba.* [Gastar raspando,] verbigracia un cuero. *hibicoana.* plural. *hibicoasa.* Gastar toda la noche. *abasiadida.* Si [es] con verbos [se utiliza] el gerundio y [la] partícula *tu.* Amanecí escribiendo. *ohantu an't'igui siadi.* Amanecer siempre contando fábulas. *humosuri api tumu sorigtu siadida.* Gastarse rompiéndose, como [por ejemplo una] manta. *cahana.* Y gastarse [es] *cahanu.*

---

[33] In another handwriting is "aquí [la llaman] *zupun.*"

Si es rompiéndolo. *vanisana*. plural. *vanisaga*. La cosa gastada. *cahana*.

Gatear. *vanimurha*. plural. *vanihopo*.

Gato. *micxto*. Gato montés. *guho*. Otro. *baposi*. Otro. *suiha*.

Gavilán. *tobabi*. Otro. *sisica*. Otro. *visagui*. [A] otro [gavilán le llaman] *auparhi* [que es] halcón.

Gazapo. *tabu*.

Gaznate o la nuez [de la garganta]. *vaitca*. Todo el pescuezo. *vaito*. plural. *vavati*.

Gemelos. *bobori*. La que así pare. *babori marhtauma*. Véase mellizos de un parto.

Gemido. *sasaniga*. item. *cuisaniga*. Véase quejarse.

Gemir. *sasanu*. item. *cuisanu*.

Generalmente. No hay vocablo, suelen usar *buscapa*. Verbigracia, generalmente ha llovido. *buscapat'igui ducu*. Generalmente están todas enfermas. *buscapa vusihuhumatcama stucocoda*.

Generoso de naturaleza y ánimo grande. *gug'hipuidcama*. Tenerle. *gug'hipuidca*. Ser generoso, liberal dicen *pima m'uniga hapurida*. No tiene puesta su fe en sus alhajas. No labora en su hacienda. *vusi haitu maca*. item. *gagarha* [que es] lo da todo.

Gente. *huhumatcama* [en plural y] *humatcama* [en singular]. Hombres. *tuoti*. Mujeres. *vobi*.

Gentil. No tienen [vocablo]. Dicen *pima bacoana*. plural. *pima bapcoana* suelen decir.

Giba. *tubitca comi*.

Gibado. *tubitcacomicama*. Ser algo cargado de espaldas. *stubiti*.

Globo. *cabarha*. item. *caborica*. Significa todo [objeto] redondo o esférico como [una] bola.

Gloria. *humosuri pim'ikido natovi sivoguima murhidacama*. Lugar de alegría perpetua y sin fin. Puédese decir *tistodiga dios nuidacami* [que significa] lugar donde se ve a Dios.

Gloriarse de algo. *s'hukiga*.

Glotón. *stunacuma*. plural. *s'tunacuma*.

Glotonear. *humosuri haitu bavitk'ikoa*. Comer siempre más de lo necesario.

Golondrina. *huiguidovari*.

Goloso. *tutubicuma*. De uno que en todo golosea. Lameplatos. *tutuku*. Entre otras cosas significa lamer platos, si se dice de un glotón. *stunacuma*.

Golpe. Quebrar dando golpes. *sonimurina*. También *sonihaina*.

Golpear. *soniana*. plural. *soniasa*. [También se puede decir] *huguba*, *sonidunida* [o] *huvitpaga*. *huguba* es azotar [o] golpear violentamente. *sonidunida* golpear cuando se clava algo. *huvitpaga* golpear [con] palos, verbigracia, un cuero. *soniaina* dar golpes como llamando a uno puerta. *sonipaga* golpear con piedras.

Goma. *usagaba*. Así se llaman todas [las] resinas. Echarlas los árboles. *usagab'ga*.

Gordo. Rollizo. *gug sabarhca*. plural. *gugurhtu sasabarhca*. Estar gordo. *tutca*. *guuta*.

Gorgojo. *daco*. A la palomilla [llaman] *totonicucuda*. Véase semilla.

Gorrión [pájaro]. *babaturhusi*.

Gotear. Haber goteras. *oto*. futuro. *otimucu*. Significa caer agua gota a gota. La gotera [o] señal en la tierra. *osicarha*. Las gotas. *osiga*.

Gozar de alguna cosa. *sukiga*. En el cielo gozan los hombres por sus buenas obras. *huhumatcama catumami scuga mutuid'kiti sukiga*.

Gozo. *sukiga carha.* [El] instrumento de gozo. [No aparece]. El afecto [es] *sukigacugai.*

Gracioso. Agradable. *stas'kima.* *scug'hipuidtcama. sivaguima hipuitdcama. sivaguima nuocu.* Hablar alegre y afablemente. Andar un hombre agradable y afable. *sivaguima oimurhu.* Gracioso, el que dice gracias. *s'taskimacama.* Hablarlas. *staskima nuocu. staskima nuoqui.*

Gradas. Escalones. *tusadicarha.* plural. *tutudicarha.* Así llaman al estribo.

Grama. Zacate. *vaso.* plural. *vapso.*

Grande. *guh.* item. *guchcu.* plural. *gugurhu.* Grande como un tronco grueso. *gug'sabarhca.*

Grandeza en longitud. *tubu.* item. *tubutu.* Grandeza en latitud. *sidahagui. guhitarhani.* Grandeza esférica. *gug'caborica.* item. [*gug*] *caborhca.* Esférico como [una] hostia. *gug sicorica.*

Granizar. *tuhani'surigu.*

Granizo. *tuha.*

Grano. En general [es] *cai.* [El grano del] trigo [es] *cai.* [La] semilla de [la] badea [es] *sacobari cai.* [La semilla] del algodón [es] *tokicai.*

Granos del rostro. *gagarga.* Tenerlos. *gagarta.* Otros [granos] del cuerpo a manera de sarpullido. *tuparhcadaga.* Tenerlos. *tuparhca.*

Grasa. Puédese decir *gui.* [La] manteca, cebo [o] cosa grasienta [es] *siguima.* También una cosa mugrienta se llama *sivaguidi.* Al que tiene el cuerpo mugriento [le] llaman *sivaguidi honocama.*

Grave, pesado. *sivutu.* Tener alguna cosa por pesada. *sivutu urhida.*

Grave, serio. *bohocama.* Hablar de veras. *bohocama nuocu.*

Graznar. *sabaricuhu.* plural. *sabaricuohonu.*

Graznido. *cuhiga.* plural. *cuhaoniga.* Verbigracia, de un muchacho que va hablando grueso dicen *sabari nuocu.* La tal forma de hablar. *sabari nuoki.* item. *sabarica.* Ya este muchacho habla grueso. *ica ariguri haba sabarica.*

Grillo. *tucag'sabarha.*

Gritar. *hinacu.* El grito. *hinaki.* [Gritarle] a otro. *hinaida.* plural. *hinaicohida.* ¡Grítale! *hinai dani!* ¡Gritádle! *hinacohi davorha!* Gritar haciendo burla. *asutuhinaida.*

Gritón. *s'hinicuma.* item. *s'hinakima.*

Grosera. Cosa grosera. *parhu. parhtu.* Malo. De uno que hace groserías, descortesías. Se puede decir *saiturhuma gusuda.* Aplícase al que come desaseadamente en la mesa. Come como un gañán, sin cortesía, ni término. *saiturhuma haitu coa.*

Gruesa. Cosa gruesa. *guh.* item. *guhtu.* plural. *gugurthu.* item. *guhsabarhca.*

Grulla. *cocorh.*

Guacamayo. *arho.* Las plumas pequeñas [de ella]. *arho vopo.* Unos capacetes que hacen de sus plumas. *arho vonoma.* plural. [*arho*] *voponama.*

Guaje. *vasirho.* Es un género de mata o arbolillo que las bestias comiéndole lo pelan.

Guamúchil. *mucsani.* item. *mascani.* Llámanle en la tierra. [También significa] fruta pasadera.

Guarecerse. *mu'ustoa.* Véase esconder.

Guardar. *nucada.* [Guardar] para otro. *nucadida.*

Guardoso. *nucadamuca.* Cosa guardada.

Guásima. *aburhu.*

Guayacán. *icusi vapcoandama.*

Guedejas. *macpo.*

Guedejudo. *sinacpocama.*

Guerra. Véase ¡ay!, nota de guerra; cautivar en la guerra; cautivo; enemigo; esclavo; guerrear; ir a.

Guerrear. *mucocoda.* Ir a la guerra. *kidahimu.* Dar [un] albazo. *daribuna.* plural. *daibusa.* Ahuyentar los enemigos. *voitana.* plural. *voitasa.* Huir los enemigos. Volver las espaldas. *voitu.* Los que guerrean. *mucocodama.*

Guía. *vanimurha dadama.* item. *babanadama.* item. *vanimurha himudama.*

Guiar. *vanimurhada. babana. babana himu.* Ir guiando. Este se usa cuando uno lleva hurtada, por ejemplo, una mujer que le anda siguendo. *ica ariguri babanani.* Lleva este muchacho, guíalo.

Guiñar el ojo. Cuando una mujer se enoja con otra suele cerrar los ojos como guiñándole y es *cupiaisa.* Lo mismo cuando una guiña para que no diga a otra algo.

Guirnalda. *guicoa.* [Guirnalda] de flores. *huhosiga guicoa.* Hacerla. *guicota.*

Guisar. *bahida.* [Guisar] para otro. *bahidida* [es una] cosa guisada [derivado] de *bahu* [que significa] sazonar algo, así frutas como [también] otras cosas maduras.

Gusanos. No tiene plural. [El vocablo es] *vatpcadaca.* Los que se crían de corrupción. [Gusanos] peludos. *vopiguidama.* Otros [gusanos] amarillos de tiempo de muchas aguas [se puede decir] *vivi.* Otros [gusanos] que se crían en unos capullos de seda [les llaman] *cosiburi.* Otros parecidos [les llaman] *cuagui vuri.* Véase llaga.

Gustar probando. *duca. tata. duca* es

gustar la comida. *tata* [es gustar] otras cosas. Experimentar goce.

Gustosa. Cosa gustosa. *si'hovi.* Ser [gustosa]. *si'hovica.* Tenerla por tal. *si'hovi urhida.*

H

Hábil. *tutukitoadama.* item. *s'tumaduma.*

Habitación. Véase casa.

Habitante. *quicama. oidcama. ia quicama* [es] el que vive en esta casa. *ia oi'dcama* [es un habitante] de este pueblo.

Hábito. Vestido. *noivita* [son los] calzones. Y [a las] enaguas de mujer [se les puede llamar] *ipurha.* Los trapos con que [se disfrazan para cazar] berrendos. *surha.* El yaqui las llama *sur'hcama.*

Habla. Palabra. Idioma. *nuoki.*

Hablador. *sinuokima.* Que habla bien. *sinuokida.* Criaturita que empieza a querer hablar, parlerilla. *sinuokidaga.*

Hablar. *nuocu.* Habla tú. *nuokini.* [Hablad] vosotros. *nuokivorha.* Hablar a otro. *nutuhida.* Voy a hablar al Padre. *pare nutuhida murh'an'igui.* De dos que están en conversación se dice *mu nutuhidaigui* [que significa] se hablan. Para decir que uno no ha tratado a otro dice *pim'ikido nutuida ikido humusi an'ti'igui mu nutuki* [que significa] como si en alguna ocasión hubiera trabado conversación contigo. Hablar aprisa. *sohtoma nuocu.* Hablar bajo. *dumari nuogui.* [item.] *dumarig'-nuoki. dusari nuocu.* Hablar con mucha flema. *arhi hama nuocu.* Hablar con voz impedida. *dusari saskimia siomaguima s'harhama. samunima sivorhima nuocu.* Estos *samunima* [y] *siborhima nuocu* son hablar temblando como los viejos. De los verbos *samunu* [y] *sibonu.* El primero [*samunu*] es hacer [un] ruidillo como la víbora de cascabel con el cascabel. El segundo [*sibonu*] es el ruidillo que hace el agua cuando quiere hervir. Hablar despacio. *ihama nuocu.* Hablar enfadosamente. *stohodama nuocu.* Hablar [decir] deshonestidades. *saiturhuma nuocu.* La tal palabra. *saiturhuma nuoki.* El que las habla. *saiturtua nuocudama.* Hablar entre los dientes sin que se entienda. *pima caidama nuocu.* Hablar grueso. *sabarica. sabarhi nuocu.* Este mismo se dice cuando uno habla como saboreándose o reduciéndose [recreándose] en lo que dice. Hablar más de lo que se dice. *baibitki nuocu.* Hablar muchos juntos. *caborha. mopadi nuocu. humapa nuocu. mopadi* es adverbio de cualidad y es hablar al mismo tiempo. Hablar seriamente. *buhocama. surimina nuocu.* Hablar sin un propósito. Como decimos [en latín] "ad esphesios." *hudurico nuocu. pima suri nuocu.* Hablar tartamudeando. *pima bapu nuocu.* Hacer hablar impeliendo. *nuokituda. nutuhidatuda.* Cuando uno dice de otro que ha dicho algo y no lo ha dicho, dice *posa ni nuokituda* [que significa] me hace hablar. *pim'an't'igui hapcaitu posa mu sicuri ni nuokituda igui.* No lo he dicho, sino que tu hermano me hace hablar.

Hacendado. Rico. *unnigcama. hastuidcama. mui haitu uruhagui dadama.*

Hacendado. *muituidcama.* Así llaman a los mercaderes.

Hacendoso. *hapunidaga. asidunidaga.* El que viendo algo desaseado, o mal compuesto lo compone. *haitukitcama. s'tudunitcama* [el que] es trabajador y que cuida bien de lo que le toca.

Hacer. *gusu.* ¿Qué hizo tu hijo para que le hayas abofeteado? *mu tuturh sat'igui gusu cop'ta ai?* ¿Qué hago yo? *sani'igui?*

Hacer [fabricar]. *hapubua. asibua. habua.* Añadiendo a los nombres [la partícula] *ta* se hacen [los] verbos que significan hacer lo que ellos [los nombres] significan. Verbigracia, *aha* [que es la] olla [y] *ahata* [que es] hacer ollas.

Hacia. Adverbio. Hacia nosotros. *tit'bui.* Hacia el río. *haquimuri buy.*

Hacienda. *unigga. astuidaga. haitudaga.*

Hacha. *tupuba.*[34] plural. *tut'puba.* [Gastar algo] con [el] hacha. *gubiocana.* plural. *gubicoasa.*

Halcón. *stupari.* item. *opari.*

Hallar algo buscando. *tugga.* plural. *tutu.* futuro. *tuguimucu.* En ninguna parte lo he hallado. *pim' ubaï an't'igui tu.* ¡Oh, si lo hallara! *dod'aniki tugana!* La cosa así hallada. *tug'ui.*

Hallarse. *hap'urinu. sap'urinu.* Jamás me he de hallar aquí. *pim'ikiguido ia an'tio sap'urin.* Ya me hallo aquí. *ia an'igui haba sap'urinu.* Hallarse [al] acaso algo. *tutubuhu.* La cosa así hallada. *tutubuhi.* El que siempre así halla algo. *s'tutubuhicama.* Acaso es el verbo *tutubu.*

Hambre. *vihuguiga.* Tener [hambre]. *sibihucu.* Tener hambre hasta desfallecer de ella. *vihuguimu.* plural. *vihocoho.* Matar de hambre. *vihuguimutuda.* plural. *vihocohituda.* Hartar el hambre a alguno. *s'coboguida.* Harté a este muchacho porque tenía mucha hambre. *ica ariguri ga s'coboguida covia vihuguimu aigui.*

Hambriento. *bihuguidaga.* item. *mudaga.* plural. *vihocohidaga.* Sufrir y resistir el hambre. *bihuc'staga.* item. *bihuguimustaga.* plural. *vihocohis'taga.* El que la sufre. *sibihuc'stagama.*

Haragán. Véase flojo. Y dicen posa

---

[34] In another handwriting is *tupu.*

oi'murhudama [en singular] y *pos'oipo-dama* [en plural]. Esto es vagabundo.

Harnero. Dígase tiricco *tuittacarha* [que significa] instrumento para limpiar trigo.

Hartar. Hartarse. *maimu.* plural. *maicoho.* [Hartar] a otro. *maimutuda.* plural. *maicohituda. toscana* es entre cosas tener el vientre hinchado. El efecto de hartarse. *maimuguiga.* plural. *maicohidiga.* El que está harto. *maimu-dama.* item. *maimudaga.* plural. *maicohodama.* item. [*maicoho*]*daga.* El que continuamente [harta]. *maimu-cama.* plural. *maicohicama.*

Harto. Estar harto. *scobotu.* Estoy harto y por eso no quiero comer más. *s'cobot'an'igui hucadi pima aba haitu s'hukimuta.* Hay harto [demasiado]. Se explica con el adverbio *sapua* y dicen *sapua igui* [que significa] está bueno [o] basta. Con este maíz habrá harto. *ica hunu ikiti sapua mucu.* Haber harto, alcanzar para repartir. *amhugu.* item. *ahu.* No hubo harto maíz. *hunu pima t'igui amhu.* item. *amahi.* Quizás alcanzará. *hunu amhu-gui mucu aspi.* item. *amahi mucu aspi.* Hubo harto. *amat'igui hu.* item. *amat'igui ahi.* [Más que suficiente]. *humuspcai.* item. *baibitki.*

Hartura. *sivuniga.*

¿Hasta adónde? *dahucama?* item. *ubaihucama?* Este *uscoa?* propiamente es ¿como hasta adónde? Y responden *ascu* [que es] como hasta. Como hasta. *matapa ascu.* Hasta allí. *am'huccama. am'hucama.* Hasta aquí. ia *hucama. iahucama.* ¿Hasta cuándo? *ikido huccama?* ¿Hasta dónde? *buhucama?* item. *ubaihucama?* ¿Hasta dónde corriste? *buhucama?* item. *ubaihua-cama apta murha?* Hasta el año que viene. *humai hunuaba hukida.* Hasta el río. *haquimuri huccana.* Hasta la rodilla. *ton'hucama.* Hasta mañana. *siarhi huccama.*

Hastío. Tener hastío. *subaida. coadaga an'gui s'hubaida.* Tengo hastío de la comida. También usan *asuridda* [que significa] dar en rostro.

Haz. Atado. *vuri.* plural. *vupuri.* Haz de leña. *cuagui.* Del verbo *cuaga* [que significa] leñar, hacer leña. Haz de zacate. *vaso vuri.*

Haz [lado]. Haz de alguna cosa. Verbigracia, este es el haz.| *vuivosadi.*

Hebra para coser. *vidina.* Hebra, verbigracia de mezcal. *tahu.* Camote lleno de hebras *icobitita hucama.*

Hechizar. *simacaiga.* Causando algún mal o [la] muerte. *hiboina.* plural. *hiboisa.* Los chupadores. *doadida.* Véase chupar como cuando a uno le sale la sangre y la chupa; encantar.

Hechizo. *hiacta.*[35]

Heder. *suhabuba. suamahubadama.* Las cosas que huelen mal.

Hedor. *suamahubadaga.*

Helarse. *hubamu.* plural. *hubacoho.* Lo helado. *hubamudaga.* plural. *hubacohidaga.* Hacer que se hiele algo. *hubamatuda.* plural. [*huba*]*cohituda.* Parece [que no] tienen verbo para decir helar como [cuando] decimos ha helado o hiela. Helarse el agua. *sudagui sup'ki. cubainu.* plural. *cubaicu.* Helarse de frío, tener frío. *s'hubada.*

Hembra. *ubbi.*

Hender. Si es [un] palo [se puede decir] *haina.* plural. *haisa.* Henderse. *hainu.* plural. *haicu.* La tal cosa hendida. *haini.* plural. *haiki.* [También] henderse [es] *tupanu.* plural. *tactu.* La cosa hendida. *tapani.* plural. *tatki.*

Hendible. Conforme con los verbos *tapanima* [y] *hainima* [en el singular] y *tatkima* [y] *haikima* [en el plural].

---

[35] In another handwriting is "hechicero [es] *nacaga.* Hechizo presente. *tibura.*"

Hendidura. *hainiga.* plural. *haikiga.* [También] *tapaniga.* plural. *tatkiga.*

Henchir. *sudaida.* Véase llenar alguna cosa.

Heno. Véaze zacate.

Herir. Parece que no tienen [este vocablo]. Cuando dan un tropezón y se lastiman los pies dicen *motpiga.* Cuando [se lastiman] las manos [dicen] *uripiga.* Cortarse con el cuchillo [es] *ictu.* item. *icsana.* plural. *icsasa.* Si es clavan [una] espina [o un] cuchillo. *tuacama.* plural. *tuacasa.* Si es descalabrando. *maicana.* plural. *maicasa.* Si es desgarrando. *banisana.* plural. *banisaga.* Rasgando con las uñas. *hukisama.* plural. *hukisasa.*

Hermano o hermana mayor. *sisi. siki. siqui.* plural. *sisiqui.* Hermano o hermana menor. *icuri. sipidiri.* Hermanos de un parto. *bobori.* Hermanos de un vientre. *suspitima.*

Herradura. *guanomi susca* [zapato de hierro].

Herrar, señalar una bestia. *tepostuda.* El hierro o señal. *tepostuda carha.* Ya señalado. *tepostsiga.* Herrar una bestia [ponerle herraduras]. *suicoada. mura vuaninomi susca.*

Hervir el agua. *totpcu.* El ruidillo [que hace] cuando empieza [a hervir]. *siboniga.* Hacer [tal ruido]. *sibonu.*

Hidrópico. Estar hidrópico. *tusadu.* Tener hinchado el vientre como hidrópico. *vooca tusadu.*

Hiel. *cabadi.* [La partícula] *di* no es radical.

Hielo. *sudagui cubainiga* [agua helada]. plural. [*sudagui*] *cubaikiga.* Hielo o escarcha y nieve. *cubbai.*

Hierba o zacate. *vaso.* Haber hierba. *vasoga.* Hay mucho zacate. *mui vasoga.* Hierba de la flecha. El árbol. *hinatadama.* Enherbarla. *hinnata.* Hierba de la golondrina. *comarh himu-*

dama. vipicama. Hierba de la víbora. *tuschul dudux.*[36] Hierba de las manos. *bavas.* Hierba del cáncer. *gugurhvivida.* Hierba del coyote. *cocomicama.* Para ellos [los coyotes] y [los] perros. Hierba del negro. *vupugui huhosicuma.* [Es] buena para sudores y llagas. También usan la moradilla. Hierba del pasmo. *sibil usii.*[37] Hierba mora. *maiani. mayo.* Hierbas que comen en general. *hibagui.* Verdolaga. *cucpurhiga.* Otra. *suabarha.* Otra. *uha. oibari* parece el mastuerzo de Castilla. Otra. *vasomari.* El bledo. *tucugusa.* La semilla [del bledo]. *oki.* Otra. *babaicama.* Otra. *turhoma.* Otra. *cahinaga.* Otra. *arhamivagui,* como chícura. Otra. *batarima.* Otra. *cubiri.* Otra. *aturi.* Otra. *cocomicama.* Otra. *totoa vihuri.* Otra. *tucuru vopo.* Otra. *vividadui.* Otra. *aagama.* Otra. *tupurima.* Otra. *ubiga totona.* Otra. *viri.* Otra. *tudogui huhosacama.* Otra. *tubunaccama.* Etcétera. Véase arrancar algo; coger algo con el puño; deshierbar o tlaspanar.

Hierro. *guainomi.* plural. *vap'ainomi.* La plata en mexicano. *teoquita.*

Hígado. *numadi.*

Higuera silvestre. *gugur vusi.*

Higuerilla. *mamasa.* De la semilla sacan aceite.

Hija por parte del padre. *tuturh.* [plural.] *tuturhu.* Por parte de madre. *marha.* plural. *mamarha.* Hija de bautismo [ahijada] dicen *teop'urha* [que es] por parte del padrino. Y por parte de la madrina [es] *teop'urha marha.*

Hijo por parte del padre. *tuturh.* [plural.] *tuturhu.* Por parte de la madre. *marha.* plural. *mamarha.*

---

[36] This entry is in a handwriting different from that of most of the vocabulary.

[37] This entry is in a handwriting different from that of most of the manuscript.

Hijo de bautismo [ahijado] dicen *teop'urha* [que es] por parte del padrino. Y por parte de la madrina [es] *teop'urha marha*.

Hilachas. *cahaniga*.

Hilandera. *vidinacama*. Que hila bien. *sividinarhcama*. *sivipidinarhcama*. item. *sividinadaga*. plural. *sivipidinidaga*.

Hilar. *vidina*. plural. *vipidina*. Torcer y juntar lo que se va hilando sencillo. *bupunabua*. Hilar delgado. *adividina*. [Hilar] grueso. *gug'sabarca vidina*.

Hilera. *voori*. Hilera de gente, verbigracia cuando para recibir a un padre se paran en hilera. *voocsi*. plural. *vopocsi*. También [se aplica a] las hileras de maíz sembrado. *vuocsi*. plural. *hugo vorhama*. Ponerse en hilera. *sacari*. item. *comarhaguguhuca*.

Hilo. Véase madeja de hilado.

Hilván. *guvisaniga*. plural. *guipsaniga*. item. *guvisarhaga*. plural. *guipsarhaga*.

Hilvanar. *gubisana*. plural. *guipsa*. También dicen *sys'pa*.

Hincar, clavar. *syspa*. Lo clavado. *syspi*. Hincarse alguna espina. *tuacanna*. plural. *tuacasa*. Me clavé una espina. *hoitkiti an't'igui ni tuaccana*.

Hincar la rodilla. *ton'aba cuhca*. plural. *ton'abaguguhca*.

Hincharse el vientre. *vooca toscoanu*. item. *vooca tus'adu*. El cadávar por el gran calor se va hinchando. *mukiga stonikiti uhacoda t'igui*. El río que se hincha cuando crece. *aqui muri toscoanu*.

Hinchazón. *vaiguguisa*. Hincharse o tener hinchazón. *vaigua*. plural. *vapaigu*. *uhadoca* es hincharse todo el cuerpo. Hinchazón madura y con [una] puntilla blanca. *ioagui*. Irse [madurando]. *tohahimu*. Ya casi está

[madura]. *vat'tigui toa*. Madurarse alguna hinchazón. *moica. moicahimu*. Nacimiento [de una] hinchazón. *sc'abac hiboidaga*. Reventar [una] hinchazón. *surhunida. sunida. sipunida*. La reventazón. *surhuniga*. Tener una hinchazón. *scabac hibosia*. Véase seca.

Hipo. *huhniga*. Oigo como hipo. *huhniga vupo an'igui cahu*. Tener hipo. *huhnu*.

Hisopo con que asperjan. *atusidacarha*. Echarlo. *atusida*.

Hocicar. Dar de hocicos. *tunibua*. plural. *tunibupa*. Dí de hocicos en un pilar. *tutonarhag ab'an'ta'igui tunibua*. Caer de hocicos. *cupuri. cusu*. plural. *cupuri surigu*.

Hogar. *bahupurhi*.

Hoja. *aaga*. [Una] cosa que las tiene. *aagama*. Echar hojas los árboles. *aagta himu*. Tenerlas. *aagta*. Hojas del árbol. *aaga*. Tenerlas. *aag'ta*. Irlas echando. *aagta himu*. Deshojar. *aag'piga*.

Holgarse de alguna cosa. *sukiga*. Porque me azotaste se huelga ahora Juan. *coiba ap'ta ni gugu, vutu juan sukiga*.

Hollar. Pisar. *cuissa*.

Hollejo. *urhidaga*. Llámase así la corteza u hollejuelo de alguna cosa. quitarlo o desollar. *urid'piga*.

Hollín. *cupudaca*. Criarse. *cupudacta*. Así llaman al humo. En la cocina se va criando mucho humo. *bauparh hurha muitu cupadacta himu*.

Hombre en general. *humatcama*. plural. *huhumatcama*. Hombre de fuerzas. *sisgubucama*. Hombre de mala vida. Véase desalmado.

Honda para tirar. *aski* y también *hohota surigacarha*.

Honesto. Ser honesto. *saiturhuma gusuda*.

Hongo. *cumusiga.* Así llaman [a] un género de crestas que salen en los árboles.

Honra. *s'tutuki toaidigadi.* [La partícula] *di* no es radical. Quitar la [honra]. *s'tutuki toaidigadi agurusita.* [De] volverla. *s'tutuki toaidiga dinororaguida.*

Honrador. *hapurhidadama.*

Honrar. Reverenciar. *hapurhida. buhogurida.*

Horadar. *dugurha.* Cuando pasa de parte a parte. *mocanu.* plural. *mocasa.* El tal agujero. *mocaniga.* plural. *mocasiga.* Estar horadada una cosa. *duga.* plural. *duduga.*

Horca. Dicen *naguiguiacarha.*

Horcón. *sacari usi.* item. *guainomi.*

Horizonte. Dicen *tububiga sicorha duburha hukidigana.*

Hormigas. Las hay diferentes. Arrieras. *moso.* Coloradas. *vupugui totoŋi.* Negras grandes. *tut'cuhumari.* Otras que no hacen daño. *cuarhagui.* Pequeñas [y] negras. *tut'cu totoni.* Coloradas [y] pequeñas. *aritu totoni.* Otras de mal olor. *s'huba totoni.* Otras. *sibihi totoni.* item. *toni totoni.* Véase cavar.

Horror. Miedo. Causar horror. *s'hupudatuda. sidoatkituda. doadimutuda.* plural. *doadicohituda.* Véase miedo.

Hortigas. *vihuri.*

Hospedar. No tienen [vocablo]. Para decir huéspedes u hospedería [usan] *vaita* [en singular y] *vapaita* [en plural]. Llamar, convidar a [un] huésped [es] *ni buy.* Llamé a Francisco a mi casa, lo hospedé. *ni ki buy francisco an't'igui vai.* Ninguno me ha hospedado. *pim' urhoit'igui ni vai.* Hospedarse dicen *divia.* Verbigracia, iré, llegaré a tí, me hospedaré contigo. *mu buy an't'io divia.* Me quiero hospedar en casa de

Francisco. *francisco ki buy s'divi mut'an'igui.*

Hoy. *ica tasaaba. ica tas'kiti.*

Hoyo. *duga.* plural. *duduga.* Hoyo hondo. *tuccaba.* Hoyo de viruelas. *sonimuniga.* El carihoyoso. *sonimunidaga.* item. *sonimuni vaiosacama.* Tener hoyos [de viruelas]. *sonimunu.*

Hueca. Vacía. *vacoasi.* plural. *vap'coasi.* Tener [un] hueco. *vacoata.* item. *vacoasida.* plural. *vapco.* Etcétera. [*vapcoasida.*] Cosa hueca. Dicen *urhaduga* [que significa] horadada por dentro.

Huelgo. Respiración. *hybudi.*

Huella. *goki.* plural. *gogoki.* Señalarlas en la tierra o arena. *gokita.* Irlas señalando. *gokit'himu.* Cristo Nuestro Señor subió al cielo habiendo [primero] señalado las plantas de los pies en una piedra. *tistuodiga jesuchristo.* . . . [El resto de la frase no aparece.]

Huérfano de padre dicen *ogga muki.* [Huérfano] de madre. *durh muki.* item. El que no tiene madre. *pima durh'cama.* Huérfano de parientes. *pimagugurhcama. pimagugurhugama. gugurhuga* son los parientes mayores. Este muchacho no tiene parientes mayores. *ica arigurhi pim'hucudoi gugurhuga.*

Hueso. *hohodi.* [La partícula] *di* no es radical. [Hueso] del espinazo. *suri hohodi.* Hueso desconcertado [dislocado]. *vaimurini. daimurini.* La desconcertadura. *vaimuriniga.*

Huevo. *nono.* [Huevo] de gallina. *totoli nono.* [Huevo] huero [vacío]. *nono dubariga.* Estar huero. *duba.* plural. *duduba.* Todos los huevos de la gallina están hueros. *vusi totoli nono duduba.* Yema de huevo. *nono urhadi.* [La partícula] *di* no es radical.

Huido. *mur'hcadama.* plural. *vopohicama.*

Huidor. *si'murhicama.* plural. *sivopohicama.*

Huir. *murha.* plural. *vopoho.* Pedro huyó al Parral. *pero parrai buy t'igui mur'ha.* Huir de la presencia de alguno. *nunaspa durhu mur'ha.* ¿Quién puede huir de la presencia de Dios? *doburh tistuodiga dios nunaspa durhu simurhi masi?* item. *murima tuica?* Por ventura, ¿habéis de huir de mi presencia? *nap'imu nunaspa durhu io vopohi?* [Hacer] huir al enemigo volviendo las espaldas. *voitu.* Volvió las espaldas mi enemigo. *n'obbaga t'igui voitu.* Lo mismo [lo] usan cuando pelean dos toros y uno huye. También usan *murha* pero [*voitu*] es más apropiado.

Humanidad. *humatcamadaga.*

Humear. *cupsa.* Véase humo.

Húmeda. Cosa húmeda. *sivagui.* item. *sivarhaga.*

Humedad. *vahusiga.*

Humedecer algo. *vahusida.* plural. *vaphusida.* Humedecer mojando. *varhagadida.* Humedecerse alguna cosa. *vahuta.* plural. *vaphuta.* futuro. *vahusimucu.* plural. *vapusimucu.* Todo el piciete se ha humedecido. *vusi viva t'igui vahuta.*

Humilde. No tienen [vocablo], porque no saben de alguna virtud. *soiga* es ser un hombre triste, desventurado, abatido. *humadama* [es] una persona reposada o cuerda. Ser uno así, es *humadcama.* De una persona indómita o bestia indomable dicen *pima humaduma.* De una persona humilde se puede decir *pima saitudumacama* [que significa no soberbia].

Humo. *cupudaga.* Hacer humo. *cupsa.* [Una] cosa ahumada como las casas de los indios. *cubimu.* plural. *cupicoho.* La tal cosa ahumada. *cupimudaga.* plural. *cupicohidaga.* Hacer

humo para incensar. *cumurha.* Incensario. *cumurhacarha.*

Hundirse algo, haciendo agujeros. *duggata.* Si haciendo sentimiento o [una] señal en la parte de arriba. *durhaimu.* plural. *durhaicu.* Cuando verbigracia, en [una] parte hueca deja un hoyo. El tal hoyo es *durhainiga* [en singular y] *durahikiga* [en plural]. Hundirse en el agua. *dupinu.* plural. *dutpinu.* Me dió el agua hasta la cintura. *sudaggui urha guiburhica hucama an't'igui dupi.* Quizás no le dará el agua a los pechos. *aspumusi sudagui urha an't'igui dupi.* Me cubrió el agua. *sudagui urha vusi an't'igui duppi.* También [significa] atascar. Hundirse o zambullirse en el agua. *vatpinu.* plural. *vadatpinu.* [Hundir] a otro. *vatpinida.* plural. [*vadatpinida*].

Hurgar así como así. *huida.* Hurgar con fuerza para sacar algo. *sicuida* [que significa] limpiar los dientes. El palillo. *sicuidacarha.* Hurgar, verbigracia en los oídos. *vidurhida.*

Hurtar. *usida.* item. *vopoida.* Este es hurtar por [la] fuerza, arrebatar. Cuando se da a saco una casa. *quidivida.*

Hurtar [esquivar]. *dugata.* Habiendo visto la flecha me agaché, hurté el cuerpo y así no fuí flechado. *huhu nuidca an'tadugata co'm't'igui, pima ni mu.*

Huso o malacate. *vidina carha.*

I

Idea, ejemplo. *tugugur hacarha,* de *tutogorha* [que significa] imitar.

Idioma. Véase habla; palabra.

Idiota. *sit pima haitu simatudama.* item. *amurhida* [que significa] el que nada sabe.

Ignorar algo. *pima amurhida. pima simatu.*

Igual. Cosas iguales. *bupohuhuga.*
Igualarlas. *bupohuhuguituda.* Ser
iguales algunas cosas. *m'hasitu.* ¡Oh,
si estos dos palos fueran iguales! *dodaki
icama gaco usi m'hasit'cama!* item.
Dicen *bupohuga* [que significa] semejantes en el remate.

Igualar. *husituda* y también [dicen]
bupo. Pedro y su hijo son igualmente
rencillosos. *pedoro tuturboi upu bipo
stucuidarchama.*

Igualmente. *humapa.* También usan
bupo. Estos son igualmente habladores.
scama bupo sinunokima.

Iguana. *tuarhpi.* Y a cierta flor [le
llaman] *tuarhpi huhosiga.*

Imaginar o pensar. Usan el verbo
tatoa [que significa] desear [y también
usan] *aaga.* Así lo imaginaba. *hap'an'-
igui n'aagtada.* Y también [se usa]
urha. item. *ogurhida.* Pero su uso es
como verbo determinante. Imaginé
que vendría ahora el Padre. *pare vutu
sidivu ogurhida an'igui.*

Imitar. *tugugorha* que también [sig-
nifica] remedar. El que siempre anda
remedando. *stugugorhicuma.* El que
imita bien. *stugugorhidaga.* Imitar las
costumbres. *bupoca.* ¡Oh, si imitaras
las costumbres de tu padre! *dod'apiki
mu mama bupocama!*

Impaciencia. *saibamuguiga.* plural.
sibacohiguiga.

Impaciente, iracundo. *sibamudaga.*
plural. *sivacohidaga.*

Impalpable. *pima aba ma bui ma
tuitca.* El alma es impalpable. *humatcama hibbui dogadi pima aba ma bui
ma tuica.* También se dice *pima
sidaguima.*

Impasible. *scocoma pima suhima.*
item. *pima suhimasi.* Dios es impasible,
pero Cristo padeció en cuanto a su
humanidad, no en cuanto a su divinidad. *tistuodiga dios scocoma pima
suhima igui.* item. *pima s'uhimasi: posa*

*tistuodiga jesucristo m'humatcama
dag'kiti habiaba scocomat'igui pima
vurh dios dag'kiti.*

Impedir. Este verbo se hace con
compulsivos y la negación *pima.* Verbigracia, *ohanatuda* [que significa]
compeler a escribir o dejar escribar.
[Y también] *pima ohanatuda* [que sig-
nifica] no dejar escribir, impedirlo.
sihaituda es dificultar alguna cosa.
Sentir estorbo o impedimento para
hacerla, o recelo. Por haber sentido
estorbo por mi milpa, no vine acá.
n'usi sihaitudca, pim'ant'igui ay divia.
Impedir o cortar la plática. *nuoki
vanictu.*

Impeler, con compulsivos. *ohanatuda.* Se usa como imperativo.

Implacable. *pima s'hupima. pima
hupimasi. tuica.*

Imponer. *nuocturida.*

Importuna. Enfadosamente. *s'tohodama.* Procedes enfadosamente.
s'tohodama gusuda api.

Importunar. *s'tohodamabua.* Me
vas enfadando. *s'tohodama bui'himu.*
Pedir con importunación. *urhabaspa
tahnu.*

Imposible de hacerse. *pima hapsi
dunima.* item. *pima hapsi dumasi.*
item. *tuitca.*

Imprimir. *aaga.* Véase señalar.

Imputar. Véase echar a perder.

Incensar. *cumurha* [que significa]
dar humo.

Incensario. *cumurha carha.* Las
cadenillas. *guiarhagadi. guiarhaga.*
Todo género de cinta que sirve para
llevar algo colgando. item. Las riendas,
cintas, trenzas etcétera. Y todo lo que
se usa para liar. Véase humo.

Inclinar la cabeza. *mudumaricada.*

Inconstante. Variable. *goc'parhi-
puidcama.* También [se puede decir]

muipa tatoa [que significa] desear muchas cosas. *muipa aaga* [significa] pedir muchas cosas.

Incordios. *hupuadaga.* Véase enfermo.

Incorporar. Mezclar. *ioriguida. sasaguida. bunatda.* Incorporar una cosa a otro. *horiguida.* item. *sasaguida.* Mezclar una cosa completamente. *bunatda.* plural. *bupunaida. isioguida. sasaguida* es propiamente entreverar. Entreverado. *sasagui. bunaida* significa también añadir. Añádele. *bunaidani.*

Incorruptible. *pima saituidama.* item. *pima saituidimasi. tuitca.* Dicen [de una] cosa [que] no se puede hacer corrupta. *pima hasimudunimasi.*

Incrédulo. *pima sisibuhogurhidama.*

Increíble. *pima sibuhogurhidama.* item. *damasi.* item. *tuitca.*

Indomable. *pima humadumacama.* item. *hipuidcama.*

Indómito. *pima himadumacama.* item. *hipuidcama.*

Industria. Tener industria. *mui haitu simatu.* item. *amurhida.* El industrioso en muchas cosas. *stumaduma.*

Industriar. Enseñar. *nuocturhida. mastia. nuocturhidadama.* El que enseña [es] *temastian.*

Infamar a alguno. Se puede decir *butudurh saiturhuma nuocu.* Hablar cosas feas. *parhtu nuocu.* Hablaste mal de mí. *ni butudurh saiturhuma ap'ta nuocu.* item. *ni buturdurh saiturhuma nuoki.* Andas publicando por todas partes cosas feas de mí. *parthu nuoqui buscapa aguida himu api.*

Infatigable. *pihimustagama.* Ser infatigable. *pima pihimu.* plural. *pima pihicoho.* De una persona semejante se puede decir más propiamente *pihimusaga.* plural. *pihicohistaga.* Resistir el cansancio.

Inferior. Criado. *arriddaca.*

Inficionar. Causar mal olor. *suama.* item. *parhi s'hubituda.* El zorrillo con su orina ha inficionado toda la casa. *huppa hibidi kiti buspa ki ura suami s'hubatu t'igui.*

Infierno. *diabro oidaga* [pueblo del Diablo]. *tuguigama diabro kira* [es] casa del demonio. Se puede decir [también] *s'cocom'bucami.* item. *soiga mu dodoacami* [que significa] lugar donde atormentan y afligen. También [se puede decir] *scocom'buacarhami.* item. *soigamudodo acarhami infierno tuguigama* [que significa] la oficina de los tormentos que se llama infierno.

Ingle. *humasona.*

Ingrato. *pima apurhidadama.*

Injuria. *parh nuogui. pima sapua nuoki.*

Injuriar. [*parh nuocu*]. Me habla mal. *ni buy parh nuocu.* item. *pima sapua nuoku.* Me dice malas palabras. *mu nuokikiti n'aag.* item. *parh ni buy himu.* item. *saiturhuma ni buy himu.*

Inmortal. *pima simukima.* plural. *pima sicohima.* Nuestras almas son inmortales. Sólo los cuerpos mueren. *t'hipipuitdaga pcai pima sicohima. t'hohina apiaba coha.* item. *pima simukimasi.* plural. *pima sicohimasi.* Dios no puede morir. Y Cristo murió en cuanto [a] hombre, no en cuanto [a] Dios. *tistus diga jesucristo pima mu dios dag'kiti; posa mu humatcama dag kiti mucu.*

Inmovible. Cosa muy fija. *sicatu.* Si está parada [se dice] *sicuhca.* Si son muchas e inanimadas [se dice] *sivutu.* item. *situtu. urhabaspa.* Se dice de la tierra inmovible *duraba urhaspa catu.* Hombre de corazón inflexible *hurhabaspa hipuidcama.*

Inobediente. *pima buhogur hidadama.* item. El que pone dificultad en todo. *vusi haitu sihaigama,* de *saiga* [que significa] dificultar. Cosa difícil. *sihai aigui.*

Inquieto. *nanacogusudama.* item. *nanacohipuitdaga.* Andar inquieto. *nanacogusuda.*

Inquirir. Preguntar. *tuitca.* futuro. *tuitcani.* plural. *tuitcavorha.*

Insaciable. Siempre hambriento. *pima sco'botama.* item. *pima scobotamasi.*

Insensato. *pima stukitoacama.*

Insulso. Ser insulso. *batuta.* [La] tal cosa. *basut'cama.*

Intentar. *tata. aaga.* Hacer un intento. *tatoa. aaga.* Nunca jamás he hecho este intento. *pim'an't'iguido hap'tatoa.* item. *aaga.*

Interceder. *vusiva nuoku.* La Virgen en el cielo intercede siempre por nosotros. *sta maría damactuma'mi humosuri tavusiva tistuodiga dios buy nuoku.*

Intercesión. *vusiva nuoki.*

Intercesor. *vusiva nuokudama.*

Interiormente. *urha.* Soy interiormente malo. *n'urha s'tucocod'an'igui.* En el interior de la casa. *qui urha.*

Interrumpir [la] plática. *nuoki vanictu.* plural. *nuoki vanicumiacu.* Siempre interrumpís nuestra plática. *humosuri.* item. *nuoki vanicumiacu.* Interrumpir otras cosas. Dicen *posa dagguitoa* [que significa] dejarlo.

Intimar. *aguida.* Intímaselo, *aguidani.* item. *tutuda.* Y responde así, con las mismas palabras lo diré. *hap'an't'io tutuda.*

Intrépido. Ser intrépido. *pima haitu asurhida.* item. *s'hupuda.* item. *sihaituda.*

Inundar. *dupinu.*

Invierno. *tomudaga.* Ser este tiempo. *tomuabagu.* Ser tal tiempo. *tomuabaga.* Véase frío.

Invisible. *pima sinuidama.* item. *sinuidamasi.* item. *tuitca.* No se puede ver. Se añade el pronombre *mu* u otro reflexivo. Jesucristo en el Santísimo Sacramento es invisible. *tistuodiga jesucristo santísimo sacramento urha pima simu nuhidama aigui.*

Ir a. Para ejercitar la acción de este verbo con [las partículas] *murha* [en singular y] *hopo* [en plural], véase *Arte de la lengua névome.*[38] Ir uno a trasplanar. *sicoana murha.* Ir muchas [a trasplanar]. *sicoana hopo.* Ir a alguna parte. *himu.* plural. *hihimu.* Quiero que vayas a Movas. *movas buy sim'himu orid'an'igui.* También, según el adverbio significa venir. Acá viene tu hermano mayor. *ay himu mu sisi.* Y también significa caminar. Bestia caminadora. *s'himidaga.* Ir a la guerra. *hidahimu.* Ir para volver. *norhaga.* plural. *nonoga.* Voy hacia mi casa, ya volveré. *niki buy an't'io norha.* También significa volverse.

Ira. *bamuguiga.* plural. *bacohiguiga.* Véase enojarse.

Irremisible. *pima oanidamasi.* item. *oanidamtuitca.* No se puede borrar.

Ixtle. *humi.* Sacarle. *huma.* [Sacarle] para otro. *humida.* Véase cabestro; manta de algodón; mascar.

Izquierdo. Ser zurdo. *oguiga.* El zurdo. *oguigama.* Mano izquierda. *vuispadurhu.*

J

Jabalí. Puerco espín. *tasicori.*

Jactancioso. *sukigama.*

Jactarse. *sukiga.* Véase gozar de alguna cosa.

Jamás. *pim'guido.* Ya no más. *pim'haba.*

Jarro. Véase asa de jarro. Jarro para beber. *hihicarha.*

---

[38] Smith, *Arte,* p. 57.

Jazmín. La flor. *huhosiga.*

Jeta. *cuturhca tunni uridaca.*

Jetudo. *cuturca tunicama.*

Jícara de las ordinarias. *abu.* plural. *abupu.* [Jícara] de zacate. *oha.* Hacerlas. *ohata.* No son de zacate, sino de unos palillos que echan unas matas llamadas *divan.* Mezclan un arbolillo llamado *vasi* [o] *stucu vasi.* [Es] al que [le] dicen sangre de drago.[39]

Jirón o pedazo roto. *banisaniga.* plural. *banisasiga.*

Jitomates. No hay [vocablo]. A unos que nacen en las milpas llaman *tomasi.* A otros mayorcillos. *tucurubupui.* Otra [especie le llaman] *m'ai.*

Joven. *viapoguri.* plural. *vipiopo.* A cualquier persona de buena edaa. *vatutagurica. vututagurhuma.*

Jovial. *sivaguima hibuitcama.*

Juego. No pagar en el juego. *maitki havita viga.* Quien en esta forma no paga. *sivitcuma.* Nombre de desprecio entre ellos. [Una] cosa perdida en el juego. *maitki.* Véase adversario; apostar en el juego; cañuelas de piciete para chupar; contrario en el juego; desafiar en el juego; desquitarse cuando otro día se ha de jugar; empatar, verbigracia los tantos en el juego; encontrarse en el juego o ser contrarios; ganar en el juego; patole; pelota con que juegan las mujeres; tabla; tantos, para tantear.

Jugar. *titibi.* Jugar con otro. *titibida.*

Juguetón. *s'titibicuma.* item. *sukica.*

Juicio. *humaduma.* Tener juicio. *s'tutukitoa.* Persona reposada.

Jumate o sus cucharas. *addabu.* plural. *adaupu.*[40] Véase sonar.

Juncia. *cotpotia. capocta. cocpocta.*

Juntamente. *buma. bumatu* [expresa conjunto], verbigracia, [juntamente] conmigo [es] *nibumatu*

Juntar lo esparcido. *nahasiga. humap'aguida. sipurhicada.* Los dos primeros [*nahasiga* y *humap'aguida*] se usan significando juntar la gente. Junto a otro. *tibica. vusipa.* Verbigracia, pegado a mí oyó Pedro misa. *pedoro ni vusipa mihat'igui nuhi.* Juntarse. *m'humapa'guida. mu'nahasiga.*

Juntos. *humapa. caborha.* También dicen *cupurha. turha.*

Juntura. Coyuntura. No tienen [vocablo].

Jurar. No hay [vocablo, pero] algunos ladinos dicen *corsia* [o] *cuhca.* Verbigracia, por esta cruz [*corsia*] o está la cruz [*cuhca*]. Otros dicen *diosi matua* [que es] Dios lo sabe. Otros [dicen] *dios nunaspa* [que es] delante de Dios. Estos son sus juramentos.

L

Labios. *tunivaidaga.*

Labrar con fuego. *muhida.* Borbotón de fuego. *tupa.* plural. *tutpa.* Labrar la tierra. Se puede decir *duvurha urhabogu.* item. *gaga urha vopu.* Está ocupado labrando la tierra. Labrar madera con azuela. *saricoana.* plural. *saricoasa.* [Labrar la madera] con hacha. *gubicoana.* plural. [*gubicoa*]sa. [Labrar la madera] con [un] cepillo o [con una] garlopa. *hiba.* Labrar, pintar lo que se teje. *ohana.* La tal labor. *oharhaga.* item. *ohani.* También [significa] trabajar en acusativo. La que así dibuja. *ohanarhicama.*

---

[39] In another entry to the right of *ohata,* is "no son de zacate sino unas puntillas prietas de ciertas matas que llaman *divia* y le mezclan un arbolillo [que se llama] *s'tucuvisi* [que es la] sangre de drago." Further, under *abupu,* is an entry in a different handwriting, "*havur* dicen aquí."

[40] In a different handwriting is "dicen los yécores *vasalas.*"

Lacerar algo. *sidaida hupurhida.*
El que todo lo escatima. *studadama.*

Lacia. Cosa lacia. *tudubaga.*

Lacre o cualquier resina. *usapaga.*
Para cerrar cartas. *usapaga ohana
sispacarha.*

Ladear, *gaibua,* plural. *gaisuriga.*
El aire ha ladeado o echado todos los
maíces. *uburhi vusi hunu cupurhut'igui
suri.* Estar ladeado. *gaibuhca.* plural.
gaiguhuca. Estarlo cosas inanimadas
verbigracia, el trigo, maíz etcétera
cuando está echado. *capurhututu.*
plural. *cupurhusuriga.* Ladearse algo.
gaigucsa. plural. *gaisuriga.*

Ladera del monte. *hurhadi.*

Lado. Véase haz. Para decir el lado
derecho [dicen] *buyspadurhu.* El [lado]
izquierdo. *oispadurhu.*

Ladrar. *cuhu.* plural. *cuhaonu.* Que
siempre ladra. *s'cuhicuma.*

Ladrido. *cuhiga.* plural. *cuhaoniga.*

Ladrón. *suscama.* Si [es] con violencia. *sivopoidcama.* Hurtar a
escondidas. *usiga.* El que así hurta.
usig'cama. Si [lo hace] continuamente.
usiguima.[41]

Lagañas. *vipcariga.* El que las tiene.
vipcarigama. Despedir los ojos semejante mal humor. *ooga buhanu.*

Lagañoso. *vip'caricuma.*

Lagartija. Una [especie se llama]
turhoca. Otras. *tusiacarhi, ototoy,
hubudurha* [y] *tudogui huduburhu.*
[La] salamanquesa [se llama] *coho
tatari.* Otra [especie de lagartija es]
aturhavakicama.

Lago. *voo.*

Lágrima. *ooga.*

Laja. *ai.* De aquí llaman un puesto
junto [a] Zuaque [Suaqui]. *aitatcami.*

Lajas desiguales. *bava.* plural. *bavpa.*
Otras [clases de lajas]. *tuhni.*

Lama. *mamadorhaga.*

Lamentar los muertos. Véase llorar.

Lamer una cosa. *vinuma.* plural.
vipinuma. El que siempre anda
lamiendo. *vinumicuma.* plural. *vipi-
numicuma.* El goloso. *s'tutubicuma*
[derivado] de *tutubu* [que significa]
andar como goloseando. Lamerse los
dedos. *tupsuma.* También [significa]
limpiar los platos. Lameplatos.
tupsumicuma.

Lampiño. *pima stunibocama.*

Lana. *cavari vopo.* Cardar lana.
gasibua. Las cardas. *gasibuicarha.*

Lanceta para sangrar. *tuacanacarha.*
plural. *tuacasacarha.* De los verbos
tuacana y *tuacsa* [que significan]
picar [con una] cosa puntiaguda.

Langosta. [Son varios especies como]
tupasuri, sohoi [y] *caba sohoi* etcétera.

Lanudo. *sibopcama* [que significa]
muy velloso.

Lanzar. Trocar. *bihota.* plural.
bipihota. Vómito. *bihospiga.* plural.
bipihosiga.

Largar. Dejar. *dackitoa.* Largar
una cosa a otro. *dakitoida.*

Lástima. Sentir lástima por otro.
[No aparece.]

Lastimar. *sonica. sonicarha.*
Lastimar algo. *scocoma dodoadi.* Me
lastimé con esta piedra. *ica hot'kiti
s'cocom'an't'igui ni dodoa.* Lastimar a
otro. *tamituana.* plural. [*tamitua*]*sa.*
Verbigracia, cuando le topan en una
llaga etcétera.

Latido. *totkiga.* Latidos del corazón
[o] del pulso. *totku.*

Lavadero. *sibapcoanacarhami.*

Lavandera. *bacoandama.* plural.
[*bapco*]*andama.* La que lava bien.
sibacoanadaga. item. *sibacoanarhcama.*

Lavar. *bacoana.* plural. *bapcoana.*
Lavar para otro. *bacoanida.* plural.
bapco[anida]. Véase flor. Lavarse el
rostro. *mui vuiosa vacoana.* Lavarse
las manos. *m'ico'ma. m'* es pronombre
reflexivo. Me quiero lavar las manos.
n'icoma muta'n'igui. Lava las manos
a este muchacho. *ica arigurhi icomani.*

Lazada. Dar [una] lazada. *tono-
bavurha.* plural. *tonabavupurha.* Dar
[una] lazada escurridiza. *gatgusarha
bupo vurha.* Atar como se ata la
cuerda del arco.

Lebrillo o albornia. *ohasia.* Hacerle.
ohasiata.

Lebrón. Tímido. *sidoadima.
sidoatcuma supuducama.*

Leche. *vipa.* Tenerla. *vipaga.* [Una]
cosa que la tiene. *vipcama.* Así llaman
al cacalosúchil.

Lechón. *tasicori.*

Lechuga. *huburha. bahut hudama
ibagui* [es] otra clase.

Leer. Usan *hakiarida* [que significa]
contar. Buen lector. *s'hakiaridaga.*
[Leer de] continuo. *s'hakiarid'cuma.*
[Leer] para otro. *hakiaridia.* Leer el
corazón, penetrarlo. *hipuidag'amurhida.* Sólo Dios penetra los corazones
de los hombres. *uduri tistuo diga dios
hapiaba huhumatcama hipuidag'-
amurhida.*

Legajo de papeles. *ohana vuri.*
plural. *ohana vupuri.*

Lejos. *muccorha.*

Lengua. *nunni.* Lengua de buey.
tahabadama. [Esta] tiene [en] el tronco
las hojas largas. Otra [especie] parecida
se llama *buri.*

Lenguaje. Hablar. *nuoku.* Tener
distinto idioma. *udurico nuoku.*

Lenguaraz, que habla bien. *sinuokidaga.* Así llaman a los niños cuando
empiezan a hablar. Hablador.
sinuokima. Véase hablar.

Leña. *cuagui.* Hacer leña. *cuagu.*
Ir por ella. *cuagua murha.* plural.
cuagu'hopo. Leña traída. *cuagui.* Traer
leña. *cuagua.* La que la trae. *cuagama.*

León. *mavita.* plural. *maipita.*

Lepra. Sarna. *turhcada.* Tenerla.
turhcata.

Leproso. *turhcadama.*

Levadura. *duduvariga.* Hacer
levadura. *dudvadida.*[42]

Levantar algo del suelo. *taibuhu.*
plural. *taibu.* También significa
levantar la ropa. Levantarla trabándola
en la cintura. *vitcoaga.* item. *vitcoana.*
plural. *vitcoasa.* item. *takibua. ibisa.*
[Levantar] para otro. *taibuhida.*
Levantar el rostro. *tainuhida* [ques es]
mirar [hacia] arriba. Levantar enhiesto
algún palo. *suricusa.* plural. *suritutua.*
Levantar más alto lo que está colgado.
taiusina. Levantar testimonio. Echar
la culpa. *baibua.* plural. *baibupa.*
item. *abaitato.* Véase achacar.
Levantarse a alguno que viene.
cuhkida. plural. *guguhikida. vamiguida.* plural. *vapamiguida.* Levantarse
estando acostado. *vamigu.* plural.
vapamigu. Levantarse, [ponerse] en
pie. *cuhca.* plural. *guguhuca.*

Ley. *tuhanu cugai.* Los mandami-
entos. *dios tutuhanu cugai.*

Lía. Si es torcida [dicen] *tahmui.*
Si [es] trenza *itpaga.*

Liar. *vurha.* plural. *vupurha.*
[Liar] para otro. *vurida.* plural. [No
aparece.] Cosa liada. *vuri.* plural.
vupuri. item. *vurispi.* plural.
vupurispi.

Liberal. Ser liberal. *pima haitu
sidaida.* item. *siborhogurha.* Adverbio.
m'unnuga. item. *m'astuidaga.* También dicen *vusi m'uniga.* item. *m'astui-*

---

[42] In a different handwriting is "*duvodiva*
dicen aquí, hacer la levadura."

daga maca. item. *gagarha* [que significa] dar uno todo lo que tiene.

Libertador. *dugubonitcama.* El actual libertador. *dugubonidadama.*

Librarse, escaparse de un peligro. *duguvonu.* [Librar] a otro. *dugubonida.* Dios Nuestro Señor nos libró del demonio. *tistuo diga dios diabro amidurhu ti duguvoini 'igui.* El mismo verbo usan para decir que se acabó o concluyó algo.

Libro. *ohana.*

Liebre. *tuba.* plural. *tutuaba.*

Liendre. *sohoga.* Lleno de ellas. *sohocarhaga.* Quitarlas. *sohoguiama.*

Liga. *cocosat.* plural. *cakiosat.* Hacerlas. *cacosata.*

Ligero. Corredor. *simuridaga.* plural. *sivop'ohidaga.* De los verbos *murha* y *vopo.* Véase ágil, que corre ligero; suelto, ligero, corredor. Cosa ligera, como una ave. *sidahidaga.* plural. *nunuhidaga.* Ligero, no pesado. *saboca.* ¡Oh, si no fuera ligero! *dodagui pima sabocana!* Tener algo por ligero. *saboca urhida.* La tal cosa. *sabocama.*

Lima, instrumento de afilar. *tubicacarha.*

Limar, se puede decir *tubica.*

Limosna. Pedir limosna. *nuarhu.* Buscar lo necesario con paga o sin ella. Se construye con [el] acusativo de la cosa pedida y de la persona a quien se pide. Pedí al Padre maíz de limosna. *hunu an't'igui pare nuarhu.* Andar pidiendo [limosna]. *nuarh' himu.* Ir a pedir. *nuarhi muha.* plural. *nuarhi hopo.* Ir muchos [a pedir].

Limpiar alguna cosa. *tuita.* item. *ohana.* El primero [*tuita*] es limpiar, componiendo verbigracia [una] mesa o aposento aseándolo. *sicuida* [significa] limpiar los dientes. Y el palillo [que usan se llama] *sicuidacarha.* Hacerlos. *sicuidacarhta.* Limpiar la siembra.

Escardar. *tuhisida.* El maíz está lleno de maleza [lo] mandarás limpiar. *hunu sisahi tuhisada ap't'io tuhanu.* Limpiar los platos con los dedos como [lo hacen] los indios. *tupsuma.* item. *tubsubicuma* [que significa] el diestro en el oficio.

Lindamente. Muy bien. *si sapua.* Cosa linda. *sapua musima.* item. *s'cugatu.* Hermosa vista. *sapua huhidarhaga.* Suelen añadir *si.*

Linde o confín de tierra. *huguidarbaga. huguidaga.* Tenerlo. *hugo.* Ponerlo. *huguida.* Pon linde a esta tierra. *ica gaga hugui dani.* Ponerlo por otro.

Líquida. Cosa líquida. No tienen [vocablo].

Lisa. Pescado. *nunuhitcama.*

Lisiado. Manco. *tonda.* Tu hermano menor se ha lisiado las manos. *tondat'igui mu sicuri mu novi kiti.* También *moica.* Lisiado por habérsele secado o endurecido las cuerdas. *sgabuca.*

Liso. *sidapca.* Muy liso, como bruñido. *tubiki.*

Lisonjear. No tienen [vocablo]. Se puede decir *sapua posa hihatu bui nuocu* [que significa] hablar bien, pero mintiendo. Tu siempre me hablas bien, pero mintiendo me lisonjeas. *apí humosuri sapua posa hihatu ni buu nuocu.*

Litigar. Reñir de palabra. *munuokida.* [La partícula] *mu* no es radical. Es pronombre reflexivo. Andáis litigando continuamente. *apimu humosuri mu nuohida himu.* Litigantes así. *munuokida.*

Livianos. *abogadagadi.* [La partícula] *di* no es radical.

Lizo para tejer. *cuidarhaga.* Hacerlo. *cuidarhag'ta.* Ponerlos. *cuidargh'tuda.*

Lo mismo digo. *hup'unapi.* item. *asinuha.* Eso pues. Lo mismo pues.

Loarse. Alabarse. *sapua m'aaga.* No me alabo. *pim'an'igui sapua n'aaga.* item. *mubutudurhu sapua nuocu* [que significa] hablar bien de sí.

Lobanillo. Si [está] en la boca del estómago [dicen] *uhoiga.* Si [está] en otra parte [del cuerpo dicen] *aaga.* El que le tiene. *aagama. uhoigama.*

Lobilla. *tucoba.*

Lobo. *suhi.* plural. *susuhi.*

Lóbrega. Estar lóbrega. *stucugu.* Cosa lóbrega. *stucugama.*

Loco. *norhoaki.* plural. *nonorhoaki.* Estarlo. *norhoaku.*

Locura. *norhoakiga.* plural. *nonor[hoakiga].*

Lodazal. *sivarhaga.*

Lodo o tierra para hacer ollas etcétera. *victa.* item. *vita.* Hacerle. *duburhavaga.* plural. [*duburha*]-*vapaga.*

Loma tendida. *sicarica.* [Loma] redonda, grande. *caburhica.* item. *tubitca.* [Loma] tendida con algunas desigualdades. *vato.* plural. *vapto.* Véase cerro.

Lombrices. *duburh hihi.*

Lomería. Puesta de lomas. *sosorica.* Monte con altos y bajos. *sosoricama doaki.* item. *vipisaskidoaki.*

Lomo. *ututcadi.* [La partícula] *di* no es radical. Lomillos extraños. *opcadi.* [La partícula] *di* no es radical.

Lonja. Lugar de pasearse. *oimurhicarha.* plural. *oipigarha.* Añádese *mi* [que es la] preposición en.

Loquear. Travesear. *titibi. nanacogusuda.*

Losa. Unas como tenallones. *ai.* Otras. *tu huni.*

Lozana. Cosa lozana, verbigracia un árbol frondoso. *vuitanu.* plural. *vuitacu.* También se aplica a todo lo que implique lozanía.

Lozanía. *vuitaniga.* item. *vuitakiga.* También significa despertar entre sueños y volverse a dormir.

Luciérnaga. *taibugui.* plural. *taibupugui.*

Lucero de la mañana. *gugsi.* Estrella grande.

Lucir, alumbrar el sol. *tonorha.* [Alumbrar el sol] a otro. *tonorhida.* Lucir la luna. *masabaga.* [Alumbrar la luna] a otro. *masabaguida.* Brillar otras cosas, verbigracia, plata; una nube embestida por el sol; estrellas [etcétera]. *nanabucu.* item. *vadatcu.* Este [*vadatcu*] propiamente [es] relativo a las estrellas, [y] *nanabucu* [se refiere a la] plata [o] al espejo. El resplandor de estas cosas. *nanabakiga. vadatkiga.*

Luchar. *mudadagu.* Usase por venir a las manos. Estos muchachos siempre andan luchando. *idama arrigugurhi humosuri mudadag'himu.* Lo mismo. *tuguigusa.*

Ludir una cosa con otra. Dicen *tubica.* Véase rozar.

Luego, al punto. *humapa.* item. *sam.* Luega, de aquí a un poco. *ario. ariocada. vutuariocada. oihuba. ariocadhuba.*

Lugar. Pueblo. *oiddaga.* Hacerlo. *oidag'ta.* Lugar obscuro. *stucagama.* item. Cosa lóbrega y obscura. Obscurecer la noche. *stucagu.* item. *vohunu* [que significa] ya es de noche. Quiere anochecer. *vat'igui urhunimu.* Lugar peligroso. *sihigui hucami,* del verbo *s'higuihuca* [que significa] recelarse de algo peligroso.

Lumbre. *tai.* Hacer lumbre. *nada.* [Hacer lumbre] para otro. *nadida.* Compeler a ello. *nahituda.* Hacer [una] hoguera. *nadda.* pretérito. *nahi.*

Sacar lumbre con palos. *ibita*. Ellos [los palos]. [*ibita*]*carha*. Este mismo es batir el chocolate. Y es propiamente lo mismo. Encenderse los palos es *muhu*. La lumbre así sacada. *ibitca muhida*. Sacar la lumbre con eslabón. *tabiana*. plural. *tabisa*. item. *tabiacoana*. Véase apagar el fuego; atizar la lumbre; fuego; llama; pedernal.

Lumbrera como agujero. *duga*.

Luna. *masada*. Y así explican el mes. Luna nueva. *masada diabua*. Se aparece la luna. *masadasimasi*. Resplandecer la luna. *masabaga*. El resplandor [de la luna]. *masabaguiga*. [Salir] la luna. *masadatusada*. Apuntar a salir. *coatuda*. Véase alumbrar o resplandecer; cerco de luna; lucir, alumbrar el sol.

Lunar. *numorhiga*. Tenerlo. *numorhigta*. Semejante señal que nace en el cuerpo. *gogsiga*.

Luz. Claridad. *masiga* [derivado] de *masi*. Luz de la candela. *buguiga*. item. *buguidiga*. Luz del sol. *tonorhiga*. [Luz] de la luna. *masabaguiga*.

Llaga. En general [se puede decir] *hiboidaga*. Llaga incurable. *sabadaga*. plural. *sampadaga*. item. *totoniga*. Tenerla. *sabata*. plural. *savpata*. Llaga particular. *durhaga durag'ta*. Llaga por haber comido bledos. *mavaidaga*. plural. *mavpaidaga*. Tenerla. *mavaita*. plural. *mavpaita*. Llaga, su señal. *taibaga*. plural. *tataipaga*. item. *curisiga*. plural. *cucurisiga*. item. *pastaga*. plural. *papstaga*. Tener gusanos una llaga. *vatoata*.

Llagado. Antecediéndole la partícula *sa*. *savatcama*. plural. *savpatcama*. *mavaitcama*. *durhag'cama*. [También] llagado [es] *hiboidcama*. Tenerlo. *hibosia*. Estoy todo llagado. *buscap'an'igui hibosia*. Causar [una llaga]. *hibos'tuda*.

Llama. *nunuvidiga*. plural. *nunu-*

vidiguiga. Estregar o dar un tizón con otro para avivir o atizar la lumbre sacando algunas brasas. *tumuna*. Las tales brasas. *tuminiga*. Levantar llama. *nunuvidu*. Salir llamas del suelo cuando [en] el tiempo de calor parece se enciende. *cutsanu*. La tal llama. *cutsaniga*.

Llamar. *vaitta*. plural. *vapaita*. Ir a llamar. *vaitta purha*. plural. *vaitta hopo*. Llamar con la cabeza. *moho dusicta*. Bajarla llamando. *mohodusida*. Llamar guiñando el ojo. *capiaina vacaita*. plural. *cupiaisa cavapaisa* [derivado] de *cupiana* o *cupiasa*, guiñar del ojo.

Llana. Cosa llana [y] lisa. *sidapca*.

Llanada. *tuparcha*. En la llanada andan las mulas. [sin traducción.]

Llano. Véase raso.

Llanto. *soariga*. *soakiga*. plural. *soaniga*. item. *soaki*.

Llave. Instrumento de cerrar. *cupacharha*. Instrumento de abrir. *cupiocarha*. Véase sonar.

Llegar a alguna parte. Verbigracia *ahi* [que significa] llego. *norhaga*. pretérito. *norha*. plural. *nonogu*. Llegaré a mi casa. *ni ki buy an't'io norha*. Quiero llegar a mi casa. *ni ki bui sinorhagui mut'an'igui*. Llegar, alcanzar a alguna parte. *ahu*. pretérito. *ahi*. No llegué, no alcancé. *pim'ant'igui ahi*. He de alcanzar hoy a Movas. *vutu movas buy an't'io hai*. No alcanzaré. *pima ami an't'io hai*. Llegar de alguna parte. *divia*. plural. [muchos o muchas veces]. *didivia*. ¿Quién llegó? *urhota divia*? Llegar muchos a una parte. *dada*. ¿Cuántos indios han llegado? *huki'huhumatcama t'igui dada*? Llegaron cuatro. *quico t'igui dada*. item. *macoba*. Llegar muchos sucesivamente. *daiba*. Ya van llegando los indios. *va huhumatcama daibahimu*.

Llenar alguna cosa. *sudaida*. Por

otro. *sudaidida.* Cosa llena. *sudai-gama.* item. *sudama.* Estar llena alguna cosa. *suda.* plural. *susuda.* item. *asicubi.* Y así dicen *kia suda* [que es] todavía hay. Llenar ras a ras. *tuparhi sudaida.* [Llenar] colmando. *simucama sudaida.*

Llevar. [No tienen un vocablo preciso.] Llevar algo resollando de cansado. *oboga.* Llevar debajo de brazo. *utsatuca.* Llevar del diestro. *babana.* plural. *bavpana.* Llevar alguna cosa. *uctu.* [Se forma] conforme al adverbio. Llévalo allá. *ami uctini.* Lo llevarás a Movas. *movas buy ap't'io ucti.* Para otro. *uctida.* Llevar algo colgado de la mano. *guica.* item. *guiatuca.* [Llevar algo] en las palmas. *macorica.* Para otro. *macorikida.* Llevar el río alguna cosa como en las crecientes. *vinoho.* plural. *vipinoho.* Llevar en hombros a los muchachos. *ibito.* Llevar en las espaldas los muchachos colgando los pies. *tucua.* Carga así este muchacho. *ica arigurhi tucuani.* Por otro. *tucuida.*

Llevarse el aire algo. *nuhituda.* [plural.] *nunuhituda.* El aire se llevó todos los petates. *uburhi vusi mamama nunuhitu t'igui.* [El aire] se llevará los papeles. *ohana nunuhituda hucuo.*

Llorar. *soacu.* plural. *soanu.* [Llorar] por [los] muertos. *soakida.* plural. *soa[kihida].* Llorar los ojos. *ooga buanu.* Llorar derramando lágrimas. Véase deshacer algo.

Llorón. *soanimacama.* Los mezquites sudan un humor que en la corteza se pone prieto y es bueno para teñir gamuzas. *sosoa.*

Llover. *ducu.* Llover con tempestad de rayos y truenos. *s'tatanactuducu.* Lloverle a uno en el camino o mojarse. *duguisa.* Irse mojando. *duguisa himu.* Lloverse. Haber goteras. *otto.* Lloviznar. *saibana. sibisi ducu. comaricu ducu.* Llueve recio, tupido.

scobocama ducu. ¡Oh, si lloviera en breve! *dodaki oi ducana!* Turbión de agua. *scobocama duki.* Llover así. [*scobocama*] *ducu.* Véase aguacero.

Lluvia. *duki.* Lluvia menuda. *sibihi duki. comarica duki. comarha duki.*

M

Macana. *sontki.* Hacerla. *sonkita.*

Macilento. *stoakaki.* Estarlo. *stoasacu.* Rostro [macilento]. *stoasaki vuiosocama.*

Macolla de maíz etcétera. *siborhtuavoca.* plural. *sisiborhtutporhaca.*

Machacar. *sonibia.* [Machacar] con [una] piedra. *sotpaga.* Con [un] palo. *gubitpaga.* Con [los] dientes. *kitpaga.* Rajar con ellos *kitsai.* Cosa machacada. *sonibi.* item. *sotpagui.*

Macho. Varón. *tuoti.* plural. *tutuoti.*

Madeja de hilado. *guibui.* plural. *guiguibui.* Hacer [la] madeja. *guibuida.* [Hacer la madeja] para otro. *guibuidida.*

Madera. En general [es] *usi.* plural. *vusi.* Nudo de madera. *vuidi.* plural. *vupuidi.* [La partícula] *di* no es radical. Véase agobiarse algo, verbigracia la madera; arrastrar madera; canal de madera; carcomerse la madera; combarse la madera; dañarse la madera, pudriéndose; labrar con fuego.

Madrastra. *dutca.* Esta no es mi madre sino mi madrastra. *ica vurh pima ni duh posa vurh ni dutca.*

Madre. *duh. dada.* La partícula *di,* que expresa posesión, se junta sólo con *duh* y no ponen *di,* sino *ti. duhti* [es] su madre.[43]

---

[43] These data are expressed somewhat differently under another entry as follows: "Madre. *duh.* item. *dada.* La partícula *di* solamente se junta a *duh* y vuelve la *d* en *t,* [verbigracia] *duhti* [que significa su madre]."

Madre de edificio. *banabanarhaga.* plural. *baupanarhaga.* De *babana* que significa atravesar un palo.

Madrina de bautismo. *teopurhaduh.*

Madrugar. *buhimusi vamigu.* plural. [*buhimusi*] *vapamigu.* item. *bahimusa nunu* [que significa] despertar temprano. Si [es] de tiempo pasado [se puede decir] *buhimuca vamigu.* plural. [*buhimuca*] *vapamigu.*

Madurar. Madurar el maíz. *oama.* Ir amarilleando. *oamahimu.* Amarillear la fruta. *vamucu.* plural. *vapamucu.* Fruta madura. *bahidaga.* plural. *babahidaga.* Madurarse la fruta. *babu.* plural. *babi.* Véase sazonar.

Maestro. *temastiaz. nuocturhidadama.*

Magnánimo. *gughipuitcama.* Ser magnánimo, de gran corazón. *gug'-hipuitca.* item. *hipuidaga.*

Maguey. Véase mezcal.

Maíz. *hunu.* En mazorca. *hunuboacama.* Espiga del maíz. *murhadaga.* Es nombre general. Echarla. *muradagta.* item. *murahada.* Los petates en que guardan el maíz desgranado o en mazorca. *hunuaga.* [Maíz] blando. *saboca hunu.* Mal granado. *sosporicahunu.* Quitar un elote. *maco caibarica an't'igui habua.* Rastrojo de maíz. *hunubaoca.* Recoger el maíz seco. *hocca.* Es propiamente hacer la cosecha del maíz. Recogerle verde. *bahbua.* plural. *basuga.* [Y también significa] recoger frutas cualesquiera. Tiene otros usos. Véase amontonar; arista, el junco que sale del maíz; caña; cascalote; coger algo con el puño; desgranar el maíz; despicar el maíz para tlascales; elote; enterrar; espiga; madurar; marchitarse; menear; milpa; olote de maíz; palomilla que sale del maíz; petate; semilla.

Mal de ojo. *vuiota.* La enfermedad. *vuiosiga.*

Malacate. *vidina carha.*

Maldad. Hacer maldad. *s'oiguida.* Obra mala. *pima scug'tuidiga. pima sapua tuidiga.* Cosa mala. *pima scuga. scugatu parhtu. pima sapua.*

Maldecir. Dicen *parh nuoku, pima sapua* [y] *ima'abap'* [que significa] hablar mal. *parhuaaga.* Desear mal. Desear mal a otro. *parhutadtoida.*

Malearse. *saitudu.* [Malearse] moralmente. *hipuidaga saitudu.* Te has maleado verdaderamente. *p'cai m'hipuidaga t'igui saitui.* A otro. *saitodoada.* ¿Quién maleó tu corazón? *dohrta m'hipuidaga saidodoa?* item. *saibua?*

Maliciar. *usiga.*

Malicioso. *usigcuma.*

Malo. Véase enfermo. Ser malo. De mala naturaleza. *pima sapua. parh hipuitca.* item. [*parh*] *hipuidaga.* [Tal persona.] *pima sap'hipuiddacama.*

Maltratar. *soigabua. saibua. saidodoa.* item. *mumuha.* Me maltrató mi marido. *ni cuna ni mumuha. soiganibua. soiganibui himu.* item. *soiga ni dodoa.*

Mamar. *sihi.* Tener ganas [de mamar]. *si'himu.* plural. *sihicoho.* Dar de mamar. *sihida. sihituda.*

Mamón. *sihicuma. sihidaga. sihimudaga.* plural. *sihicohidaga.*

Mancebo. Mocetón. *guiap.* [Una] persona de buena edad. *vutuagurica.* item. *vutuagurhuma* [derivado] de *vututagurhu,* ser de buena edad.

Mancha. *suamatuidiga.*

Manchar. *suamadodoada. suamadida. suamatuda.* Mancharse. *suamatuida.*

Mandar. *tuhanu. tanni.* Esto no se usa sino en composición. Te mando ir. *m'himi tanni an'igui.* No te mando cosa alguna. *pim'an'igui haitu mutuhanu*. Mandar con prisa. *ossa*. No hacer caso de lo que se manda. *pima sicahidama bupu mu tatu*. item. *bupom'urhida*. Mandar de palabra. *agguida*. Me mandó el padre un potro. *pare maco potro t'igui n'igui*.

Mandato. *tuhanu cugai*. plural. *tutuanu cugai*.

Mandil. *naki*. plural. *nanaki*. Así llaman [a] unas mantillas que usan. Hacerlas. *nakita*.

Mandón, activador. *s'tuhanudama*. Que todo lo quiere mandar. *s'tuhanicuma*.

Manga. *novvi*. plural. *nonovi*. También significa brazo.

Manifestar alguna cosa, declararla. *masco urhina*. plural. *masco urisa*. Sacar a luz. Con mi palabra estoy con vosotros. *simasco urha an't'igui amu buy nuocu*.

Manifiestamente. Dicen *hunaspa*. item. *mascorhoha*. item. *simasima*. [El] primero [*hunaspa*, significa] en presencia, [el] segundo [*mascorhoha*], a la luz y [el] tercero [*simasima*], visiblemente. Yo nunca hablo a escondidas, sino manifiesta y descubiertamente. *pim'an'ikido aagui posa vusi huhumatcama nunaspa oimurha*. item. *posa simasso urha oimurhu*. item. *simasima oimurhu*.

Manjar. *coadaga*.

Mano. *novi*. plural. *nonovi*. Dar palmadas. *capana*. Por burla. *asuducapanida*. De alegría. *sivaquima murhida capanida*. Aplaudir las manos. Desconcertar la mano. *tobidana*. Echar [la] mano. *daguimu*. plural. *daguisa*. La mano desconcertada. *tobidanu*. [Mano] derecha. *vuispa*. [Mano] izquierda. *vuispadurhu*. Palma de la mano. *matca*. Puño cerrado. *novi caburi sacumi*. Cerrarle. *caburi mu sacuma*. Coge un puñado. *sacumani*. Quebrar apretando con las

manos. *apsuna*. Quebrar con las manos. *daqui omina*. Recalcarse [una] mano. *vaimurinu*. La recalcadura. *vaimuriniga*. Recalcarle a otro. *vaimurina*. Recibir, coger en la mano. *bubu*. plural. *uhu*. pretérito. *buhi*. presente. *uhi*. Tener con las manos. *dagu*. Tener algo poniéndole las manos encima. *dacsa*. Por otro. *dacsida*. Tenle, agárrale. *sapua dacsani*. ¡Echale garra! *daguina!* plural. [*daqui*]-*sa!* Tocar con las manos. *tata*. *mabua*. Este último [*mabua*] es cuando el tocamiento es malo. Toca, experimenta. *tatani*.

Mano de metate. *viarhu*. plural. *vipiarhu*.

Manosear. *abamabua*. Manoseé una mujer. *macco occi an't'igui abamabua*.

Manso de corazón. *sivaguima hipuidcama*.

Manta de algodón. *icusi*. [Manta] de pita. *hoiturhoma*. Así llaman [a] los lienzos de México.

Mantear. *turhoma abatai vuha*. plural. *surhiga*. Te hemos de mantear. *turhomaba at't'io taimubuha*.

Manteca. item. Cebo. *gui*. Cosa mantecosa. *guimaguimaguia*. item. *guimaguima*.

Mañana. Ser de mañana. *buimuga*. Era de mañana. *cuia buymugcada*. Salí de mañana. *buimugc' an't'ai hi*. Mañana. [No aparece el vocablo preciso.] Mañana irás. *siarhi*. Allá iré mañana. *siarhi am'an'tio hi*. Mañana volveré. *siarh an'tio norha*. Véase *Arte de la lengua névome*.[44]

Maqui. *cosavi*.

Mar. *gug sudagui* [que significa] agua grande.

Maravilla. La flor. *sivai*. *sivaimagui vuhogiga*. Su hierba. *vopoitudacarha*.

---

[44] Smith, *Arte*, p. 88.

Maravillarse. *hooida. sumurhida. hooitunuhida. sumurhitunuhida.* Estos últimos [se usan] cuando se ve la cosa.

Maravilloso. *suma murh' kiguitui.* Dios por sí [y] por sus obras es maravilloso y admirable. *tistuodiga dios mumu kiti m'hap'duni kiti upu pcai vurha sumatuitca.* item. *masi.* Cosa admirable. *suma tuitcama.* item. *masima.* Veo cosas maravillosas. *suma tuitcama.* item. *masima an'igui nuhida.* Ser maravillosa. Admirable. *suma tuitca. suma masi.*

Marca. *agacarha.*

Marcar. *aga.* Márcalo. *agani.* Quiero marcarlo, señalarlo. *s'agamut'-an'igui.*

Marco. *vacorha.* Ponerlos. *vacorhtuda.* Hacerlos. *vacorhta.* Marco de puerta. *vacorha.*

Marchitarse. *dubaga.* plural. *dudubaga.* Cosa marchita. *dubagui.* Marchitarse el maíz. Dicen *sonorh'-himu.* item. *vidin'himu.*

Marea fresca. *uburiogui. uburioga.* Un céfiro.

Margajita. *stucuhia.* Avena negra.

Margen, verbigracia del río. *hakimuri hukidigana.* item. *coaba.*

Marido. *cuna.* Este es mi marido. *ica vurh nicuna.* Mujer que tiene marido. *cunacama.*

Mariposa. *tatkimurhi.* Otras grandes. *hohkimurhi.*

Martilladura o señal de ella. *soniainiga.*

Martillar. *soniaina.* plural. *soniaisa.* item. *soniduma.* Clavar alguna cosa. Martillar allanando. *sontpaga.* Cosa martillada. *soniani.*

Martillo. *sonianicarha.*

Mártir. No hay [vocablo]. El que padece mucho por Jesucristo. *tistuodiga jesucristo batudurhu mui scocoma uhudama.* Padecer el martirio. *tistuodiga jesucristo batudurhu mukiga.* plural. *cohidaga.*

Más abajo. *gamaiacspa.*

Más acá. *miacu.*

Más allá. *gamai.*

Más arriba. *gamaitai.*

Mas o empero. *posa.*

Mas qué. No importa. *asiba.* item. *apcada.* ¿Que remedio? Paciencia. *asigascana.*

Mas si. *aspumusi. aspi.*

Mascar. *quivia.* [Mascar] para otro. *quivida.* La cosa mascada. *quivi.* Mascar y dejar lo mascado. *quisuna. quisurha.* Mascar pita. *hoikivia.*

Masticar. *quivia.*

Mastuerzo. *oibari.* Nace en las milpas poco después de navidad. Es como el de Castilla.

Matadero. *cohodicarhami.* Añaden *haibani* [que significa] las vacas.

Matalotaje. *viptuga.* Hacerle. *vitutta.* plural. *viptucta.* Para otro. *vitudida.* item. *vituda.* Házme la alforja. *ni vitudani.*

Matar. *muha.* plural. *cohoda.* Matar de hambre. *bihuguimutuda.* plural. *vihocohituda.* De *bihuguimu* [que significa] estar muerto de hambre. Matar con hierba. *nabamutuda.* plural. *nabacohituda.* También significa embriagar los peces, de *nabamu* [que significa] emborracharse. Envenenar el agua. *nabacoho.* El árbol de la tal hierba. *hinata.* Matando así el pescado ponen en el río unos tapestles, llámanlos *cueta.* Hacerlos. *cuetata.* A un instrumento como buitroncillo para pescar le llaman *mohana.* Hacerlo. *mohan'ta.*

Matriz de la mujer, las pares y las otras cosas. *cosadi.* [La partícula] *di* no es radical. También significa la matriz de los animales.

Mayor en edad. No hay [vocablo]. Dicen nació primero *bupuga masi.* Mayor, más grande. *ica gugtu.* [Mayor] en longitud [se puede decir] *ica tubu.* item. *tubutu.*

Mayores. *gugurhuga.* Todos los mayores de este muchacho han muerto. *ica arigurhi gugurhuga vusit'igui cohi.*

Mazorca de maíz. *hunu bahocama.*

Mear. *hida.*

Mecer. *hoinida.*

Media. Media cosa. *urha hucama.*

Medianamente. Dicen *parhpi.* Medianamente bueno. *parhpi sapua.*

Medicina. *doarhidacarha.* item. *dodidac harha.* De *doadida* [que significa] curar.

Médico. *doadidarhcama.*

Medida. *astuidacarha.*

Medio día o sur. *cuibiti.* Serlo. *urhadu.* Se entiende tasa. Ya está el sol en medio día. ¡Oh, si fuera medio día! *dodaki urhaduna!* Cuando fuere medio día me avisaréis. *urhadura apimut'io n'agui.*

Medir. *astuda.* [Medir] para otro. *astudida.* Tomar medida o probarse, verbigracia [un] vestido. *aaga. astuda.*

Medrar. *tucta himu. pita himu.*

Medroso. *sidoadima.* plural. *doadicohodama.* item. *sidoatdicuma.* item. *s'hupudacuma.*

Médula. *obaga.*

Mejillas. *cama.* plural. *cacama.*

Mejor. Dicen *humupscai scugatu.* item. *sapua.* Cuando se compara. *humupscai.* Sin comparar. item. *baibitki scugatu.* item. *sapua.* Bueno con ventaja.

Melancolizar a otro. *soima urhidatuda. saimurhida.* Melancolizarse.

Estarlo. *soiga murhida. soiga mutatu. soigagucsu.*

Melena. *cuppa. stutuba cuppa.*

Melenudo. *stutubacupama.* Si es redonda. *guicorhica cuppa. guicoricacaupama.*

Meloso. *saivorimagui.*

Melladura. *saskiga.*

Mellar. *saskida.* plural. *sasaskida.* Cosa mellada. *saski.* Mellarse. *sascu.*

Mellizos de un parto. *boborhi.*

Membrudo. *buhonacama.* item. *gugsabarca honacama.*

Memoria. Tener memoria. *stukitoa.* Ten memoria de esto que digo. *ica nuoki stukitoani.*

Menear. Menearse alguna cosa. *hoinu.* Temblar la tierra. *duburha hoinu.* Menearla. *honida.* Mece o menea la mesa. *mesa hoinidani.* Menear alrededor. *hoanna.* [Menear] haciendo atole. Menear tostando maíz. *nonoiga.* Menea bien el maíz, que se tueste bien. *sapua hunug nonoigani; cop'sapua corhorana.* Menear así para otro. *nonoiguida.* Menear, verbigracia [un] árbol para que caiga la fruta. *guiguida.* Sacudir un árbol. *vopguida.*

Menester. Haber menester. *sigagu.* Necesito de un cuchillo. *tumusi an'igui sigagu.* [Necesito] de muchas cosas. *mui haitu.*

Meón. *hihacama.*

Menos. Dicen *arhitu.* Pequeño en longitud. *tupurhi.* [Pequeño] en altitud. *butohucama.*

Menospreciar. *pima hapurhida.* [Menospreciar] con palabras. *asiga.*

Menstruo de la mujer. *huhuriga.* item. *tubaduga.* Tenerle, estar con la regla. *huhurigta. taba.* Este [último significa] tener la mujer su regla la primera vez. Y dícese de los ayales femeninos cuando estan salidos.

Mentar o nombrar. *tutuga.*

Mentir. *hihato. pima ap'nuocu. posa ap'cahituda. samurhida hap'nuoco.* Hablar mentiendo. *haito nuocu.* Mentir a otro. *hihatoguida.* Nunca me mientas. *im'ikido ap't'io n'hihatogui.*

Mentira. *hihatki.* item. *hihato nuoki.*

Mentiroso. *hihahocama.* [El que] de ordinario [miente]. *hihatocuma.*

Menudo. Cosa menuda, verbigracia arena. *usivihi.* Dícese de cosas molidas. *sivihimatuda,* de *sivohi* [que es] moler.

Mercader. *nuarhudama.*

Mercado o feria. *nuarhicar hami.*

Mercar. *nuarhu.*

Merced. Hacer merced. *soiguida.* Véase misericordia.

Merecer. Mérito. No hay [vocablo]. Usan *namucaida* [que significa] pagar. Se puede decir con frases usando verbos compulsivos. *astuidagatuda. unnigatuda.* Hacer, tener por propia la hacienda. Con vuestras buenas obras compráis el cielo. *stug'amu tui dig kiti dama catuma apimu t'io nuarhu.* Vuestras buenas obras os harán tener por propia posesión el cielo. *scug'amu tuiddiga dama catuma m'astui dagatuda mucu.* item. *m'unigatuda mucu.*

Mes. Lo declaran con la luna. *masada.* Un mes. *maco masada.* Cada mes. *goc'masada.* Todos los meses. *vusimasada.*

Mesa. Así la llaman. A otras [les dicen] *guitui* [que es propiamente] el tapestle.

Mesar. *cuppa vona.* plural. [*cuppa*] *vopona.* Mesarse. *muvoniada.* Las mujeres siempre se pelan y mesan [sus cabellos]. *oocci humosuri mu voniada.*

Mesón. No hay [vocablo]. Dicen *hobadadacarhami.* item. *daibacarhami* [que es el] lugar donde llegan los forasteros. Y el lugar [es] *hova.* Dicen de los de distintos pueblos. *uturhico oidcama.*

Mesurarse. No hay [vocablo]. *muguia* es inclinar el rostro y la vista como cuando a uno le riñen.

Metal ya limpio. *guainomi.* En piedras. *sarhi.* [Piedra] de buen metal. *hihurho.* Así llaman al color verde de Aribechi.

Metate. *maturhi.*

Meter algo en la boca. *camosa.* A otro. *camosida.* Meter algo en [una] caja, casa etcétera. *vasa.* plural. *vapsa.* Meter todas las cosas de este español en mi aposento. *vusi haitu ica saidu cama uniga ni vopi carhurha gorha vapsa.* Meter en paz. *sovida.* plural. *sosovida.* Apartarlos cuando están trabados. *ai urhisa.* Meter la mano en [un] agujero. *mavasapu.* Meter para otro. *vasida.* plural. *vapsida.* Meterse algo en los ojos. *vacu.* plural. *vapcu.* No se qué se me ha metido en los ojos. *haitu ni vupui urha t'igui vapcu.*

Mezcal. *nonocama. suhti. turha.* Parece lechuguilla. *sasabi.* Llaman a unas bolas que hacen de la pulpa de él y guardan para el tiempo de hambre. Otro que parece mezcal y es amole. *huhugarhaga.* Hacer mezcal en tatema. *maha.* El [mezcal] ya hecho. *mahi.* Cortar las hojas del mezcal para la tatema. *ahu.* El palo con que las menean cuando se están tatemando sobre las piedras. *tuboga.* Véase asar; chupar como cuando a uno le sale la sangre y la chupa; deshojar el mezcal; hebra para coser; tallo.

Mezquite. El árbol. *cui.* La vainilla. *voiga. vohiga.*

Mía. Mío. Se hace con el acusativo *ni.* Mi padre. *ni mama.* Mi madre.

ni dada. Algunas veces y en preguntas dicen *nunu* [que significa] mío.

Miedo. Tener miedo. *sidoactu.* item. *s'hupuda. doadimu.* plural. *doadicoho.* Causar miedo. *sidoatkituda. s'hupudatuda.*

Miel. *bapuigui. saivori.* Véase abejas de panales.

Miembro viril. *via.* Miembro genital femenino. *musi.* Lugar donde se encuentran las partes genitales del hombre y la mujer. *virviga* [y] *musivibua.*

Migajas. *mohoniga.*

Mijo. Usan *gugurhsabi.*

Milagro. *suma s'tuidama.*

Milpa. Tierra para sembrar. *gaga.* Sembrado. *usi.* [Sembrado] de maíz. *hunu usi.* [Sembrado] de frijol. *babi usi.* Apuntar a salir el maíz. *mumuca.* Cuando se van desplegando las hojas. *sisiborcha.* Se aplica también a las flores cuando rompen el botón. El maíz ya de una tercia. *tutuatca.* Echar la caña. *vaogta.* Ya para espigar. *aopa.* Véase tlasplanar.

Miltomates. Son pequeños. *tomasi.* Otros [miltomates]. *tucurhuvupui.*

Mina. No hay [vocablo]. Al metal [le dicen] *sarhi.* Cavarla. *sarhicocoba.*

Minar. Debajo de la tierra. *duburha vuto. tucuba cocoba.*

Mirar. *nuha.* [Mirar] alguna cosa. *nuhida.* No veo alguna cosa. *pim'an'igui haitu nuhida.* Mirar turbada la vista. *scomagui.* item. *scomaguima nuhida.* Mirar a todas partes. *buscapa.* item. *buscona nuhida.* Mirar como a tración. *dudumarhu nuhida.* Mirar de hito en hito. *pimagari nuca suri nuhida.* item. *pima cupiac'asa nuhida.* Mirar hacia arriba. *tainuhida.* Mirar hacia las espaldas. *bubiga. opadinuhida.* Mirar como corto de vista o que tiene [la vista] deslumbrada. *s'tusa-*

muguima nuhida. item. *scupioguima nuhida.* Mirar cerrando los ojos. *scupioga.* Mirar sesgo, de soslayo. *guinuhida.*

Mirasol. *hiba.*

Mirón. *sinuhidacuma. sinuidacuma.*

Miserable. Pobre. *soigama.* Ser pobre. *soiga.* Soy, estoy muy pobre. *soigan'igui.* Estoy pobrísimo. *pima an'i'gui haitu urha vopu.* item. *urhaguida.* item. *vusi haitu an'igui' sisaga.* Necesito de todo. Ser miserable. *sidahida. sibo hugurhida.*

Misericordia. *soiguida cugai.* Hacer misericordia. *soiguida.* Me harás misericordia de un poco de maíz. *haitu hunu ap't'io sin'oiguida.* Dios nos hace muchas misericordias. *tistuodiga dios pat' um' soiguida.*

Misericordioso. *s'oiguidadama.*

Mismo. *udurhi.* Yo mismo. *an'udurhi.* Nosotros mismos. *ativodurhi.*

Mitad. *urha.* En medio. *urhahucama.*

Mocos. *sosoa.* Sonárselos. *mu sobua.* [Sonar los mocos] a otro. *sobuida.*

Mocoso. *sosoacama.* Limpiarlos. *sosoa oanida.*

Mochila. *uhasomi.*

Modelo, ejemplar. *tugogarhacarha.*

Mofarse de alguno. *asuda. asimu. asiga.* Mofarse riéndose. *huhumutu asuda.*

Moho. *conividiga.* Criar moho. *conividu.* Moho del hierro. *sisibocu.* El orín. *sisibokiga.*

Mojar algo poniéndolo en el agua. *vactu.* La tal cosa remojada. *vactki.* Mojar alguna cosa. *varhagadida. vaduhida.* Mojar rociando. *atusida.* Si es con la boca [dicen] *hupsuma.* Cosa mojada. *varhaga. vaduhidaga.*[45]

Mojarse alguna cosa. *sivarhaga.*
vaduhu. Mojarse con la lluvia.
muduguisa.

Mojarra, pez. *sasparhica.*

Molendera. *tuhadama.* Si [muele]
bien [dicen] *s'tuhadcama* [y] *s'tuha-
daga.* Moler, continuamente.
s'tuhicuma.

Moler. *sivohi. tuha. tuta.* La tal
cosa. *tuhi.* [Moler] para otro. *tuhida.*
Te muelo maíz. *hunu an'igui mutuhida.*[46] Moler [una] cosa mojada,
verbigracia nixtamal. *tuhibua.* La cosa
así molida. *tuhibui.* [Moler el nixtamal]
para otro. *tuhibuida.*

Mollejas. *hupuadaga.* Tenerlas.
hupuadagta.

Mollera. *cosoba.* El pellejo, cabellos
etcétera. *motca.* plural. *momotca.*

Mondar fruta. *uripiga.* Cosa
mondada. *urhipigui.* Quitar la pelusa
o vello de alguna cosa. *vopiga.* Quitar
para otro. *vopiguida.* La cosa.
sivopigui.

Monte. *doaki.* Cerro que tira a
monte. *doaki.* Lleno de concavidades.
sosoricama doaki. Lleno de picachos.
sapica doaki. Monte o cerro con
muchas concavidades. *sisoricama doaki.*
Raíz o falda del monte. *doaki buto.*
Véase serranía.

Montón. *sipurita.* Montón que hacen
las tusas o topos. *movasi.*

Morado. El color. *sivaimagui.*
studogui.

Morador de casa. *kicama.* [Mora-
dor] de pueblo. *oidcama.* Aquí de este
pueblo. *ia oidcama.* El Padre en

ninguna parte tiene casa. *pare pim'ubai
ki.* item. *kicama.*

Moral [el árbol]. *cohi.*

Morar. Habitar. *oidaga* [que
significa] tener pueblo. *guiga* [que
significa] tener casa. ¿Dónde está tu
pueblo? *b'api oidaga?*

Mordedura. *cuhikiga.* El que
muerde. *tucucudama.* Uno que siempre
muerde. *cuhicuma.*

Morder. *cucu. cuhi.* El que luego
muerde. *scuhidaga.* Morder sacando el
bocao. *cuicoana.* plural. [*cuicoa*]*sa.*
[Una] cosa así mordida. *cuicoani.*
plural. [*cuico*]*asi.* La tal mordedura
o pedazo. *cuicoaniga.* plural. [*cuico*]
asiga. Morderse los labios. *cuihuma.*
kisuma.

Morir. *mucu.* plural. *coho.* [Morir
o] desfallecer de hambre. *vihuguimu.*
plural. *vihocoho.* Morirse de frío.
s'hubamu. plural. *s'hubacoho.* Friolento. *s'hubamudaga.* item. *s'ubaba.*
También [es] *s'hubadacuma.*

Morrión. *guanomi voonamai.*

Mortal. *simukima.* plural. *sicohima.*

Moscas. *muvarhi.* [Moscas] ordinarias. Moscas de las que las pican a
las bestias. *vahcomorhodama.* Otro
género [de mosca es] *cucubita.*

Moscones. Moscardas. *ipkiduduni.*
[A] otros [llaman] *arihiovidama* [y]
huburhaki.

Mosquitos. Los zancudos. *vamuga.*
plural. *vopamuga.* Los rodadores.
tuc'umuki. Los chicuelos que enfadan
en los ojos. *aari sivihi muvarhi.*
Mosquitos muy pequeños. *sivihi
muvari.*

Mostachos. *dacpo.* Tenerlos. *dac-
poca.*

Mostachudo. *s'dacpocama.*

Mostrar algo con el dedo. *iguida.*
A otro. *iguidida.*

---

[45] In a different handwriting is "dicen
aquí *vaggui* ordinariamente, aunque también
entiended y usan *varaga.*"

[46] In a different handwriting is "*tutani*
[es] el imperativo. Para otro el imperativo
[es] *tuidani* [y] el pretérito es *tuianta.*"

Mover. *oinida.* Lo que [se mueve] mucho. *s'hoinidaga.* Cosa movediza. *hoinima.* Mover a una mujer [para hacerla parir]. *nonoadi muki vusanu* [que significa] salir muerta la criatura o preñez. item. *nonoa mukiga martha* [que significa también] parir una criatura muerta.

Mozo. Criado. *arhidaga.* plural. *aa[rhidaga].*

Muchacha. *ariva.* plural. *aarivapa.*

Muchacho. *arigurhi.* plural. *aarigugurhi.* Muchacho o muchacha recién nacida. *arinoso.* plural. *aarinonosi.* item. *arivigui.* plural. *aarivupugui.*[47]

Muchachuela que corre por doncella. *arituia.*

Muchas cosas. *muipa.* Pretender muchas cosas. *muipa tatoa.* item. *aaga.*

Muchas veces. *muiho.* También *tum* parece significar lo mismo. Muchas veces te he dicho. *vat'igui tum aguida.*

Mucho. En cantidad. *muitu.* Verbigracia, maíz *muitu hunu.* [Mucho] en calidad. *si.* Me riñó mucho el padre. *pare si't'igui ni cabanu.* Este muchacho llora mucho. *ica arhiguiri si soacu supima.* Mucho. Superlativo. *humupscai.* Mucho tiempo. *gupio. tubupio. s'tuburh humai.* Muchos. *mui.* Muchos muchachos. *mui aariguguri.*

Mudar de parecer. *hipuidaga hupama ay gucsu. hipuidaga hupam'ai norhaga.* item. *daibua.*

Mudo. *pimanuokudama. pima nuocudama.* Serlo. *pima nuoku.*

Muela. Piedra de afilar. *mucadacarha.*

Muelas. *mamturi.* Dientes. *tatami.* El desdentado. *pimamturhicama.* Sacar las muelas. *maturhipiga.* plural. *mamtur[hipiga].*

Muerte. No hay [vocablo]. Dicen *mukiga* [en singular y] *cohidaguida* [en] plural.

Muerto. *mukiga. mucama.* plural. *cohocama.*

Muestra, enseña lo que llevas. Veamos. *higuidani higuia cop'n't'io nuhi.* Otros dicen *gannu,* [pero son] pocos [los que lo usan].

Mugre. *tucurhaga.*

Mugriento. *s'curhagama.* Estarlo. *stucurhagca.* Véase sucio.

Mujer. Fémina. *ubbi.* plural. *ubbi.* También *occi* [en singular y] *hohoci* [en plural]. *occi* son las [mujeres] ya grandes. Mujer casada. *honniga.* Esta es mi esposa. Dice el marido. Mujer casada [es] propiamente *cunacama.* Cuando ella habla de sí o le preguntan si lo es.

Mula de carga. *mura motohodama.* [plural. *mumura motohodama.*] Mula coceadora. *scuiainidaga mura.*

Muladar. No hay [vocablo, pero se puede decir] *tanarhaga* [que significa] lugar donde se junta la basura. *nahasigacarhami.*

Murmullo. Oirse murmullo de [la] gente. *doaimu.* El tal ruido. *doaimuguiga.* Aplícase al retumbido que causa a lo lejos un tambor.

Murmuración. *parh nuoki.*

Murmurador. *parh nuokudama.*

Murmurar. *parh nuoki.* Tu hermano siempre murmura de mí. *mu sisi humosuri ni'buturdurh parh nuocu.* [Murmurar] de mí. *nibutudurhu.* [Murmurar] de tí. *mu'butudurhu.*

Muslo. *huma.* plural. *huhuma.*

Muy. Lo explican con *si.* Muy

---

[47] In a different handwriting is "[al] niño [le] dicen aquí *oaki* o mejor dicho *obaki*."

grande. *sigughtu*. También reduplican.
Cosa muy digna de crédito. *sisibu-
hogurhidarhaga*.

N

Nácar o concha. *cosca*.

Nacer. *masi*. Ahora nace un niño.
vutu moco arit'igui masi.

Naciones. Muchas naciones. *hohoba*.
Así llaman a cuantos no son de la suya.

Nada. *pimaitu*. *pim'haitu*. *pima
haitu*. *pim'astu*. *pimastu*. Verbigracia,
¿Qué? *as't? ai?* Respuesta. *pimahaitu,*
nada. ¿Qué hay? *astu?* [Respuesta]
nada [que es] *pimastu*.

Nadadero. El lugar. *vapahimucami.
vapaimucarhami*.

Nadador. *vahimudaga*. item.
[*vahimada*]*ma*.

Nadar. *vahimu*. plural. *vapahimu*.
Nadar bien. *sibahidagca*.⁴⁸ ¡Oh, si
yo supiera nadar bien! *dodoaniki
sibahidagcana!* Arrojarse al río, aigucsu.
plural. *aisurhigu*. Arrójate en breve.
oi aigucsini.

Nadie. *pim'hurhoi*. Es nominativo
solamente. Para los oblicos hay [la
palabra] *hucudoi*. A ninguno he
azotado. *pim' hucudoi an't'igui guga.*
Aún no ha venido alguno. *oi voho
diviata*.

Naguas. *ipurhu*. Así llaman las
mujeres a su faldellín y también a los
calzones.⁴⁹

Nalgas. *atuporha*.

Nalgudo. *gugata porhcama*.

Narigudo. *gug'dacama*.

---

⁴⁸ In a different handwriting is "*comasi
himi sivahidaga*. Usan aquí también nadar
debajo del aqua, zambuillirse *batupiguc*.
También es *urhiahimu*. También lo entienden."

⁴⁹ In a different handwriting is "a los
calzones le dicen *salve*."

Nariz. *daca*. Nariz aguileña. *gocori-
cadacama*. Afiladas. *simucamadacama*.
Nariz chata. *comorha*. Tenerla.
comorhcadacama. Nariz muy chata.
apsumidacama. Véase sonar.

Nasa de pescar como buitroncillo.
mohana. [Nasa de pescar] como
atarraya. *asqui*.

Nata. *urhidaca*.

Naturaleza. Indole. *hipuidaga*.
Buena [índole]. *scug'hipuidaga*. Mala
[índole]. *parh'hipuidaga*. Naturaleza
blanda. *simoica hipuidaga*. [Naturaleza
dura, recia.] *sc'cabac hipuidaga*. Tener
naturaleza [dura]. *hipuidcama*. Naturaleza rebelde. *pima humaduma
hipuidaga*. item. *urhavuspa*. [Natu-
raleza] soberbia. *saituduma hipuidaga*.

Navates. *tuhominiga*. Estar con
navates. *tuhominu*. Pegarlos. *tuho-
minituda*. [El que tiene navates.]
tuhominucada. *tuhabaguida* es pegar
cualquier enfermedad. Pegarsela.
tuabagubagu.

Nave. Dicen *vusi kira* casa de muchos
maderos.

Navegante. *gug'sudagui urha vusi
kiaba himudama*.

Navegar. Se puede decir *gug sudagui*.
Andar en el mar en una casa de
madera. *urha himu vusikiaba*. El aire
hace navegar el navío. *uburhi
gug'sudagui urha vusikiti himituda*.
plural. *vusikiki hihimu*. *hihimituda*.
Las velas del navío. *tuturhoma*. Encon-
trando el aire las velas tendidas hace
navegar los navíos. *uburhi s'tatarhani
tuturhoma naguigui sonamutu vusi ki
hihimituda igui*.

Neblí. *auparhi*. A otros [los llaman]
oparhi.

Neblina. *icusa*. Haber neblina.
icusaga. Levantarse la neblina. *icusa-
tutsuda*. Neblina, la que se levanta del
mar. *sascadaga*. Las nubes que no son

de agua. En Tecoripa la llaman *hicoma.*

Necear. Vivir neciamente. *pima stukitoama gusada.* Ser necio. *pima stukitoa.*

Necesitado. *sigagudama.* Tener necesidad. *sigagu.* item. Echar [de] menos.

Necio. pima *stuki'toacoma.*

Negar alguna cosa. No consentir. *pima huhuga.* Negar algo a otro. *huhuguida.*

Negligente. Ser negligente. *stuhota.* Hacer las cosas con tiente. *scugdodoa hapubua.*

Negociar. No hay [un vocablo] apropiado. *nuarhu* significa comprar. Negociar, acabar la obra. *natoa.* Ya negocié, ya acabé. *v'an't'igui natoa.* Dar cumplimiento a lo que trata y trae entre manos. *amhuguida.* Acabarlo. *duguvonu.*

Negrear. *stucubupohimu. stucumasi.* item. *tuica.* Parece negro.

Negro. Una cosa negra. *stucu.* Teñir de negro. *tucudida.* Se tiñe el cabello. *tucurhida.* ¿Por ventura, te has teñido el cabello? *n'ap'ta mu tucurhi?* Como mulato. *marhagui.* Negro atezado. *scubima.*

Negrura. *stucudaga.*

Nervio. *tata.* [Nervio] encogido. *sipurhitata.*

Nervoso. *gugurh tatacama.*

Nevar. *cuba gucsu. cubba'guscu.*

Nidal. Lugar donde ponen los huevos. *nono toacarhami.*

Nido. *napo.* Las águilas siempre hacen sus nidos en las más altas peñas. *baagui humosuri sitatababa tu baupa ami nanapota.* Al nido de barro como el de las golondrinas [lo] llaman *ki* [que significa] casa.

Nieta o nieto. Por parte de la abuela paterna. *camarha.* Por parte de la [abuela] materna. *mosi.* Por parte del abuelo paterno. *boismarha.* Por parte del [abuelo] materno. *bumarha.*

Nieve. *cuba. También* [significa] escarcha.

Niñear. *arivupo gusuda. aribupo oimurhu.*

Niñerias. Muchacherías. *ariguri tuidiga.*

Niño. Véase muchacho.

Nivel. *surinidacarha.*

Nivelar. Dicen *surinida* [que significa] enderezar algo.

Nixtamal. *nasimadiga.* Hacer nixtamal. *nasimada.* Hágase [nixtamal]. *nasimadana.* Véase moler.

No. *pima.* Aún no. *coi.* Aún no ha venido Pedro. *coi pedro t'igui divia.* Espera todavía. *coigani.* Esperad, no es tiempo [aún]. *coivorha.* ¿No es asi? [Es] solamente interrogativo. *nabaaga?* plural. *nabaaga vorhama?* No importa. *asiva. apcadasi* ¿qué importa? ¿Qué se ha de hacer? *asigascana?* No tiene remedio. *pima nocoga murhina.* No luego. *pima humopa. pima sampa.* No más. *pima aba.* Ya no he de azotarte más. *Pima aba an't'io mugugu.* No más. *hapiaba. doba. hakia. hakiaba.* No más hacer esto. *pimahaba.* De aquí [en] adelante. *vutuhaba.* De aquí en adelante ya no me he de bañar más. *vutuhaba pim'haba an't'io vatibi.* De aquí en adelante ya el Padre no me ha de azotar más. *vutuhaba pim'haba pare t'io ni gugu.* No poder. *pima macoga.* No quiero. *asqui.* No sé, respuesta, Interrogativo, ¿qué se yo? Usan el verbo saber. ¿Que sé yo? *pim'an'igui amurhida simatu? tapi?* Pospuesto a adverbios o numerales es [también] ¿qué sé yo? No sé. ¿Cuántos? *hukio?* No sé cuántos. *hukiosi.* ¿Quién? *urho?* No sé quién. *urhosi.* ¿Cuándo?

ikido? Qué sé yo cuando. *ikidosi.*
No, sino. Cuando corrigen o se corrigen.
pudanni. nuha. asci. Los primeros
[*pudanni* y *nuha* son corregirse] a sí
mismo. El último [*acsi* es corregir]
a otro. Véase *Arte de la lengua
névome,* Capítulo 13.[50] No solamente.
pima habiaba. No solamente me
habréis de sembrar maíz sino también
el *babi* [frijol]. *pima habiaba hunu
apimu t'io n'usida, posa babi upu
apimu t'io n'usida.*

Noble. No hay [vocablo]. Señor [es]
s'tuoti.

Noche. *stucuga.* Una cosa lóbrega.
stucugama. A media noche. *stucag'-
urha.* Obscurecer la noche. *stucagu.
urhusida.*

Nombre. *tuguiga.* Quiero saber el
nombre de tu padre. *mu mama tuguiga
simatu muta an'igui.* Quería saber tu
nombre, pero ya no lo quiero saber.
*mutuguiga simatu mutad an'igui, posa
pim'haba simatu muta.* Tener nombre.
Llamarse. *tugui.* ¿Cómo te llamas?
ap'ast'tugui? Te habrías de llamar
como yo. *ni vupu an't'io tuguicada.*
Poner nombre. *tutuga.* Poned nombres
a todos estos niños. *icama vusi aari
nonosi tutuga vorha.* Ponlos tú. *api
tutugani.*

Norte. Usan esta palabra para distinguir el meridiano. *tuca.* Llueve
hacia el norte. *tuca ducu.* Voy hacia
el norte. *tuca an'igui himu.* Del norte.
ducadurh. Del norte vienen todos los
males. *ducadurh.* item. *tucabuidurh
vusi haitu parhu.* item. *pima scagtui
io vaba.* Véase septentrión.

Nosotros. *ati.* [Algunas veces]
duplican. *at'ati.* Nosotros mismos.
ati'vudurhi. Nosotros pues. *ati unapi.*
item. *bunapi.*

Notable. Admirable. *sumurhidar-
haga.* item. *sumaduicama.* Cosa

notable. *s'agama. sa'agama tuica.* item.
masi.

Notar. *aga.* Marcar.

Novedad. Haber novedad. *tuidu.*
pretérito. *tui.* ¿Qué sucedió allí?
sat'igui am'tui? Nada sucedió.
pim't'igui astui. Mira [que] no suceda
algo, [que] no haya novedad. *sapuag'-
nuhida cap'pim'hastiuiduna.*

Nube. *tubaki.* Nube blanca. *stoatu-
baki.* [Nube] prieta. *stucutubaki.* [Nube]
gruesa, nubarrón. *scobocama tubaki.*
[Nubes] delgadas. *cocomarica tubaki.*
[Nube] sin agua. *sascadaga.* Deshacerse
las nubes en agua dicen llover [que es]
ducu. Deshacerse lo nublado.
urhicoana. Propiamente [significa]
despejarse el cielo. Deshacerse las
nubes. Se deshicieron las nubes.
soitudu vusi tubaki tigui saitui.

Nuera. Por parte del suegro. *bosi-
maiduh.* item. *bosimarhaduh.* Por
parte de la suegra. *comaiduh.* item.
comarhaduh. comaraduh.

Nuestro. *ti.* Nuestra madre. *ti dada.*
[Nuestro] padre. *ti mama.* [Nuestro]
pueblo. *toidaga.*

Nueva. Cosa nueva. *vututa.*

Nueve. *tumbustamama.*

Nuez de la garganta. *vait cacabur-
hica.* No otro [vocablo].[51]

Nunca. *pim'ikido. pim'haba.*

O

O. Conjunción disyuntiva. *aspi.*
item. *aspumusi.* Este se pospone, el
otro, no.

Obedecer. *buhogurhida.* Consentir.
huhuga. [Consentir] a otro. *huhuguida.*
Debéis ser obedientes a la voz de Dios.
tistuodiga dios, tuoti nuoki huhuguidca.
No poner dificultad. *pima siaiga.* Uno

---

[50] Smith, *Arte,* p. 82.

[51] But see another entry under "Gaznate
o la nuez de la garganta."

que todo lo halla fácil. *pima sihaicama.*
Dificultar. *siaituda.*

Obediencia. *buhogurida cugai.*

Obediente. *sibuhogurhidadama.*

Oblea. *sibugui.* Instrumento para
cerrar cartas. *ohana siapacarha. sispa*
es prender con alfileres. Se aplica a
[una] carta cerrada [que es] *ohana sispi.*

Oblicua. Ser oblicua [una] cosa.
tudurhca.

Obligado. Hacer más de lo que está
obligado. *baibitki habua.*

Obligar a alguno a hacer algo. Se
hace con [verbos] compulsivos. *tuda.*
Verbigracia, obligar a trasplanar.
sicoanatuda.

Obrar. Trabajar. *haitudadagui.*
haituravogu. haiturhaguida. dagagu
es coger algo con las manos. *urhabogu*
[es] trabajaar. Estar ocupado [es]
urhaguida. Obrar sin advertencia.
pim'amurhidtu haitu hapubua.

Obscurecer. *stucagu.*

Obscuro, como entre dos luces.
sidumogu. Véase lugar.

Obstinado. *scubaca. urhasaspa.* Ser
obstinado. *scabat hipuidca.* De corazón
duro. *urhasaspa hipuidca.* De corazón
indomable. item. Innoble.

Ocasionar. [Se forma] con [verbos]
compulsivos. Me [das] ocasión para que
te azote. *mumu ni gusubatuda api.*
Me obligas, me impeles. *sosonatuda* es
dar principio a alguna cosa. Riñen
y dice uno, éste me dió principio. *ica*
sosonatu t'igui.

Occidental. *urhuni buy durhu.*

Occidente. *urhuni.* Del occidente.
urhunidurhu. Cosa del occidente.
urunidurhcama.

Ocioso. *pima haitu hapubuadama.*
posadacama. Estar ocioso. *pima'haitu*
hasiba. pima'haitu hapuba. pim'haitu
dadagu urha vogu. Nota. Cuando en

esta forma está uno sentado dicen
posada [en singular y] *posadarha* [en
plural]. ¿Por qué te pasas todo el día
ocioso? *s'apimu tutkiti guh tasa posa*
hapdarha? item. *pima haitu asibua.*

Ocultar. *ustoa.* Véase encubrir.
Ocultarse. Véase encubrir.

Ocupado. Estar ocupado. *naitu*
habua. asibua urhavogu.

Ochenta. *guico opa.*

Ocho. *guiguico.* Ocho cosas.
guiguicpa.

Odio. Tener odio. *parhuhuda.*
parhuida. asurhida. scuhida. Te tengo
mal afecto. *mu buy parh' an'igui*
n'urida.

Odre o pellejo para vino. *hokibua-*
somi. También son las taleguillas de
badana.

Ofender. Si es de obra. *soigabua.*
soigadodoa. Si es de palabra. *parhoni*
buy nuocu.

Ofrecer. *aguidda.*

Ofuscarse la vista. Véase mirar.

¡Oh, si! ¡Ojalá! *dodaki!*

Oír. *cahu.* Cosa perceptible, oíble.
cahidama. El que oye bien. *stuca*
hidaga. El que no oye. *pima tuca*
hidaga. item. *sapua cahu.* Oír a
escondidas. *aagui cahu.* Oír zumbando
los oídos. *sibonima cahu.* Oír por otro.
cahida. Oye por mí. *ni cahidani.*

Ojo. *viudi.* plural. *vupuidi.* Tenerlos.
vupuitcama. Lo mismo [lo] aplican a
aquellos como ojo cuando quiere en
el árbol verbigracia reventar la yema
en hojas.[52] También por donde brota
el maíz dicen *vui.* plural. *vupui.* Mal
de ojo. *vuiota.* La enfermedad.

---

[52] Perhaps a more graceful version for this
awkward statement by the compiler of the
vocabulary would be "También lo aplican a
la yema de las plantas cuando estan a punto
de reventar y da una apariencia de ojos."

vuiosiga. Véase enfermo. Ojo de agua. *oiporh vuidi. oiporhduga.* Niña del ojo. *vuiurha.* plural. *vupuivurha.* Toca las pupilas de mis ojos. *amu dadaguma ni vuiurha tamituana igui.* Nube de los ojos. *vuidi. toha.* item. *stoha.* Véase bizco; tuerto.

Ola. *nuhu.* plural. *nuhuvorhama.* Hacer olas el agua. *mutotonicada.* Por el gran viento se encrespa el mar hasta las nubes. *gug'uburhi kiti gug'sudagui tubaki hucama mututua himu.* [La partícula] *mu* es reflexivo.

Olear enfermos. *oriomada.* Ahora quiero olear un enfermo. *vutu mado stucocodama oriomada mut'an'igui.* Otros dicen *orio ikiti vitsu* [que significa] untar.

Oler. Tener olor. *s'huba.* [Oler] bien. *sapua.* Oler mal. *pima sapua huba.* Cosa olorosa. *s'hubama.* item. *s'hubadaga.* Su olor. *s'hubadiga.* Percibir olor. *hubaguida.* Huele tú esta flor. *ap'ica huhosiga hubaguidani.*

Oliscar, verbigracia la carne. *duh huba.*

Olote de maíz. *vaoca.* También es la caña de el maíz.

Olvidadizo. *hukibuidaga.* plural. *huksuri.* El que siempre se olvida. *s'hukibuicuma.*

Olvidar algo. *hukibua.* plural. *hucsuriga.* Me olvidé. *huki an'ta bua.* Nos olvidamos. *huk at'ta suri.* Cosa olvidada. *hukibuy. hukibuiga.*

Olvido. *hukibua cugai.* plural. *huc'surhiga cugai.* Por mi olvido me azotó el Padre. *pare n'hukibua cugai kiti t'igui m'gugu.*

Olla. *aha.* Hacer ollas. *ahata.* Saber hacer ollas. *s'ahatarhaga.* Olla para traer agua. *vaicarha.* Hacerlas. *vaicarh'ta* [Olla] para tener agua. *aha sudagui toacarha.* Echar en [una] olla. *iita.* [Echar en una olla] para otro.

isida. Véase barro; lebrillo o albornia; lodo o tierra para hacer ollas etcétera.

Ollera. *ahatadama.*

Ombligo. *hicudi.* [La partícula] *di* no es radical. Así llaman [a] la cabeza de todas [las] frutas. Al pezoncillo. *vacsidgadi.* plural. *vapacsiga*[*di*].

Once. *bustamamagamai maco.* Once veces. *bustamamagamai humo.*

Ondas. Olas de agua. *mutonicada.* [La partícula] *mu* no es radical. Correr el río haciendo [ondas]. *totonicada murha.*

Ondear el río o [el] mar. *mututua. tutua* [significa] poner enhiestas unas cosas y por esta similitud *mututua* es casi encresparse el mar.

Ordenar. *tuhanu.*

Ordeñar. *vacuhu.* plural. *vacuhi* que también significa exprimir.

Orear algo. *huriga.* plural. *huburiga.* Véase tender alguna cosa, verbigracia manteles.

Orejas. *naca.* plural. *nanaca.* [Orejas] grandes. *tutubunanacama.* [Orejas] de mercader. *nanaca cucpa.* item. *nuoki nanaca tibica baibitu.* No hacer caso haciéndose [el] sordo.

Orejear sacudiendo las orejas. *nacagubu.* La tal acción. *nacagubiga.* Bestia que siempre menea las orejas. *nacagubicuma.*

Orgulloso. Ser orgulloso. *sohtoma. hipuidca.* El orgulloso. *sohtomacama.* item. *hipuit dacama.*

Oriente. *siari.* Hacia el [oriente]. *saribu.* Del oriente. *sairibui durhu.* El oriental. *siaribuy durhcama.*

Orilla de alguna cosa. *hukidigama. hukidaga coaba.* Orilla de mí. Junto a mí. *ni tibita.*

Orín del hierro. *sisivokiga.* Criarse. *sisivocu.*

Orina. *hihi.* La segunda *h* [se

pronuncia] con fuerza. La orina del zorrillo huele mal. *hupa hihidi si suama huba.*

Orinar. *iha.* item. *hiha.* Tener ganas [de orinar]. *s'hihamu.* plural. *s'hihacoho.* El que continuamente [orina]. *s'hihacuma.* Ir a orinar. *hihamurha.* Orinarse en alguna cosa. *hibig. hibica.* pretérito. *hibi.* Los gatos orinan todos los papeles. *misto vusi ohana hibica.* La cosa orinada. *hibiki.* La tal acción. *hibikiga.*

Ortigas. *vihurhi.*

Osado. Ser osado. *pima haitu agurhida. sivurh tuoti hipuitca.* [Un] hombre de verdadero corazón.

Ostia. Pescado. *cosca.*

Ostión. Pescado del mar. *cosca.*

Otate. *tot'cama.*

Otear la caza. *viahimu.* plural. *vipiahihimu.* Ir agachándose acechando la [caza] para matarla. item. Cuando en la guerra tienden alguna celada.

Otoño. Tiempo de [la] cosecha del maíz. *oriabadaga.* Ser tal tiempo. *oriabagu.* Véase *Arte de la lengua névome.* Gerundio terminado en *di.*[53]

Otro. *humai.* plural. *ay* [que significa] algunos y otros. Algunos indios irán a Movas, otros a Tecoripa. *ay huhumatcama movas buyt'io, ay upo tecoripa buy.* Otros han llegado. *ay t'igui dibi.* Otro género. *humapia.* Otro tanto. *hakia.* Otra vez. *hupu. hupama.*

Ovalo. *nubitca.*

Ovas o lama. *mamadorhaga.*

Ovillo. *cavorhca.* Hacerlo. *cavorhcada.*

P

Pacer el ganado. *vasocoa.* Cuando ramonea. *aagacoa.*

Pacificar a una persona enojada. *huputuda.* [Pacificar] para otro. *hupitudida.* También *hupida hupituda.*

Pacífico. *hamaducama.*

Padecer. *scocoma.* item. *s'oigamu-dodoada. scocoma uhu.* pretérito. *uhi.* Jesucristo padeció mucho por nosotros. *tistuo diga jesucristo tavusio mui scocomat uhi.* item. *t'igui dodoa.*

Padrastro. *octca.*

Padre. *ogga.* mama. *apapa.* El [término] *ogga* se junta con la nota de genitivo *di.* Su padre. *oggadi.* ha [se usa] para el plural. Sus padres. *ha ogga.*

Padrino de bautismo. *bacoanagarha oga.* item. *teopurha oga.*

Paga. *namucaida cugai. namucaidiga.*

Pagador. *namucaidadama. sinam-[ucaidadama].*

Pagar. *namucaida.* [Pagar] por otro. *namucaidida.* Pagar lo que se debe. *baibitki namucaida.*

Paila. *ohasia.*

Paja. *vaso* [que también es] zacate.

Pajarera. Ser pajarera una bestia. *totchimu.* item. *totcutuhimu.*

Pájaro. *ubiga.* plural. *vuviga.*[54]

Paje. *aridaca.* Este es mi paje. *ica vurh n'aridaca.*

Palabra. *nuoki.* [Palabra] grave, seria. *vuhocama nuoki.* Palabra deshonesta. *saiturhuma.* [Palabra] de burla. *sukigama.*

Paladar. *tunicoborbica.*

Palanca. *usi.* item. *vucinomi tui vuicarha.* item. *taiusinacarha.*

Palidez. *stoa sakiga.*

Pálido. Estar pálido. *stoasacu.* El [que está pálido]. *stoasaki.*

---

[53] Smith, *Arte,* p. 27.

[54] In a different handwriting is "los yécoras dicen *uugui.*"

Palillo de dientes. *sicuidacarha.*

Palma. *maagama.* Otra con espinas en las hojas. *humugui.* Otra [palma]. *moha.*[55] El cogollo de palma. *buhadi.* plural. *vupvadi.*

Palmada. *capaniga.*

Palmilla. *sutu maagama.*

Palmito. *arhitu maagama.*

Palmo. Medida. *maconovi.*

Palo. *usi.* plural. *vusi.* Dar [palos]. *uskikitiguguba.* [Dar palos] cuando se ablanda [un] cuero. *gubitpaga.* Palo para poner [una] carta. *vaosiba carha.* Punta de palo. *sacari usi.*

Paloma torcaz. *ococoi.* [Paloma] casera. *guiodaca.* Cuando el macho la arrulla. *stuodima.* Lo aplican diversamente.

Palomilla que sale del maíz. *totoniocuda.* plural. *totonicucuda.*

Palomito. *arituguiodaca.* Añaden *marhadi* [que significa] hijo de.

Palpar. Tocar. *tata. mabua.* Este último [*mabua*] es manosear y se construye con la preposición *aba.* Manoseé un palo. *maco usiaba t'igui mabua.* plural. *maupasa.*

Palpitación. *hipuidag'totkiga.* item. *hoiniga.*

Pámpano. *hiponiga.*

Pan. Véase bizcocho. [Pan] de piciete. *vivac tumaita.*

Panadería. *pantacarhami.*

Panadero. *pantadama.*

Panales. *mumuɲa.* La miel. *vapoigui.*[56]

Pandero para bailar. *aritugarha.*

Pantano. *dupiniga.*

Pantorrilla. *ucsa.* Tenerla. *ucsaga.* [Persona] de grandes [pantorrillas]. *gugurhtu ucsana.*

Panza. *vooca.* El de gran panza. *gug'voocama.*

Papagayo, perico. *tabirho.* plural. *taipirho.* [Papagayo] grande. *baro.*

Papel. *stoa oana.*

Papirote. *tubianiga.* La señal. *tubiainarhaga.* Dar papirotes. *tubiaiana. tubaina.* plural. *tubaisa.* Dar o voltear sobre la cabeza. *mohokiti cuabida mubita.* plural. *mohokiti cuabia mubupa.* item. *mohokiti daibimucu.* No quiero que des machetazos. *pim' antigui amumu amu mohokiti daibimukiorhida.*[57]

Para, está. Amenazando. *guia.* plural. *guia vorhama.* item. También son partículas [usadas] para captar [la] atención. item. ¡Espera! ¡Esperad! Para mí. *ni buy.* ¿Para qué? Preguntando. *astu?* También dicen *astukiti?* ¿A qué? Para siempre. *humosuri.* Para tí. *mui'buy.*

Parar algo así para otro. *cusida.* plural. *tutuida.* Parar el caballo. *cukida.*

Pararse. Ponerse de pie. *cuhca.* plural. *gucuhca.* Parar a alguno. *cukida.* Hacer parar. *cuhkituda.* Hacer que uno pare a otro. *cuhkidatuda.* Estar parada alguna cosa. *cuhca.* Si es inanimada dicen *tutu.* Hay aquí muchos sauces. *muy tuburi ia tutu.* Muchos árboles parados. *mui vusi tutacami.*

Pardal. Véase gorrión.

Parecer bien. *sapua masi.* La tal cosa. *sapua masima.* Parecer o semejarse. *bupoca.* Ojalá fueras semejante a tu padre. *dod'apiki mumama bupocana.*

---

55 In another handwriting is "los yécoras dicen *savolí.*"

56 In a different handwriting is "aquí llaman [a] la miel *saivoli.*"

57 "No sé lo que dice" appears in a different handwriting to the right of this entry.

Parecerse. Divisarse. *simasi.* Cuando está obscuro dicen *píma simasi.* Cuando [está] ya claro. *sapua simasi.* Cosa patente. *simasima.*

Pared de adobes. *bidobaki.*

Paredón del río. Véase río.

Parida. *marht'cama.*

Pariente. *hadunni.* ¿Cómo es éste tu pariente? *ica vurh saduburh m'haduni?* Tener parentesco. *hadunida.* ¡Oh, si fuéramos parientes! *dodaki hadunicana!* Ahora [me] he de emparentar contigo. *vutu m'hadunicu mucu an'igui.*

Parir. *marhta.* Estar de parto. *mamarhoagu.*

Párpados de los ojos. *vui uridaca.* plural. *vupui uridaca.*

Partir con un cuchillo. *ictu.* plural. *icumi acu.* [Partir] con la mano. *haina.* plural. *haisa.* [Partir con un] palo. *murina.* plural. *omina.* Partir haciendo pedazos. *icsana.* plural. *icasa.* [Partir] por [el] medio. *urha tapana.* plural. [*urha*] *tatsa.* Es mas apropiado. *macana.* item. *macarha.* plural. *macasa.*

Partir de algún lugar. *himu.* A la tarde partiremos todos juntos. *maiduso vusica vorha ant'io hihi.*

Partir [repartir] dividir entre muchos. *ay urhina.* plural. *aay urisa.* Partid [repartid] este maíz. *ica hunu apimugorh amu buy.* item. *amumukiti ay urina.* item. *aay urisa.*

Parto actual. *mamarhoaguiga.* Véase dolores de parto.

Pasar adelante. Ir guiando. *bupuham himu.* Preceder. *vaita himu.*[58] Pasar de claro en claro. *himaibua. suridugu. surivaibitu.* Como cuando se flecha pasando de parte a parte. Pasar de

largo por alguna parte. *baibitu humaibua suri himu.* Pasar de parte a parte. *Atravesar. humaibua.* Verbigracia, la flecha. Pasar el día en algo. *urhunida. stucaguida.* Pasar el sol. *taspa. tasa urhagakida.* La cosa pasada. *taspaga. kikida.* Pasar por alguna parte. *daibonu.* item. Escaparse. Pasarse de largo dos que se encuentran. *caiovina.*

Pasearse. *posa oimurhu.* plural. *posa oiopo.*

Paso a paso. *hihama. sivavagui.* Andar paso a paso para no ser sentido. *viahimu.* Pasar sosegadamente. Con tiento. *sivavagui.* Paso grueso. *himicugai.*

Pastor. *sasadama. tuguiguiadama.*

Pastorear. *sada.* Echar el ganado de alguna parte. *tuguiguia.*

Patituerto. *Ser zambo. nopitca.*

Pato. *vacaica.* Otro. *toadacama.* Otro. *baitituri.* Patos peruleros. *sudagui coconi.* Hacerse pato de pura agua, mojándose. *sipivinu.*

Patole. Jugar al patole. *maitucu.* item. *cocominida.* plural. *cocominidarha.* Las cañuelas. *utascarha.* Sobre el juego hay una máquina [serie] de vocablos que los podrá ver quien quisiere en el original que está en Onavas. Véalos en otra parte o déjelos. Véase cañuelas de piciete para chupar; ganar en el juego.

Pavesa. *turha.* Quitarla. [No aparece.] Candela. *turh'piga. turhagarhuba.* Criarla. *s'turhaga.*

Peca del rostro. *subsumiga.* [También significa] pecas.

Pecado. *pima scuga tuidiga. tatacorita.* Este es mi pecado carnal. *ica vurh ni tat'coriga.*

Pecador. *pima sapua gusudama.*

Pecar. *pima sapua gusudama* [significa] obrar mal. item. *tuida.*

---

[58] In another handwriting is *bupugum himu.*

Pecho. *vaso.* plural. *vapso.* Hombre de gran pecho. *gug'vasocama.* Pecho de mujer. *vipidi.* item. Las ubres de res ya desollada. La leche. *vipadi.*

Pechuga. *tagutdi. vasodi.* [La partícula] *di* no es radical. *scopigui.*

Pedazo. Hacer pedazos. Si [se refiere a] ropa. *banisana.* plural. [*bani*]*sasa.* item. Hacerse pedazos. *banisanu.* La cosa así [rota]. *banisani.*

Pedernal. *uru. urugamahuhu. hota.* Se puede llamar *tumunicarha* [que significa] instrumento para sacar chispas. Pedernal de flecha ya compuesto. *ucu.* La tal flecha. *huhu'carhtama.*

Pedigueño. *s'tutahnicuma.*

Pedir. *tahnu.* [Pedir] para otro. *tah'nida.* [Pedir] inoportunamente. *sitahnu.*

Pedo. *hui.* El tal puerco. *s'huacuma.*

Pedregal. *s'hohotarhaga.* item. *muihohogata.*

Peerse. *uha.* item. *hua. s'huamu.* plural. *s'huacoho.*

Pegadura. *hasiga.*

Pegar. *sispa.* La cosa pegada. *sispi.* Pegar la enfermedad. *tuhobaguida.* Me pegarás los nanavuates. *tuhomidaga ap't'io ni tuha bagui.* Pegar una cosa con otra. *hasa.* plural. *harhasa.* Cosa pegada. *haspi.*

Pegajosa. Cosa pegajosa. *s'harhama.* Serlo. *harhamaca.*

Peinar. *gasibua.* La tal cosa. *gasibuy.* Peinar por otro. *gasibuida.*

Peine. *gasibuicarha.*

Pelar. *vopona.* Cosa pelada. *sivoponi.*

Pelechar. *tudata. vopotu.*

Peligro. Estar alguna cosa en peligro. *s'higuibucu.* Cosa peligrosa, [una persona] muy enferma es *s'guihukima tuica.*

Peligroso. Ser peligroso. *s'higuihucama tuitca.* item. *hukimamasi.* Lugar peligroso. *s'higuihucamai.*

Pelo. *cuppa.* Pelo de los animales. *vopo.* item. *vello.* item. Las plumas pequeñas. item. Hombre velludo en sus partes genitales. *viapo.* Mujer velluda en sus partes genitales. *musipo.*

Pelota con que juegan las mujeres. *oria.* El palo. *vascori.*

Pelusa, el pelillo de la ropa. *vihonaguigadi.* Tenerla. *vihonagu.* Sacarla. *vihonaguida.*

Pellejo. *uridaca.* [Pellejo] blando. *hoki. vaidaca.*

Pellizcar. *hukiaina.* La cosa pellizcada. *hukiaini.* La señal. *hukiainiga.*

Pendenciar. *mudadagu.* De palabra. *munuokida.* Véase litigar.

Pendiente. *stupidi. stuadiga. hupidi himu.* Andar en puntillas. *stuadigahimu.* Verbigracia, en el aire.

Pensar. *urha. totoa aaga.* Tengo este pensamiento. *hap'an'igui urha.* Estar pensativo, verbigracia cabizbajo. *muguiatudaca.*

Peña. Peñasco. *baba.* plural. *baupa.* Si es laja. *ay sirodada guh hota.*

Peonía. *maimotcam.*[59]

Peor. No hay comparativo. Dicen este palo no es bueno, pero aquél es peor. *ica usi pima scugatu. posa hugai humus pcai.* También significa mejor.

Pepita. *cai.*

Pequeña. Cosa pequeña. *aritu. arhasi. sivihi. tupuri. tupurica adica victa.*

Percibir. *cahu.* [Percibir] por otro. *cahida.*

Perder. *hukibua.* plural. *hucsurhiga.* Perdí las llaves del Padre. *padre*

---

[59] This entry is in a handwriting different from that of most of the vocabulary entries.

llaves hacsuri an'ta. huki an'ta suri.
La tal cosa perdida. *hukigui.*

Perder el juicio. *norhoacu.*

Perder, desaparecerse. *hukigucsu.*
Perdido en el camino. *hukimurhcama.*
Perderse caminando. *hukimurha.*
plural. [*hukimurha*] *vopoho.* Hacer
que otro se pierda. *hukimurhituda.*

Perdíz. *ococoi.* Otra. *ohoi.*

Perdonar. *aagurhinida.* El más
común [es] *oannida* [que significa]
perdonar los pecados. Dios te perdonará
tus pecados. *tistuo diga dios pima
s'cuga mutuit diga m'oanida mucu.*
Perdón de pecados. *pima scuga tuitdiga
oanid'cugai.*

Perezoso. Ser flojo. *s'tuhota.* Véase
flojo.

Perfeccionar. *natoa.* plural. *nantoa.*
item. *duguvonu.* Ya acabamos. *vat'igui
duguvonu.* Dar complemento.
am'huguida.

Perfectamente. *suri. surimina.* Digo
lo mismo que tú. *surimina ma bupo
an'igui nuoku.* Me entendiste bien.
suri ap'ta ni cahu.

Perfumar. *cumurha.*

Perlesía. *nonovi. tatarha guiguibukiga.*

Permanecer. Dicen *pima huhuca*
[que es] no se acabará. Dios permanece
eterno. *dios humosuri daca.*

Permisión. *huhuga cugai.*

Permitir. *huhuga.*

Permutar. *savaida.* plural. *savpaida.*
item. *nuarhu.*

Pernil. *huma.*

Pero. *posa.*

Perpetuamente. *humosuri.*

Perro. *gocsi.* Véase carlear el perro.

Perseguir. *ada.* Tratar de alcanzar
[a un] fugitivo. *adahimu.*

Perseverar. Usan el adverbio *quia*
[que significa] todavía.

Persignarse. Usan *mucorstuda.*

Persona. *humatcama.*

Personalmente. [No aparece.] El
mismo. *huduri.* Yo en persona.
an'uduri. Tú mismo. *ap'huduri.*

Perspicaz con la vista. *sapua sinuhadama.* Que ve lejos. *mucat sinuhadama.*
Dios es de vista muy perspicaz; desde
el cielo ve todas nuestras obras. *tistuo
diga dios si sapua sinuhadama; dama
catum'ami vusi tituitdiga si sapua
nuhida.*

Persuadir. Se hace con [verbos] compulsivos. Si es amonestar. *tutuguida.*

Pertinacia. *urhabaspada.*

Pertinaz, incorregible. *urhabaspa
hipuidcama.*

Pertinazmente. *baspa.* Cosa inmoble.
urhabaspa. Está la tierra inmoble.
humosuri duburha urhabaspa catu.

Perturbarse. Dicen *hukibua.* Más
apropiado [es] *sparhumu.*

Pervertir. *hipuidagadi. ay norha-
guida.* item. *guituda.* item. *saidodoa.
saibua. ay gucsituda.* Pervertirse.
hipuidagadi ay norhacu. item. *ay gucsu.*
item. *saituidu.*

Pesada. Cosa pesada. *sivutu.* plural.
sivutuma.

Pesar en [una] balanza. *aga. astuda.*
Es medir.

Pesar. Tener pena. *s'oig'murhida.*

Pescado. *batoppa.*

Pescador con red. *vasivis'da.* Pescador
[que actualmente pesca] con red.
vasivadama. Pescador [que actualmente
pesca] con anzuelo. *vivis'da.* Pescador
con anzuelo. *viviadama.*

Pescar con anzuelo. *vivia.* Pescar
con red. *vasiva.*

Pescuezo. Garganta. *vaita.* item. [*vai*]*to.*

Pesquisar. *tuitca.*

Pestañas. *huhubo.* También [significa] cejas. Así llaman a los rayos del sol cuando salen entre las nubes. *tasa huhubu.*

Pestañear. *gavinu.* Pestañear el ojo. *gavinida.* La tal acción. *gaviniga.*

Petaca. *vasa.* plural. *vapsa.* Son como unos baulillos de palma. Véase chiquihuite en general.

Petate. *maina.* [Petate] de caña partida con los dientes. *quitsimaina.* Los petates en que guardan el maíz desgranado o en mazorca. *hunuaga.* Véase arrollar; dientes; empezar, tener principio algo; envolver alguna cosa; maíz.

Peyote. *ikoli.*[60]

Pez espada. *tumusima.* item. *tumusima batopa.* Véase descamar un pescado; matar.

Pez [resina] de pino. *hucu usapaca.* item. [*hucu usapa*]*ga.*

Pezón del pecho. *vipicuga.* [Pezón] de la fruta. *vac'sigadi.* [La partícula] *di* no es radical.

Pezuña. *hutudi.* [Pezuña] hendida. *tapanihutu.*

Piadoso. *soiguidadama.* Ser piadoso. *soiguida.*

Picante, verbigracia pimienta. *stoni.* Piciete fuerte. *soco.* Ser [picante]. *stonica.*

Picar. Punzar. *tuacana.* plural. *tuacasa.* La picadura. *tuacaniga.* Picar con espuelas. *tumaina.* plural. *tumaisa.* Picar para dar prisa. *otsa.* Cosa picuda. *usainidaga.* Picar un animal ponzoñoso. *usaina.* El aguijón. *usu.* Picar [cortar menudamente] como

picadillo. *sonibia.* [Picar (cortar menudamente) como picadillo] para otro. [*soni*]*bida.* La cosa picada. *sonibi.* Véase víbora.

Piciete. *vibbac.*[61]

Pico de [las] aves. Dicen *tunni* [que realmente significa la] boca. Picar las aves. *tupoina.* La picadura. *tupoiniga.* Ave que luego luego pica. *s'tupoinadaga.* [Ave] que siempre [pica]. *s'tupoinicuma.*

Picudo. *sinuokidaga.* Hablador. *sinuokima.*

Pie. *tarha.* Pie en el suelo, huella. *goki.* Dar patadas. *cuiaina.* plural. [*cui*]*aisa.* La señal que queda. *cuiainiga.* Quebrar con los pies. *cuisuna.* item. *surha.* Quebrarse así. *cuisunu.* La cosa [así quebrada]. *cuisuni.* Mas propiamente [debe usarse] *cumurinu.* Recalcarse [un] pie ó [una] mano. *vaimurinu.* La recalcadura. *vaimuriniga.* Recalcarle [un pie] a otro. *vaimurina.* Pie o mano desconcertados. *tobidanu.* Desconcertarlos. *tobidana.* Punta del pie. *tarhcuiga.* Véase puntapie.

Piedad, misericordia. *soi'guida cugai.*

Piedra. *hotta.* [Piedra] de yeso. *cavarha toadidacarha.* Piedra para la nariz. *raca vosa.* Picar piedra. *sonicana.* Quebrar piedra con piedra. *tabicoana.* Tirar pedradas. *mait'cubua.* plural. *maiaisa.* Dar con la piedra o lo que se tira. *vaha.* ¡Dale una pedrada! *vahini!*

Piel de [los] animales. *urhidaca.* También lo aplican a toda corteza de árbol.

Pierna. *caio.* plural. *cakio.*

Pilar. *tutonarhaga.*

Pimpollos. Renuevos. *hiponiga.* Los remates de los árboles. *cucuga.*

---

[60] This entry is in a handwriting different from that of most of the vocabulary.

[61] In a different handwriting is "leche."

Pinal. *hucututcami.*

Pincel. *oahacarha.*

Pino. *hucu.*

Pinole. *tuhi. tusi.* [También lo aplican a] todo lo molido.

Pintar. *ohana.* Cosa pintada. *ohani.* Pintar la fruta. Querer madurar. *oamariga* [que es madurar] el maíz. [Refiriéndose a] todas las frutas [dicen] *vamuga.* Plato pintado. Si [es con] manchas. *dudubuki prato.* Si [es] dibujado. *ohani* [*prato*].

Pinto, verbigracia toro, caballo etcétera. *s'dudubucu.* Lo pinto. *dudubikiga.*

Pintor. *ohanadama.*

Pintura. *oharhaga.*

Pinzas. *quisacarha.*

Piojo. *atu,* piojo de la cabeza. *ihapta* [es] piojo del vestido. Véase espulgar.

Piojoso. *s'aaturhcama.*

Pisar. *cuisa.* Así dicen al tapar el maíz en los hoyos. Ya enterrado y la tal señal. *cuispi.* La cosa pisada. *cuisi.* Pisar, apisonar la tierra. *cuitpaga.* [Pisar la tierra], haciendo lodo. *cuivina.* Pisar el zacate. *cuiorha.* Véase hollar.

Pita. *hoy.* Véase ixtle.

Pitahaya. *tutusi.* Los palos secos de pitahaya. *vapadaga.* Véase caña; garabato.

Pitañoso. *vip'caricuma.*

Pito. *cuisivinacarha.* Véase chiflar.

Placer. Tener placer. Estar contento. *sivaguima m'urida.* Tener placer de algo. *sukica. suptuta.* El primero [*sukica*] es entretenerse. El segundo [*suptuta* es] tener a bien.

Plana de albañil. Si es de hierro. *guainomi dapcadacarha.*

Planta del pie. Dicen *tarha urha.*

Plantar un árbol. *cusa.* plural. *tutua.*

Playa, costa del mar. *gug sudagui coaba.* item. *hukidaga.*

Plaza del pueblo. *ohasioda.*

Plegar alguna cosa. *nasa.* Lo plegado. *nanaspi.* La dobladura. *nasiga.*

Plumajes o copetes de algunas aves. *sisibota.*

Plumas grandes. *aana.* Las pequeñas [plumas]. *vopo.* [Las] plumas grandes de las alas. *aanadarhaga.*

Pluvia. *duki.*

Población. *oidaga.*

Poblador. *oidcama.* item. *quicama.*

Pobre. Ser pobre. *soiga.* Pobre de mi padre. *soigani mama.* Ser pobre, sin hacienda. *pima uniga. pima haitu astuidaga.* item. *urhaguida.*

Pocas veces. *pima muio* [que significa] no muchas [veces]. Una u otra vez. *huhumo.*

Poco. *aritu.* [Poco] en longitud. *tupuri.* [Poco] en cantidad. *pimasi.* Duele poco. *pimasiscoco.* Un poco. *parhpi.* Un poco más allá. *parhugamai.* Un poco cerca. *parh'pimia.* Poco a poco. *ihama scugudodoa. sivavagui.* Poco tiempo. Presto. *arhio. arhitupurico.* Poco trecho. *tupurhi. arhitupurhi.*

Pochote. *aupucama.*

Podar. *vusi mamarhapiga.*

Poder [hacer] alguna cosa. Se usa el verbo *masi.* Y los verbos cuyo significado impliquen acción. Poder escribir. *ohana masi.* Poder hablar. *sinuoki masi.* En la respuesta. Podremos, dicen *nacoga.* Verbigracia, ahora pudimos. *vat't'igui naco.* Y si no, no hemos podido. *vat't'igui pinaco.* Poder hacer muchas cosas. *mui haitu apuduni masi.* item. *tuitca.* Para decir Dios es omnipotente. *dios vusi haitu hapuducama.* El que todo lo hace.

Poderoso. *simui haitu unig'cama.*

astu'dcama. Ser hacendado. *simui haitu uniga.*

Podre. Materia. *vicaica.* Tenerla. *vicaita.* Podrirse algo. *duba.* La cosa podrida. *dubarhiga.* Ser difícil de podrirse. *dubastaga.* Podrirse la madera [o las] semillas. *tuispita.* Lo podrido, *tuispiga.* Criar moho. *conividi. conividaga.* Hinens [*sic*].

Polilla. Dicen *agari* [que son] gusanos que horadan el queso.

Polución. Tener polución. *via'vaica. viav'arhaba ihabua* [significa] semen generador. Ocasionar polución. *viavaicadi. varhagadi ihabuida.* item. *tuda.*

Polvo. *tutugosiga.* item. *duburha tutugosida.* item. *cupudaca.* Hacer polvo o haber polvo. *tutugota.* Levantar [polvo]. *tutugosida.* Regad aquí para que no levantéis polvo. *ia gorhatusida, copimu pima tutugo sidana.* Hay mucha polvo. *situtugota igui.* Irse levantando polvo. *tutugos'-himu.* Levantarse [el polvo]. *tutugosida.* El gran viento va levantando mucho polvo. Pegarse [el] polvo. *tutugosida abada.* Polvo de narices. Dicen *vibba tuhi.*

Poner. Situar. *tuca.* item. *toha.* Ponlo aquí. *iag tucani.* Ponlo en la mesa. *mes'a van't'igui tu.* item. *toha.* [Los] aplicativos [son] *tukida* [y] *tohida.* Poner aparte. *udurhico toha.* Poner derecho algo. Véase enderezar. Poner enhiesta alguna cosa. *suricusa.* pretérito. *cui.* plural. *tutua.* Poner en hilera. *sacari.* item. *comarha.* Parados en hilera. Poner [una] carta en [un] palo. *vaosita.* El palo. *ohana vaosicarha.* Poner dificultad. *sihaituda. siaiga.*

Ponzoña. *inatki.* Emponzoñar las flechas. *innata.* El árbol de tal veneno. *inatadama.*

Poquito a poquito. *arhihuma. sivavagui. scugudodoa.*

Por acullá. *ganu.* item. *ganudurhu.*

Por alguno. *butudurhu. ikiti.*

Por allí. *ana.*

Por aquí. *ina.*

¿Por dónde? *badurh? ubuidurhu?*

Por este tiempo. item. A estas horas. *hakida.*

Por esto. *hucadi. hukiti.* Por el contrario. No hay [vocablo].

Por medio. *urha.*

¿Por qué? *satuguiti? astukiti? sac?*

Por tanto, casi. *tum.* Verbigracia, por tanto caigo, casi caigo. *tum an't'igui gai.*

Por todas partes. *bucaspa. busconna. busco.*

¿Por ventura? *na? naburh? napi-murh?*

Porfiadamente. *urhabaspa.*

Porque. Dando razón. *coiva.*

Portal. *vahto.* A sus cocinillas [les] llaman *baupari.*

Poseer animales. *soiga.* plural. *sosoiga.* Tal poseedor. *soigcama.* Poseer cosas inanimadas. *uniga. astuidaga.* Tal poseedor. *unigcama. astuidcama.*

Posible. Cosa posible. *hapsidunima.* [Forma] verbal [terminada] en *ma.* Véase *Arte de la lengua névome.*[62]

Postrero. Ultimo. *oitudacama.*

Potros, encordios. *hupuadaga.* item. [También lo aplican a] otras inflamaciones.

Poza. *vabia.* plural. *vaipia.* Véase vatequio.

Pozo. *tucaba vavia.* plural. *tutcaba vacpia. vabia* llaman al género de pozo que hacen en las orillas de los ríos. Secarse un pozo. *humu.*

---

[62] Smith, *Arte,* p. 60.

Prado. *tuparhca vasorhaga.* Llanado fértil.

Preceder. *simuguhoga.*

Preceptos. Quebrantar los preceptos. *baibitu.* Siempre quebrantáis los preceptos de Dios. *humosuri apimu diosi tutuhanu cugai baibitu.* El que continuamente quebranta preceptos. *sibaibitucama.*

Precipicio. *scuabiga.* Si hay peñas acantiladas. *tumagui.* Estar resbaloso o rodadizo. *scuabigoa.* !Oh, si aquí no hubiera derrumbadero! *dodaki ia pima scuabigcuna!*

Precipitar a alguno. *hibarituda.* [De] *hibari* [que significa] rodar.

Predicador. *amogcama.* [Predicador] bueno. *siamoguidama.*

Predicar. Unicamente tienen *amoga.* Tlatolear [es] *amoguida.*

Preguntador. Impertinente. *s'tuitcacuma.*

Preguntar. *tuitca.* Preguntar por otro. *tuitkida.* Desear preguntar. *s'tuitcamu.*

Premiador. *namucaidadama.*

Premiar. *namucaida.* [Premiar] más de lo merecido. *baibitki namucaida.* [Premiar] menos de lo merecido. *buto hucama namucaida.*

Premio. *nam'ucaidiga.* item. *da cugai.*

Prender. *sispa.* La cosa prendida. *sispi.*

Preñada. *nonoadama.* item. [*nonoada*]*cama.* item. *nonorda.* Estar preñada. *nonoata.* item. [*nonoa*]*ca.* Aunque ordinariamente dicen *nonaigui* [que significa] está [preñada]. Estaba [preñada, dicen] *nonoacada.*

Preñez. *nonoa.* El preñado de madre. *madre nonoadi.* Causar preñez. *nonoida.* item. *nonoatuda.* Empreñarse. *doh'ta m'nonoida nonoatu.*

Preparar. *cugurhina.* plural. [*cugurhi*]*sa.* [Preparar] para otra. *cugurinida.*

Presencia, en presencia. *nunaspa.* Enfrente de mí. *ni nunaspa.*

Presentar. Dicen *maca* [que significa] dar.

Prestar. *ibiguida.* También [significa] hacer confianza. Confío en tí. *m'ibi guid'an'igui.* Tener prestada alguna cosa. *ibiga.* item. Como en depósito. *vanicoana* [significa] recibirla prestada. Recibí en depósito el sombrero. *vonam'an't'igui vanicoa.*

Presto. El que actúa con presteza. *aguima.* Y también [se usa] *sivaguima.* Se dice del que hace las cosas prestamente. También *sobtomacama.* *sivaguima hipuidcama. sobtoma hipuidcama.*

Presto, ligero en correr. *simuridaga.* plural. *sivopohidaga.*

Presumir. Ser soberbio. *saituduma.* *m'urhida. saitudumaga. muguhoga.*

Presumir, así lo juzgo. *aaga. urha. ogurhida.* El primero [*aaga*] se construye con [el] pronombre reflexivo. Así lo presumí. *hap'an'igui a'ag.*

Presuntuoso. Soberbio. *saitudama.* *m'urhidcama. saitudamacama.*

Presurosamente. Dicen *oi, oiva* [o] *sohtoma.* También dicen *oigani, sohtomagani* [y] *parhogani.* plural. *oigorha* etcétera.

Presuroso. *sohtomacama.* Ser [presuroso]. *sohtoma hipuitcama. sotomaga.*

Pretal. *vaiuca.* [Pretal] de cascabales [cencerros]. *samundama vavainomi vaiuca.*

Pretina. *guiburha.*

Primavera. *tutonica.* Ser [primavera]. *tutoniabaga.*

Primera vez. *tumatcu.*

Primeramente. *bupuga*. El que está primero. *bupug'cama*. item. *dacama*. El que bebe primero. *bupuga himudama*. *quia* es también primero. Primero dormiré. *quia an't'io cohi*.

Primogénito. *bupuga masima*. Nacer primero. *bupuga masi*.

Primos o primas. *tumadaga*. Hijos o hijas de hermanos mayores por parte de padre. *sisi*. plural. *sisiqui*. [Hijos o hijas de hermanos menores por parte de madre.] *siqui*. [plural. *siquiqui*.] Hijos o hijas de hermanos menores y por parte de padre y de madre. *sicuri*. item. *supiri*. plural. *suspiti*. [Lo cual se aplica también] a los hermanos.

Principio de alguna cosa. *sona*. Tener principio. *sonaga*. Darle. *sonatuda*. Dar principio. *tibicta*. Maine [*sic*]. *tibictani*. Empléase el pretérito.

Prisa. Tener prisa. *sohcoma*. *oiva*. Dar prisa. *otsa*. No me apresures. *pima ap't'io n'otsa*. A otro. *otsida*.

Privar del oficio. *vusaida*.

Privar del sentido. *stucaguida*. De *stucugu* [que significa] desmayarse. Habiéndome derribado la mula me privó del sentido. *mura ay ni buaca ni stucagui t'igui*.

Probar, experimentar. *tata*. Probar por otro. *tatida*.

Probar, verbigracia [un] vestido. *aaga*. [Probar] a otro. *aguida*.

Probar la comida. *duca*. ¿Has probado la comida? *n'ap'ta coadacaduca?* Ya la probé. *v'an't'igui duca*.

Procurar algo. *gaga*. [Procurar] para otro.

Profetizar, decir lo que va a venir. *coi apuduni amurhida*. *simatu aguida*.

Profundizar. Cavar. *tucuba cocoba*.

Prohibir. [Se forma] con verbos compulsivos y [una] negación. No me dejas hablar. *pima ni nuokituda*. Me prohibes ir. *pima ni himituda*.

Prohijar. Se puede decir *tuturhga*. Te tendré por hijo. *matuturhga mucu ani*.

Prolijo. Ser prolijo. *stohodamacama*. item. *mabuamada*. *dodoadama*. Cuando un chicuelo juega mucho con su madre dice *ica stohodama* [que significa] qué enfado!

Prometer. *aguida*.

Propia. Ser propia una cosa. Si es inanimada. *uniga*. Si es animada. *soiga*.

Proseguir el camino. *babitu*. No proseguiré ahora: [proseguiré] a la tarde. *pima butu maidur an't'io baibitu*. [Proseguir] lo comenzado. *cuinoguida*. Proseguir algo para otro.

Proveerse, regir el cuerpo. *vita*. También [significa] el excremento. Estar con ganas de regir. *s'vitamu*. Ensuciarse. *vitaviga*. Y así cuando un muchacho se ensucia en las faldas de su madre, verbigracia dicen *ariguri t'igui ni vitavi*. item. *ni vita viga mucu api* [que significa] me ensuciarás. Véase *Arte de la lengua névome* en la sección de la particula *mada*.[63] *cuinoguidida*.

Provisión. Hacer provisión para el camino. *vitugga*. Nuestro matalotaje se acaba. *vat'igui huhuca ti vituga*. Hacerle. *vitug'ta*. item. *vituda*. Hacer provisión para otro. *vitudida*. Haced provisión para los arrieros. *harrieros gorh viptuidida*.

Provocar. [Se hace] con [verbos] compulsivos. Verbigracia, *ohunutuda* [que significa provocar] a escribir. [Provocar] a vómito [es] *buhosituda*. Tener ansias por tal efecto. *bihosima*.

Puá con que se pican. *tuanacarha*.

Públicamente. *pima a'agui* [es] no a

---

63 Ibid., p. 48.

escondidas. Estoy hablando públicamente con ustedes. *si masco urha amu
buy an't'igui nuoku.*

Publicar algo. *buscaga haitu aguida.
cahituda.* item. *amurhituda.*

Pueblo. *oidaga.* Hacerlo. *oidagta.*
En mi pueblo. *n'oidagami.* Pueblo ya
despoblado o [una] casa caída. *oidagrha*
item. *guiarha.*

Puerca. Cosa puerca. *suama.* Estar
puerca. *suamaca.* También añadién-
doles *ma* a las cosas [significan] sucias.

Puerco espín. *tasicori.*

Pues. Ya pues. *an'unapi. bunapi.*
Aquél [pues]. *hug'unapi.* Así pues.
hap'unapi. ¿Pues? ¿Qué hemos de
hacer? Claro está. *asigui?*

Puesto, desembarazado. *s'duhagui.*

Pulpa de carne. *tucugadi.* Migajón
de pan. *tucugadi.*

Pulque. *nabaita.*

Pulseras. *sosopa.* Hacerlas. *sosopata.*

Pulso. *tatcu.* El latido. *totkiga.*

Punta de cualquier cosa. *cuhgadi.*
[La partícula] *di* no es radical. Cima,
cumbre de [un] monte. *doaki cugadi.*

Puntapie. Dar puntapies. *hutuaina.*
plural. *hutuaisa.*

Puntiaguda. Cosa puntiaguda.
simucama. Ser puntiaguda. *simuca.*

Puntualidad. Tener puntualidad.
buhocama' hapubua. item. *sur'inima.*

Punzar. *tuacana.* plural. [*tuaca*]*sa.*
Lo punzado. *tuacani.* Véase picar.

Punzón. *tuacanacarha.*

Purga. Usan una raíz. *tonitaca.*
La mata. *Tonitacama.* Purga del indio.
tonitacama.

Purgar. *vacubuida.* item. [*vaca*]*bui-
tuda.*

Pursilánime. *arihipuidcama.* Serlo.
arihipuidca.

Q

¿Qué es? ¿Qué cosa? *satvururh?
asiburh?* ¿Qué es aquello? *satuvurh
huca?*

¿Que hay? *satudi? cos'hasi?* El
primero [*satudi?* es] qué ha sucedido.
El segundo [*cos'hasi?* es] ¿pues? [o]
¿y bien?

¿Qué hay de nuevo? *astui?*

¿Qué mas? ¿Qué otra cosa? *astupu?*
No sé qué. *astusi.*

¿Qué importa? *asiba? apcad'asi?
asiptu?*

¿Que sucedió? *satui?* Nada.
pimastui.

Quebrada. *saguiga.* Quebradilla que
hace el agua. *visaniga.* Hacerlas el
agua. *visana.* Haberlas. *visanu.* La
tierra que las tiene. *duburha vipisaski.*

Quebrar. *murina.* plural. *omina.*
[Quebrar] a otro. *murinida.* La tal
cosa quebrada. *murini.* La quebradura.
muriniga. Quebrar no del todo.
baimurina. vaimurina. plural. *vavaio-
mina.* Quebrarse así. *vaimusinu.* La
cosa [hendida]. *vaimusini.* La hendidura. *vaimuriniga.* Quebrar algo
cayéndole encima. *maimurhina.*
Quebrarse [un] palo, [un] hierro
etcétera. *murinu.* plural. *ominu.*

Quedarse. *vihi.* plural. *vipihi.*
Quedarse yerto. *sgubuca.* Ir [quedán-
dose yerto]. *sgubucahimu.* Se iba
quedando yerto pero habiéndole
calentado, sanó. *sgubuca himucada
igui posa cucu haguidcat igui doarhu.*
Quedarse yerto, por algún espanto.
urha cuhki bua. El tal espanto.
urhacuhkibuiga.

Quedo. Estarse quedo. *dodorhima-
daca.* item. *dar'haca.*

Quejarse. *sasanu. cuisanu.* El primero
[*sasanu*] no [se usa] mucho, el segundo,
[*cuisanu*], sí. Y haciendo sufrir. Ser

sufrido [se dice]. *sasanustaga. cuisanustaga.*

Quejido. *sasaniga.*

Quejumbroso. *sasanidaga.* item. *cuma.* Sufrido. *sasanustagama.*

Quelites. *hibagui.* Nombre general. Véase hierba o zacate.

Quemar. *muhida.* La cosa quemada. *muhidaga.* Véase abrasar. Quemar algo. *muhida.* Hacer que se queme. *muhituda.* [Hacer] que lo queme otro. *muhidatuda.* Quemar el campo. *cusada.* También [es] *muhida.* Cuando se quema todo, dicen *buscapa mumuhihimu.* Lo quemado. *cusadiga.* Quemar con [un] hierro. *tuppa.* [Quemar] por otro. *tupida.* La señal. *tupiga.* Quebrar labrando. *muhida.* Las señales. *muhidiga.* Quemarle la raíz a un árbol para que caiga y no se queme. *cusan.* item. *cubana.* Quemarse así. *cubanu.* Lo quemado. *cubaniga.* Quemarle la raíz para que se queme todo. *cusana* [es más apropiado]. Quemarse. *muhu.* pretérito. *muhi.* Quemarse o pegarse cosa de comida al cogerle. *cusa.* plural. *cusapa.* Lo así quemado. *cusiga.* plural. *cuspiga.*

Querer. Cuando rige [el] infinitivo, verbigracia quiero ir, se forma con las partículas *muta* y *orida.* Véase *Arte de la lengua névome.*[64] Querer, consentir. *huhuga.* Querer otro. *huhuguida.* item. *saptua.* Querer, desear. [No aparece.] Deseo esto. Quiero este cuchillo. *tumusi an'igui aaga.* Quería piciete. *vibac an'igui aagtuda.*

¿Quién? Véase ¿cuál?

Quietarse, estarse quieto. *dodorimadaca.* ¡Oh, si os aquietases! *dodagui am'hihipuidaga darhaibuana!* item. *dod'apimu ki dodorima darhacana!* ¡Estáte quieto! *dodorimadani!* ¡Estáos quietos! *dodori mavorha!* Quietarse un

azorado. *hipuidaga daibua.* plural. [*hipudagua*] *daraibua,* [que propiamente significa] sosegar el corazón.

Quieto. *sidodorimacama.*

Quijadas. *tamaca.*

Quince. *vaico. utaspo.*

Quita sol. *ucta.* Véase sombra.

Quitar. *vopoida.* El que así quita. *sivopoidarhcama.* El que siempre [quita]. [*sivopoi*]*d'cuma.* Quitarse los nublados. *uricoana. uricoan'himu* [significa] ir arrasando. Cuando hay pocas nubes [dicen] *saituidu.*

Quizás. *aspi. aspumuri.* Cuando responden quizás sucediera dicen *nagasi.* Yo pregunto, ¿ya llegó al Padre? Respuesta. Quizás llegó. *nagat'si diviha.* ¿Mañana irás tú a Movas? Respuesta. Quizás iré yo allá. *nagan'si am'io hi.* Y los pronombres se interponen en las sílabas después de *naga* [y] *si.*

R

Rabadilla. *bahi* [se aplica a] aves y hombres. Principio del espinazo. *surhihodi disona.* La fracción que divide las dos asentaderos [es] *atabihoga.*

Rabear una bestia. *bahigubu.* La tal bestia. *bahigusudama.* item. *bahigu gubicuma.* El meneo de la cola. *bahigubiga.* Menear las ancas al andar. *atagubu.* El meneo. *atabuguiga.* Bestia rabona. *pimabahicama.* item. *babaicama.*

Rabo. *bahi.*

Racimo [de cualquier cosa]. *coparhanagui.* item. *guiat cubui.*

Raer. *hiba.* [Raer] para otro. *hibida.* Cosa *raida. hibi.* [Una cosa] ya [raída]. *hibiga.*

Raíz. *taca.* Tener raíces. *tacta.* Echar raíces. *tactu himu.* La palabra de Dios no ha echado raíces en unos corazones. *tistuodiga dios nuoki am'hi-*

---

[64] Ibid., pp. 41–42.

puidagami pima t'igui tacta. Raíces comestibles. Planta que echa raíces como camotes que [los indios] comen. *tasicori vopca.* Es buena [también] para teñir. Otra [raíz comestible]. *sibi.* Raíz de la escorzonera. *sarhina.* Raíz [de la] yerba del manso. *vabis.* Otra [raíz] buena. *muitcama.* Véase desarraigar.

Rajadura. *tapaniga.* La cosa [rajada]. *tapani.*

Rajar alguna cosa, verbigracia [un] palo. *tapana.* plural. *tatsa.* Rajar de arriba abajo. *masana.* Rajar [las] cañas con los dientes. *cuitana.*

Rajarse las manos de frío. *novi huva vinu.* La mano [rajada]. *novi huva vini.* La tal rajadura. *huba viniga.* Rajarse, o abrirse la tierra. *tapanu.*

Rala. Cosa rala, clara, verbigracia atole. *pima tucugama* que [significa] no tiene cuerpo. Del chocolate dicen *s'cahaniga* [y] añaden la partícula *ma* para decir [es] como agua.

Rallar. Usan *tubica.* La cosa [rallada]. *tubiki.* La acción. *tubikiga.*

Rallo. *tubicacarha.*

Rama de [un] árbol. *marha.* Echarlas. *mamarhata.* También significa ahijar [echar retoños] el trigo, maíz etcétera.

Ramada. *vato.* plural. *vapto.* Véase sombra.

Ramera. *nabamudaga norhoaki.* plural. *nabacohidaga.* También le llaman *himitki tupavi* [y] *muri saki.*

Ramillete de flores. *hubarhosiga. sisivorhcavuri.* Hacerlos. *huhugosigta.*

Rana. *vatasi.*

Rapacejos. *mampo.* Tenerlos. *mampoca.* Dejarlos. *mampotuda.*

Raposa. Un género de coyote. *suhitatari.* Tío del lobo. *casio.* plural. *cacsio.*

Rara. Cosa rara. *sisapua. sinuhi-*

darhaga. Raras veces. *pima muio.* Una u otra vez. *huhuma.* item. *sasagui.*

Ras con ras. *tupari.* Estar [ras con ras]. *tuparica. tupari suada.* plural. *tu'pari susuada.* Llenar así. *tupari suadaida.*

Rasar o raer lo que se mide. *tuparicada.* El palo rasero. *tuparidacarha.*

Rascar. *cusa.* plural. *cucsa.* No te rasques en mi presencia. *ni nunaspa pima mu cusa.* La señal. *cusiga.* A otro. *cusida.*

Rasgar. *banisana.* Rasgarse. *banisanu.* La cosa [rasgada]. *banisani.* La rasgadura. *banisaniga. sarhana upu.*

Rasguñar. *hucana.* Rasguñarse con espinas. *hibosani.* La señal. *hibosaniga.*

Raso. *sapua tonorho.* Esto es de día. Cuando [es] de noche. *sapua masi.*

Raso, llano. *tuparhca.*

Raspar, afeitar. *ica. hica.* Lo trasquilado. *hikiga.* Si con navaja. *cupapiga.* El vello [afeitado]. *vopopiga.* Raspar, verbigracia [un] palo. *hiba.* [Raspar un palo] por otro. *hibida.* La cosa [raspada]. *hibi.* La raspadura. *hibigadi.* [Raspar] las cañas. *hibona.* La tal raspadura. *ibisoniga.* Llenarlas con piciete. *oata.* Ya llena. *oatki.* El cabo que queda ya chupado. *dunicarha.* De *dunu* [que es] chupar. Raspar cueros. *ibuma.* item. *hibicoana.* El cuero [raspado]. *ibumi. hibicoani.* Lo que se roe o descarna. *ibumiga.*

Rastrear los perros, ventear. *hugoguida. hubadagaoida.* Perder el rastro. *goki.* item. *duki hukibua.* plural. [*duki*] *husuriga.* Un perro [que pierde el rastro]. *hubadagadi.* Rastrear. Volver el ganado a otro lado. *sovida.*

Rastro. *goki.* Dejarlos. *gokita.* Buscarlos si los hay. *dukiama.* [Buscar rastros] por otro. *dukiamuda.* Ir a buscarlos. *dukiama murha.* Ir muchos. *dukiama hopo.* Seguir el rastro. *dukita. gokioida. dukioida.*

Ratón. *nacaguiga.* [Ratón] del monte. *duki.* Otro. *hubatcama.*[65]

Rayar. *tukisana.* La raya. *tukisaniga.* La cosa rayada. *tukisani.* Rayar el rostro, pecho etcétera. *usurha.* Estarlo. *usurha.* Las rayas o señales. *usurhaga. usurhiga.*

Rayar el alba. *oanu. stohacuchca. stoacugacuhca. oanu* es propiamente esclarecer el día. Aquella claridad o blancura que hay hacia el norte. El reír el alba es *oaniga, stoakiga* [o] *stoacuga.* Rayar el sol. *coatudu.* También *coatsa.* El primero [*coatudu*] es propiamente asomar los rayos por entre las nubes. *tasa hubuibo.*

Rayo de luz, por [un] resquicio. Si [es] de sol. *tonoriga.* Si [es] de claridad. *simasi.* Si [es] de la luz de [la] candela. *candera vugui digadi.* La luz [de la candela]. *buguidaga.*

Rayo de nube. *tatanaki.* Cuando el raya mata. *vupuitki.* Si no mata. *tatanakimuha.* plural. [*tatanaki*]*cohoda.*

Razón. Tener razón. *sapua aagui.* item. *nuocu.*

Razonable, ni bueno, ni malo. *parhpi sapua s'cuggada. ihama sapua.*

Razonamiento. *nuoki.* Razonamiento breve. *tupuri nuoki.*

Razonar. *nuoku.* Razonar uno con otro. *nutuhida. munutaida.* [La partícula] *mu* es pronombre reflexivo. [Razonar] entre dos. *nutuhidiga.*

Reata torcida. *ihaumi.* [Reata] tejida. *hitpaga.*

Reatar. *reatakiti vurha.*

Rebozar. *mui habua.*

Rebuznador. *s'hinakidaga.*

Rebuznar. *hinacu.*

Rebuzno. *hinaki.*

Recabar algo. *huguguidatuda.* Hacer conceder. *buhoguridatuda.*

Recelarse. *s'higuihucu.*

Recelo. Tener recelo. *s'higui hucu.* item. *s'huguiarhu.* El primero [*s'higui hucu* se usa] cuando verbigracia [alguno] teme de su enfermedad. El segundo [*s'hugiarhu* se usa] cuando [alguno] tiene miedo.

Recibir al que viene. *namucu.*

Recio, duro, fuerte. *scabaca.* Habla recio. *siga nuoki.* Azota recio. *siga-guguba.* Grita recio. *sigorh hinakini.*

Recoger. *nahasiga. humapa aguida.*

Recordar, despertar. *nunu.* futuro. *nuni mucu.* [Despertar] a otro. *nuni-tuda.* Recordar entre sueños y volverse a dormir. *vuitanu.* item. *rhu.* [Recordar] a otro. *vuitana.* [Recordar] por otro. *vuitanida.*

Recrearse. *sukica.* También *titibi.*

Rechinar. *curhunu.* Hacerle *rechinar. curhunida.* El tal ruidillo. *curhuni-gadi.*

Rechino. *curhuniga.*

Red. *asqui.* A otras [redes les] llaman *guiho.*

Redentor. *dugovonidcama.* De verdad Jesucristo es nuestro Redentor. *pcai vurha tistuodiga Jesucristo ti duguvonidcama i'gui.*

Redimir. Usan *duguvonida,* [verbo] aplicativo [derivado] de *duguvonu* [que significa] librarse.

Redondear. [*nubit*]*piga.*

Redondo. Esférico. Como hostia. *sicorica.* Hacerla. *sicoricada.* [Redondo] como globo. *caborica.* Hacerlo. *caboricada.* item. *cabu.* Redondo, ovalado. *nubitca.* Hacerlo. *nubit*[*cada*].

Referir. *aguida.* Referir con las mismas palabras. *tutuda.*

Reflorecer. *huhita.* [Reflorecer] los árboles. *hiponi.*

Refregar. *daguivina.*

Refrenar. Aconsejar bien. *tutuguida.*

Refrescar alguna cosa. *hupida.*

Refrescar el tiempo. *hupi.* Ya no hace calor porque va refrescando el tiempo. *pima aba si stoni coivata hup' himu.*

Refunfuñador. Véase rezongón.

Refunfuñar. *sihai nuocu.*

Regar. *atusida.* [Regar] para otro. *atusidida.* Regar sembrados. *bagu.* plural. *bapuga.* [Regar sembrados] para otro. *baguida.* Regar el río las tierras. *dupinu.* La tierra [regada]. *dupini.*

Regañar. *baga.* El que todo lo regaña. *s'baga nuokima.* item. *sivagamuca.*

Reglar. Dicen *tukisasna.* La pauta o la regla. *tukisa sacarha.*

Regoldar. *astupa.* El regoldado. *astupiga.*

Reguera. *visaniga.* Hacerlas. *visanu.* Hacer reguera el agua. *visana.* plural. *vipisasa.* Tenerlas. *vipisaski.*

Rehenchir. *sapua huama sudaida.* item. *vaioma.*

Rehusar. Usan *asurida.* La mula [rehusa el freno]. *mura freno asurida.*

Reírse. *huhumu.* Reírse a carcajadas. *statanakima huhumu.* Reírse haciendo burla. *saasimu.* El [que continuamente se ríe]. *saasimimuca. saasimiga.* Reírse el alba. *stoacuhca.*

Relamerse. *muvinuma.*

Relámpago. *vupuitki.*

Relampaguear. *vupukitcu.*

Relatar. *aguida himu. nutuhida.*

Relinchar. *hinacu.* Cuando [se aplica a] las yeguas [se dice] *hinakida.*

El relincho. *hinaki.* Cuando ronca una bestia. *sorhocu.* El ronquido. *sorochi. sorhokiga.*

Reliquias, sobras de algo. *uthidagadi.* plural. *utpihidaga.* Lo que sobró de mi comida. *n'hukivihidaga.* Si son migajas [dicen] *mohoniga.* Si [son] pedazos [dicen] *haikiga.*

Relumbrar. *nanvacu. vadatcu.* El viso o reverberación. *nanabakiga.* Cosa relumbrante. *nanavakima.*

Remate, fin. *coaba. hukidigana. hukidaga.* Lugar en donde remata. *hucami.*

Remedar algo. *tutugorha.* El que bien [remeda]. *stutugogorhidaga.* item. *cuma.* El que continuamente [remeda]. *stugugoriga.* Véase imitar.

Remedio, medicina. *doarhidacarha.* [Plantas de las cuales obtienen] remedios para calenturas. *gugurh vihuri. muitcuma. caboricatama.* [Los indios] beben [el zumo de esta última planta] para [curarse] la calentura y [también] se untan con ella. *oriatudama* [es una planta que tiene] flores coloradas como ramilletes. Su raíz [es] buena para [curar] las llagas. *siguinacana.* item. *nanaca* [es una planta] que se encuentra en la sierra. [Tiene] hojas peludas [y es] buena para [curar] las llagas. [Se llama] la peludilla. *siva usi.* La corteza [de este árbol] es buena para matar gusanos. *tovasi.* Las hojas [de esta planta] curan el bazo. *tubasi.* [Es una planta que usan como remedio] para los que escupen mucha sangre. *tucubarhagama.* El zumo [de esta planta] es bueno para [el] mal de ojos. *vibbe dudux.*[66] [Es una planta] buena para [curar] los vómitos. Su raíz [es] excelente para este efecto. No tiene sabor alguno; ni dulce, ni amargo ni, agrio, ni salado. *gaspiki doadidacarha.*

---

[66] This entry is in a different handwriting from that of most of the vocabulary.

[Es una planta que usan] para curar a los niños que han mamado mala leche. Véase curar; raíz; restañar la sangre con el fuego.

Remendar. *dasida.* Coser mal. *utcorhaida.*

Remiendo. *dasidarhaga. dasidiga.*

Remojar. *vactu.* La cosa [remojada]. *vatki.* Remojar rociando. item. [Remojar] echando agua. *vaduhida. vahusida.* [Remojar] con rocío. *vausiga.*

Remolino. *sivoriki.* Remolino de aire. *sivorinu.* item. *sivoricu.* Cuando se lleva algo el aire [dicen] dahituda. Remolino de agua. *ohasiasiga.* Hacer remolinos el agua. *sicorimaahimu.* El río iba haciendo muchos grandes remolinos. *hakimuri mui sicori maa gugurh himucada.* item. *m'hohasiada.* Hacer borbollones el agua. *movata.* El [borbollón]. *movasiga.* Remolinear el ganado. *sicori hihimu.*

Remontarse. *siguidodaha.* plural. *siguidonunuhu.*

Rempujar. *nuiaina.* plural. [*nuiai*]*sa.*

Rempujón. *nuiainiga.*

Remunerado. *namucaid'cama.* Bien remunerado. *baibitki.*

Remunerar. *namucaida.*

Rencilloso. *stucuhidarchama.*

Rencor. Tener rencor. *scuhida.*

Renuevo. *hiponiga.* Renuevos. *hiponu.* Renuevo de árbol. *hiponiga.* Hacerlos. *hiponu.* Ir echándolos. *hipon'himu.*

Reñir. *cabanu.* Hablar riñendo. *baga nuoco.* Muy reñidor. *s'cabanicuma. sibagacuma.* Reñir dos [personas] de palabra. *mukuokida.* Reñir maltratándose. *mucocoda. mudadaga. mutuguigui ai.* Reñir los toros. *ma'gaisa.* [Reñir] los caballos. *mucocoda.* [Reñir los carneros. *mumohoaisa* [que significa] se topetean, derivado [de] *mohaina.*

Reparar. *stukitoa.* Advierte. Guía. Atiende. Advertid. Atended. *guivorhama.*

Repartir. *gargaha. ayurisa.*

Repecho. *urhadi.* [La partícula] *di* no es radical.

Reposar. Estar recostado. *voho.* plural. *vopo.* Ser reposado y juicioso. *humaduma. humadumaca.*

Reprender. Dicen *aguida.* item. *sur'aguida.*

Reprimirse. *bamustaga.* plural. *bacohistaga.*

Reprobar. *pima saptuta.*

Repudiar. Usan *dakitoa* [que significa] dejar. [También se puede decir] *bua.* plural. *suriga.* [Y] también se puede decir con [los] verbos [que significan] olvidar. *hukibua. hucsuriga.*

Repulgar. *coavida.* [Repulgar] para otro. *coavidida.* La cosa repulgada. *coavidi.*

Repulgo. *dapiniga.*

Resabio. Tener resabio. *nanacagusuda.* Si es arrancar [dicen] *mumurha.* Si es espantarse. *totc'himu.*

Resbalar. *cuitpanu.* [Resbalar] en [una] cosa mojada. *dapinu.* El [resbalón]. *dapiniga.*

Resbalón. *cuitpaniga.*

Rescatar. *nuarhu.*

Reservar. Guardar. *nucada.*

Resina. *usabagadi.*

Respetar. *hapurida. buhogurida.*

Respingar. Tirar reparos. *sipudada. m'atadada hituda.*

Respiración. Véase huelgo.

Respirar. *hibuhui.* La acción. *hibuhi.*

Responder. *huhuguida.* Responde! *huhuguidani!* También dicen *nuokini!*

Respuesta. *huhuguidaga.*

Resquebrajadura. *sapitca.* plural. *saspitca.* [Resquebrajadura] entre peñas. *baba sapitca.*

Resquicio de [una] ventana o [de una] puerta. *tapaniga.* plural. *tatpakiga.*

Restañar la sangre con fuego. *tupa.*

Restituir. No hay [vocablo]. *hupama maca.* Dar otra vez. Hurté un cuchillo, pero lo restituí otra vez. *tumusi an'ta usi posa hupama an't'igui ma.* item. *baibua.*

Resucitar. pasivo. *hupamadoa.* Vivir otra vez. También [se puede decir] *hibahibua.* Resucitar a otro. *hibuituda.* Resucitado. pasivo. *hibuihibuicama.* activo. *hibuhibuitudcama.* A todos se les añade el adverbio *hupama.*

Retazo. *vihidagadi.* item. *icsaniga.*

Retorcer lo hilado. *simuricada.* Estar [retorcido]. *simurica.*

Retozar. *titibi.*

Retozón. *titibicuma.*

Reventar, verbigracia [el] algodón en el capullo. También [se aplica a otras] cosas semejantes. *tatanacu.* Reventar, verbigracia un coastal lleno u olla. *sipuna.*

Reverberar. *nanavacu.*

Reverdecer, verbigracia el campo. *stug'doca. ibaguica.*

Reverenciar. *hapurida buhogurida.* Hacer [una] reverencia. Ellos. *mudumaricada.* Ellas. *mudupsida.* Haced [una] reverencia. A ellos. *mudumaricada vorha.* A ellas. *mudupsida vorha.*

Revivir. *hupumatoa.* item. *hibuibua.* plural. *hibuipuga.* Cuando uno vuelve de un gran paraxismo.

Revolcadero. *muvupacarha.*

Revolcarse. *mupuba.* plural. *mususuriga.*

Revolcarse, dar vuelcos cuando no se puede dormir. *hahiarha.*

Revolver, arrollar. *cavidcada.* Revolver, liar una manta, verbigracia en un palo. *vibiga.*

Revolver o menear. *hoanna.* [Revolver o menear] para otro. *hoanida.*

Rezar. *hakiarida.* Dicen *dios noqui aaga.* Avisa para que todos los muchachos recen en la iglesia. *aguidani cop' aariguguri vusi tistuodiga dios nuoki teop'urha aagana.*

Rezongón. *sihaidaga. sihaicuma.*

Rico. Véase hacendado.

Riendas. *guiarhaga.* Echar [las riendas]. *guiatuda.*

Riesgo. Correr el riesgo. *sihigui hucu. s'higui hukimatuitca.*

Rincón. *tuburida* que también significa esquina.

Riñón. *nacaguibucadi.* plural. *nana[caguibucadi].*

Río. *hakimuri.* [Río] hondo. *hakimura stuca.* [Río] no hondo. *hakimuri comarica.* [Río] crecido. *hakimuri guhmurha.* Río arriba. *hakimuri tai.* Río abajo. *hakimuri oiti.* item. *cuiddi.* Agotarse un río. *humu.* Balsear el río o pasarlo en balso. *bahto ababua.* plural. *baptaaba. suriga.* Bañar el río las tierras. *dupinu.* plural. *dupcu.* Consumirse el agua del río. *humu.* Correr el río con fuerza. *simurha.* Cuando así corre por estar la corriente cuesta abajo [dicen] *sacabacu.* Cuando hace muchas olas *totonicada.* Cuando hace remolinos *sicorhi mahimu.* item. *mo'hasia tahimu.* Cuando hace borbollones *momovata.* [A] las borbollones [les llaman] *momovasiga.* Crecer el río actualmente. *hakimura. gurh'himu.* item. *muihimu.* Ir creciendo. *gug'murha.* Estar crecido. *toscanu.* Es lo que decimos esta lleno. Estar soberbio. *toscan'himu.* Irse llenando. Irse hinchando. Cubrirse la tierra con [el agua] del río. *dapinu.* plural. *dup'cu.* Dejar el río [la] tierra

nueva usan *daibua*. item. *gucsu*.
Asentarse [la] tierra o caerse allí. Habiendo
crecido el río se asentó aquí o
cayó nueva tierra. *itaki murigug murha
vuturha duburha i'at'igui daibua*. item.
gui. De la otra banda del río.
humaacorha. Llevar el río alguna
cosa como en las crecientes. *vihoho*.
plural. *vipinoho*. Llevar raudal el río.
simurha. Si [es] muy pendiente la
corriente [dicen] *sasabacu*. La fuerza
con que corre. *sasabakiga*. Paredón del
río. *tumagui*. Cuidarse cuando pasa
la creciente. *tumainu*. plural. [*tumai*]*cu*.
Pasar el río a vado. *urhunu*. plural.
[*urhu*]*cu*. Pasar el río a nado. *aygucsu*.
Pasar el río en silla. *urhunida*. plural.
urhusida. Pasar algo en balsa. *aibua*.
[Pasar algo] en el palo. *usiaba*. [Pasar
algo] en canoa. *canoaba*. Ribera del
río. *hakimuri. hukidigana*. item. *coaba*.
[Estar] en ella. *hakiurha*. Río abajo
que no trae agua. *comarhica murha*.
Río hondo. *hakimuri*. Ayer estaba
[hondo] el río pero ya no lo está.
*taccabi'haquimuri huccada igui, vuto
aba pima stucu*. Río hondo [o lugar
hondo con] agua. *sudagui stuca*. No
podrás vadear porque está hondo. *pima
ap't'io urhu, coiva stuca igui*. Río
profundo [o] agua profunda. *stuca*.
Aquí está bajo el río, pero allí está
hondo. *hakimuri ia comarica; posa
ami sistuca*. Secarse [el] río, [la] fuente
etcétera. *humu*.

Risa. *huhumiga*. Risona, fisgona de
todo. *saasimiga*. A carcajadas. *tanakima
huhumiga*.

Risueño. *s'huhumidaga*. El [que
continuamente está riendo]. *s'huhumicuma*.

Robar. *vopoida*. Con violencia,
verbigracia arrebatando. *quidivida*.

Roble. [El] árbol. *buguida ori*. item.
vuguidama ori. item. *buguidama*.

Robusto. *guhonacama. gug'sabarca*

onacama. De grandes fuerzas. *s'huguhukimacama*.
Cosa rolliza. *guhsabarca*.

Rociar. *atusida*. [Rociar] con la
boca. *hupsuma*. La cosa [rociada].
atusidi. hupsimi. La rociadura.
atusidaga. hupsicmiga.

Rocío. *vausiga*. Mojarse con el
[rocío]. *vauta*. plural. *vaputa*.

Roca. *baba*.

Rodadero. *iharhicarhami*.

Rodar. *iharha. dapirhucu*. [Rodar]
con impulso. *iharhituda*.

Rodear. *gorisicorha*. Ir a rodear.
gorisicorha himu. Rodear o cercar.
vividimida. vidimida. Con círculos.
vivi'dimida. Véase cercar.

Rodela. Véase adarga.

Rodeo en el camino. *gori sicorha
vooga*.

Rodilla. *tona*.

Rodrigón. *sarh'ca*. Tener rodrigón.
sarhaina. plural. [*sarhai*]*sa*.

Roeduras. *quimoniga*.

Roer algo. [No aparece.] [Roer]
como los ratones. *quimona*. [Roer]
como los perros. *quisuma*. [Roer] como
las hormigas. *quitcu*. Cosa roída.
quimoni. quisumi. quitki.

Rogar, interceder. *vusiva nuoku*.
La Virgen ruega por nosotros en el
cielo. *santa maría dama catumami ta
vusiva nuoku*.

Roja. Cosa roja. *sivugui*. Teñir así.
vuguidida.

Romadizo. *somaiguiga*. Tenerle.
somaigu. Causarle. *somaiguituda*.

Romero silvestre. *ibidarha*.

Roncador. *s'torhokidaga*. Con
exceso. [*s'torho*]*kicuma*. [Roncarle] a
otro. *torhokida*. item. [*torho*]*sida*.

Roncar. *torhoca*.

Ronchas. *totposkiga*.

Ronquiedo. *torhokiga.*

Rosa, flor. *huhusigarh.* Nombre general. Doradilla. *vauchu hosigarh.* Corona de flores. *huhugosiga guicoa.*

Rostrituerto. Andar rostrituerto. *dudumarhu oimurhu.* plural. [*dudumarhu*] *oiopo.*

Rostro. *vuiosa.* plural. *vupuiosa.* Facciones del rostro. No hay [vocablo]. Dicen buen o mal rostro. El de buen rostro. *scug'tui vuiosacama.* El de mal [rostro]. *parh' vuiosacama.* Volver el rostro. *nunu.* Vuelve allí la cara. *am'g nuni.* ¿Qué miras? No miro nada sino que vuelvo allá el rostro. *s'a'itu nuhida? pima s'an'igui com'nuni.* Véase fea; ruga.

Rozadura. *tabikiga.*

Rozar. *tubica.* La cosa [rozada]. *tubiki.*

Ruga. [Arruga] del rostro. *sorhoniga.* item. *visaniga.*

Rugido. *doaimuguiga.*

Rugir el león o [el] tigre. Bramar. *doaimu.* item. *guicuda.*

Rugirse. Haber rumor. Véase decir, verbo intransitivo.

Ruido. *nacosiguiga.* El que lo causa. *sinacosicuma.* Hacer ruido. *nacosica.* item. [*nacosi*]*ga. samunu. tubuca.*

S

Sábana. Véase abrasar.

Saber. *simatu. amurhida.* El que sabe. *simatudama. amurhidcama.* [Saber] por otro. *matudida.* Dicen [también] *cahu.*

Sabiduría. *sidumudaga.*

Sabino. [El] árbol. *aspi.* Donde hay sabinos. *aspitu'cami.*

Sabio. *sidumuma. stumaduma.* Dios Nuestro Señor es sabio en todas las cosas. *tistuodiga dios vusi haitu sidumuma.*

Sabor. Véase agrio; amargor; dulzor.

Saborearse comiendo. *cacadida. capanita* es semejante [a la] acción que hacen lamiéndose los dedos.

Sabrosamente. *ihovima.* Cosa sabrosa *ihovi.* Serlo. *ihovica.*

Sacar. [No aparece.] Sacar afuera. *vusaida.* plural. *bubaida.* Sacar los ojos. *vui'piga.* Cría el cuervo y te sacará los ojos. *coconiga gurhida cap't'io mu vupuipiga.* Sacar [una] espina, clavo etcétera. *hupana.* plural. [*hupa*]*sa.* Salirse una espina. *hup'nu.* plural. [*hup'*]*cu.* La acción de sacar la espina. *hukivina.*

Saco. *uhasomi.*

Saco [saqueo]. Robo. *quidividiga.*

Sacudir. *saba.* La cosa [sacudida]. *sabi.* Véase cerner. Sacudir o menear. *guiguida. hoinida.* Caerse la fruta de madura. *igu.* La fruta caída. *iguiga.*

Sahornadura. *comisaniga.* Sahornarse una bestia. *comisanu.*

Sajadura. *gosiga.* El instrumento. *gatacarha.*

Sajar. *gosta.* Sajarse. *mugota.*

Salada. Cosa salada. *s'onacama.* Me hacéis comer cosas saladas. *haitu si s'honacuma n'hukitud'apimu.*

Salamanquesa. *cohotatarhi.*

Salar, verbigracia los tasajos. *honabada.* item. *mada.* La cosa [salada]. *honavadi.* También [se puede decir] *onamada.* Agregándole a *ona* [sal], la partícula *mada.* Véase *Arte de la lengua névome.*[67]

Salida. *vusaniga.* En la salida del río. *hakimurhi vapanog'ami.* Estar salido el ganado. *tuba.*

Salir afuera. *vusanu.* plural. *vuvacu.* Salir al encuentro. *namuc'himu,* de *namucu* [que significa] encontrar. Salir

---

[67] Smith, *Arte,* p. 48.

muchas cosas juntas. *buhanu*. Sacarlas. *buhanida*.

Salitre. *tuhi usi ona*. *duvurhonu*.

Saliva. *sisiga*.

Salobre. Cosa salobre. *sibu*. Serlo. *sibuca*. Tenerla por tal. *sibu urida*.

Salpicar. *sibana*. Lo [salpicado]. *sibaniga*. También significa lloviznar.

Saltar. *tuvduna*. plural. *tuvdacu*. El salto o distrito. *tuvdanicarhami*. La señal de los pies. *tuvdaniga*. El que [salta] bien. *tuvdandiga*. Si [salta] continuamente. *nicuma*.

Salud. Tener salud. Usan estar contento [que es] *sivaguima m'urida* [o] *sapua mutatu*.

Saludar a alguno. *gugusida*. El Padre te saluda desde allá. *pare amidurhu mugugusida igui*.

Salvar, redimir. *duguvonida*. Hacer ver a Dios. *dios nuhitatuda*. Dar el cielo. *dama catuma maca*. Llevar al cielo. *damacatuma bui vutu*.

Salvia, hierba. *scocomagui usi*. [Es una planta] medicinal.

Sanar, reverdecer, y también resucitar. *doarhu*. *doadida*. *tuhosanu*. Mejorar.

Sangrar. *tuacana*. plural. [*tuaca*]*sa*. El sangrar. *tuacanadama*. La señal [o herida]. *tuacaniga*. La lanceta [con que se hiere]. *tuacanacarha*.

Sangre. *uhurha*. Vomitar [sangre]. *uhurha vihota*. Salir sangre. *urha panu*. Desangrarse. [Salir sangre] por la boca. *huhurhadaibonu*. Tener flujo de sangre. *mui hurhura*. *vubacu* [significa] salir mucha sangre. Salir sangre podrida de cualquier parte. *hurhopinu*. plural. *hurhopacu*.

Sanguijuelas. *dupkivadi*.

Sano. Véase enfermo.

Santiguarse. Dicen *mu corstuda*.

Sapo. *babata*. item. *ba*.

Sapuche. *sabosi*.

Saquear a una ciudad. *quidivida*. Robar cuanto hay allí

Sarampión. *tuparhcadada*.

Sarna. *turhcadaga*.

Sarpullido. *ibucada*. Tenerlo. *dag'ta*. El que o tiene. *dagcama*.

Sastre. *nivita somadama*.

Satisfacer, dar razón. *sapua*. *surinima*. *buhocama aguida*.

Satisfecho. Estar satisfecho por haber comido. *sivunu*. item. *sapu'an'tasu*. Satisfacer a otro. *sivunida*. Obligar a ello. *sivunidatuda*.

Sauce. *tuburhi*. plural. *tutu*[*burhi*].

Sayo. *noivita*. [Sayo] de mujer. *ipurha*.

Sazonar. *bahida*. Sazonarse. *vahu*. pretérito. *vahi*. plural. *babuhu*. La cosa sazonada. *bahidaga*.

Sebo. *gui*. [Una] cosa llena de él. *guimagui*. item. *magui*.

Seca. Hinchazón. *hupuadaga*.

Seca Cosa seca. *gaki*. item. *ma*[*gaki*]. item. *kidiga*. Estar seco. *gacu*. Irse secando. *gac'himu*. Poner a secar. *gakidatuda*. También [significa] estar flaco.

Secreto. Tener [un] secreto. *pima aguida*. *pima masco urida*. plural. *urisa*. item. Dicen [también] *ustoa* [que significa] encubrir. [Una] cosa que pide secreto. *pima s'aguidama*. item. *mosco urida*. item. *sustoima*.

Sed. *tonomuguiga*. Tener sed. *tonomu*. plural. *tonocoho*. Causarla. *tonomutada*. Sufrirla. *tonomus'taga*. Véase beber.

Sediento. *tonomudaga*. item. *dama*. Así llaman al venado que al ir a beber lo matan.

Segar. No hay [vocablo]. Dicen *horha* [que significa] recoger el maíz.

Seguir. *ada*. ¡Síguele! *adani!* Seguir al que guía. *hoida*. También [significa] socorrer. Espera un poco y serás socorrido. *quiagani. co'm'm'hoidana.* Véase rastro.

Según. *ikiti*. Conforme a lo que dije. *ni nuoc'ikiti*. Se dice *bupo* [que significa] semejanza. Hablarás conforme yo hablo. *ni bupo ap'tio nuocu.*

Seguro. Estar seguro. *pima s'thigui-hukima tuitca*. item. *masi*.

Seis. *tutpo*.

Selva. *sahi*. Ser selva. *sahu*.

Sellar. *aga*.

Sello. *agacarha*.

Sembrado. *usi*.

Sembrar. *usa*. pretérito. *usi*. [Sembrar] para otro. *usida*. Hacer sembrar. *usatuda*. Sembrar en [un] hoyo. *caboricad'usa*. Sembrar esparciendo. *guiguida*. Es espolvorear. Nacer lo sembrado. *vusanu*. plural. *vusacu*. Ya ha nacido todo lo sembrado. *vat'igui vusi hunu vuba*. Resembrar por no [haber] nacido. *sosomida*. [Resembrar] por [otro]. *sosomtida*. Hoyo para sembrar. *caborica*. plural. *cacaborica*. Hacer hoyos para sembrar. *caboricada*. *caborituda*. Véase cavar; cultivar la tierra; desenterrar; deshierbar o tlaspanar; milpa; regar; semilla.

Semejantes. Ser semejantes. *mubupoca*. ¡Oh, si estos do arcos fueran semejantes! *dodaki. icamama goco gagto mu bupocama!*

Semen generador. *viavaica. viavarhaga.*

Semilla. *cai* [derivado] de *caita* [y] *caiba*. Este [*caita*] es granar el maíz. El otro [*caiba* significa granar] otras cosas. Semilla que se guarda para sembrar. *ustaki*. Apartarla. *ustuka*. [Apartarla] para otro. *ustukida*.

[Dañarse] las semillas por [el] gorgojo. *conividi*. La cosa [así dañada]. *convidiga*. Véase amarillear; brotar de las semillas; desgranar el maíz; grano.

Sentarse. *daha*. pretérito. *dahi*. item. *daibua*. plural. *darhaibua*. Estar sentados. El plural de *daha* [es] *darhaha*. Hacer que uno se siente. *dahituda*. El asiento. *dahicarha*. Así llaman a los cojinillos. Sentarse alguno. *dasa*. Para [el] plural usan *darhasa*.

Sentir, ejercitar el sentido del tacto. *tatu*. Sentir escozor. *stoni*. *pima s'coco posa stoni*. No duele, sino que escuece. Sentirse flojo, desmalazado [desmadejado]. *sparhumu mutatu*.

Señal. Véase marca.

Señal de herida. *taiapaga*.

Señalar. *aga*. El instrumento [de señalar]. *agacarha*. Véase marcar.

Señas. Hacer señas. *ganibua*. *mohodusida. huhbovamuda. ganibua* es hacerlas con la mano. *mohodusida* [es hacer señas] con la cabeza. El último [*huhbovamuda*] es arqueando las cejas.

Señor. *stuoti. stuodiga*. Este segundo [*stuodiga*] es uno que tiene domino. El primero [*stuoti*] es hombre principal.

Septentrión. *tuca*. De allá [es] *tucadurhu*. Véase norte.

Sepultar. Véase enterrar.

Sepultura. *isahacarhami*.

Sequedad. *gakidagadi*.

Ser. Soy. Eres. Fui. No tienen un vocablo preciso. A los nombres [y] adjetivos [les] añaden las partículas con que se forman los tiempos. Al pretérito [añaden] *da*. Al imperfecto [añaden] *cada*. El mejor modo es atender a los indios cuando hablan. Ser necesaria alguna cosa. *gagu*. Se añade la partícula *si*.

Serenar el tiempo. *uricoanna*.

Seriamente. *buho. buhocama. pcai. pcai'vurha.*

Serranía. *mui dodoaki.*

Serrano. *doaki amidurcama.*

Servir a alguno dicen *vusi voinu*[68] [que significa] ayudar.

Servirse de algo. *ibiguida.* [He de] servirme de este caballo porque su dueño no está aquí. *ica cabaio an't'io ibigui coiva soigcama pima ia daha.*

Sesenta. *vaico opa.* item. *obbac.*

Seso. Tener seso, juicio. *stukitoa.*

Sesos. *ovagadui.* También [significa] las médulas. *oopaga.* Cuando los guardan secos hechos unas tortas al fuego [les llaman] *obag'ta.*

Setenta. *gamui vustama.*

Seto. Cerca. *hunama.*

Sexo. Femenino. *mussi.* Hembra. *ubi.* Masculino. *via.* Varón. *tuoti.* [De esta manera] declaran los sexos.

Sí. Respondiendo. *huhu. astupu. assai. nucs'huhu* es sí a [una] pregunta afirmativa. *astupu'assai* es sí a [una] pregunta negativa. [Y] equivale a digo que sí.

Siempre. *humosuri. cuinuoki.*

Sienes. *comarhicudaga.*

Sierra, monte. *doaki.*

Sierra para aserrar. *ikiti carha.* También [se puede decir] *icti carha.*

Siervo. Criado. *aridaca.*

Siete. *huhacama.*

Silbar. *guicuda.* [Silbarle] a otro. *[guicu]dida.*

Silla. *sira.*

Simple. *pima stukitoa.*

Simpleza. [*pima stuki*]*toiga.*

Sin comparación. *numupscai.*

Sin orden. Véase orden. [No aparece en este vocabulario.] *hopadi.*

Sin pensar. *pima hapaagtu.*

Sin qué ni para qué. Sin más, ni más. *sam'uridtu. sumurhida.* Significa también estar hecho un tonto.

Sin término. *pima huhucsa.* No se había de acabar. *pima io huhuca.* item. *mucut hucama* [que significa] hasta lejos. Estoy corrido, avergonzado sin término. *mucat hucama saiurhan'igui.*

Sobaco. *uctu.*

Sobar. *daguivina.* item. *daguina.*

Soberbio. Ser soberbio. *saitudumaca. saitudum'amurida.* item. *gusuda.* El [soberbio]. *saitudumacama.* Nota. Estos dos *siguhopa* [y] *udurimugututa* significan engreírse, tenerse por más. Véase ensoberbecerse; presunptuoso.

Sobra. *vihidagadi.* plural. *viphidagadi.*

Sobrar. *vihi.*

Sobre. preposición. *damana.* Sobre todas las cosas. *vusi haitu baibitki.* Sobre manera. *humupscai.*

Sobrepujar. *baibitki.* También [significa] traspasar, no obedecer [y] preferirse.

Sobresalir. *simuguhoga.*

Sobresaltarse. *m'urha. cuh'kibua.* Este significa también tener algún accidente repentino.

Sobrina o sobrino. Hijos de la hermana mayor. *maicuri.* [Hijos] de la hermana menor. *marha.* Con los mismos nombres llaman a los primos y a los sobrinos. Notando que se ha de atender no a la mayoría en la nacer, sino a la de los padres. A los sobrinos segundos los llaman con nombres de nietos. El tal sobrino por vía de varones. *bosimarha.* Por vía de hembra [dicen] *bamarha.* Se aplica igualmente a las

---

[68] In a different handwriting is "ayúdame [que es] *ni ni hogui de nini.*"

sobrinas. Nótese que a los sobrinos terceros, esto es a los biznietos es lo mismo. *bisarha.* Hijos del hermano mayor. *aquimarha.* [Hijos] del hermano menor. *tuturhu.*

Socavar. *vacoata.* plural. *vap[coata].*

Socorrer. *s'oiguida.*

Sodomita [homosexual]. *ubi coarha. s'hubima.* Este último [*s'hubima*] es un hombre que anda sirviendo deshonestamente como si fuera una mujer y tiene su marido como si fuera del sexo femenino. Usábanlo cuando eran gentiles. El que sucumbe. *ubicoarha.* Serlo. *ubicoarhaga.* Andar así como mujer. *s'hubimaca. ipicuna. ipicarha.* item. plural. [*ipicarha*]*sa.* Hacer acciones carnales por la parte del cuerpo conocida para este efecto. *ipica* [es] extraer la cabeza del miembro viril.

Sol. *tasa.* Eclipsarse. *tasamucu.* Ponerse el sol. *tasavusu.* item. *urhunu* [es] anochecer. Resplandecer el sol. *tonorho.* El resplandor [del sol]. *tonoriga.* Reverberar el sol cuando hace mucho calor levantando llamas. *nunuvidigu.* Las llamas. *nunuvidiguiga.* Salir el sol. *tasatusadu.* Apuntar a salir. *coatuda.* Secar al sol. *taspagakida.* Secarse así. *taspagacu.* La cosa así seca. *taspagakidiga.* Véase alumbrar o resplandecer; cerco de luna; declinar el sol; lucir, alumbrar el sol; luz.

Solamente. *hapiaba.*

Soldado. *kida himudama.*

Soler, acostumbrar. *hap'gusuda.*

Solicitar. Si es buscando. *gaga.* [Solicitar] para otro. *gakida.* Solicitar a alguien para pecar. *tatacori kiti tataguida.* item. *nutuhida.* El primero [*tatacori kiti tatuguida*] es tlatolear. El segundo [*nutuhida*] es adular.

Soliviar algo. Dicen *taibutu* [en singular y] *taihuhu* [en plural]. También [se puede decir] *vamiguida.* plural. *vapami*[*guida*].

Solo. *uduri.* Yo solo, yo mismo. *an'uduri.*

Soltar, dejar. *dakitoa.* [Soltar o dejar] para otro. *dakitoida.* Déjamelo. *ni dakitoidani.* No quiero [soltarlo]. *pima an'igui dakitoidamua.*

Soltera. *pima cunacama.*

Soltero. *pima honnigcama.*

Sollozar. *sombucu.* El que [solloza]. El que [solloza]. *sombukidaga.* [El que] continuamente [solloza]. [*sombu*]*kicuma.*

Sollozo. *sombukiga.*

Sombra. *hucada.* Hacer [sombra]. *hucadag'ta.* Sombras que hacen con [las] ramas. *ucsa.* Hacer la tal sombra. *ucta.* item. *ucsta. hucaturida.* Poner un petate para hacer sombra. *cuisida.*

Sombrero. *vonama.* plural. *voponama.* Tenerlo. *vonamaga.* Véase guacamayo.

Sonar. Hacer son en el tambor para bailar. *tugurha.* Azotar el tambor. *guguba.* Si es con palos [se puede decir] *hiba.* [Azotar el tambor] para otro. *hibida.* Haber sonido como de llaves etcétera. *samunu.* [Haber sonido] de jumates. *sabu.* Sonar los dedos, crujirlos. *cobonu.* item. Dar estallido. Sonarse las narices. *musobua.*

Sonora. Ser sonora una cosa. *s'cahidaga.* La cosa [sonora]. *s'cahidama.*

Sonreírse. *huhumu.*

Soñador. *s'tuki daga.* [El que] continuamente [sueña]. [*s'tuki daga*] *cuma.*

Soñar. *tutcu.*

Soñoliento, que se quiere dormir. *sco'sima.*

Soplar. *bustana. busiota.*

Sorber. *hoboga.*

Sorbo. *hoboguiga.*

Sordo. *nac'pi.* Ser sordo. *nac'pita.*

item. *pimatu cahidadama*. Mejor es *cahidaga* [que significa] el que no oye.[69]

Sosiego. No tener sosiego. *pima dodorhicamadaca*. plural. *darhaca*. El que está así siempre. *pima dodorhimacama*. item. *dacama*.

Soslayo. Véase al soslayo.

Sospecha. *usiguiga. ababuactiga*.

Sospechar. *usiga*. Constrúyese así *m'aba usig'am'igui*. Sospecho y barrunto de tí. *pare n'aba usiga*. Sospecha y barrunta el Padre de mí o sobre mí.

Sospechoso. *usiga masima*.

Sostener. Véase sustentar.

Subida. *tusadiga*. La subida de este monte es muy empinada. *ica doaki tusadiga si tai*.

Subir de lo bajo. *tusadu*. item. *tutudu*. ¡Sube acá! *ay tusadani!* ¡Subid! *ay gorh tutsadi!* item. *tusada vorha!* El instrumento de subir. *tusadicarha*.

Súbitamente. *sampa*.

Suceder, verbigracia ¿qué sucedió? Lo explican así. ¿Qué sucede? *has tuica?* [Nada sucede.] *pima tuica*.

Sucesivamente. Llegar sucesivamente. *daiba*.

Suciamente. Véase sucio.

Sucio. Mugriento. *sivaguidi*. Estarlo. *sivaguidca*. El sucio. *sivaguidcama*. item. *cuma*. Cosa sucia. *suama tuitcama*. item. *masima*. Se aplica también a cosas deshonestas. *suama* es suciamente. Hablar porquerías. *suama nuocu*. item. *sahum'aguima*. [No] estar limpio. *samagui. vaguidida* es ensuciar.

Sudadero. *vacsi*.

Sudar. *vahurhu*. Hacer sudar. *vahurhituda*. El que [suda]. *vahurhidaga*.

[El que suda] mucho. *sivahuricuma*. Sudar los árboles. *usabata*.

Sudor. *sivahurhudaga*. Dar sudores. *vihurituda*. plural. *vap'urutuda*.

Suegra. Por parte del marido. *tutumu*. Por parte de la esposa. *marhca*.

Suegro. Por parte del marido. *tuturhuba*. Por parte de la esposa. *marhabosi*. item. *marhovaosi*.

Suelas. *hihimicarha* [que significa] instrumento de andar.

Suelto, ligero, corredor. *simurhidaga*. plural. *sivopoidaga*. De las aves [dicen] *sidahidaga*. plural. *sinuhidaga*. [Estos vocablos se derivan] de *daha* y *nunuhu* [que significan] volar.

Sueño. *tutki*. Tus sueños no son para creerse. *mututki pima sibuhogurhida tuitca*.

Suficiente. Haber suficiente. *sapua igui*. Hay harto.

Sufrir, esforzarse. *mugugurida. urhasta. suidida. mabunicadida*. Ser sufrido. *abunicama* [se compone] de *abunica* [que significa] alentarse.

Sumisión. Hacer sumisión. Ellos. *mudumaricada*. Ellas. *mudupsida*.

Suspirar. *hihuibibua*.

Suspiro. *hihuibui*.

Sustentar. Verbigracia, un pilar. *tutonu*. La cosa apuntalada. *tutonidi*. item. *nispi*. Sustentar así. *tutonida*. Así dicen cuando uno al caer se ase de otro. Iba a caer [y] por haberme asido o detenido en tí no caí. *guc'sihimucad an'igui, posa m'abani tutonidca; pim'an't'igui ni tutoni*.

Sustento. Comida. *huguia cuga. coadaga*. Dar de comer. *coadaga maca*. Dios continuamente nos sustenta. *tustuodiga dios humosuri coadaga ti maca*.

Suyo, verbigracia hacienda suya. Usan del pronombre *mu* y añaden *udurhi.* Verbigracia, *udurhi m'uniga* [que significa] su hacienda o hacienda suya. Véase *Arte de la lengua névome.*[70]

T

Tabaco. *vibba.* Llenar las cañuelas de piciete. *othata.* Cigarro. *othaki.* Lo que mezclan y se cría en las encías. *ihori.*[71] Véase cañuelas de piciete para chupar; cigarro; chupador; chupar como cuando a uno le sale la sangre y la chupa; pan.

Tábano. *vacomotodama.* Moscas que pican a las bestias.

Tabla. Dicen *comarha usi.* item. *comarhca.* Con las que juegan. *utascarha.* Nombre de sus cañuelas.

Tablaje o casa de juego. *maitu'kicarhami. cocominicarhami.*

Tahur. *maitukicuma.* item. *scoco.*

Tajada. *icsaniga.*

Tajar o cortar. *icsana.* plural. [*ic*]*sasa.*

Tal, verbigracia, como éste. *ica vupo.* Como aquél. *hui bupo.*

Tal tiempo, como éste o tal hora, como ésta. *hakida.* Antiguamente, por este tiempo vine de México. *hukihuba hakida mexico amidurhu an'ta diviha.* Ayer a esta hora. *taco hakida.*

Taladrar. *mocana. mocarha.* plural. *mocasa.* La cosa [taladrada]. *mocani.* La hendedura. *mocaniga.* Estar taladrado. *mocanu.*

Tálamo. *vohicarha.*

Talar, destruír. *sacdodoa. saibua.*

Talco. *taiba.*

Talón. *tuma.*

Tallo. *bupaidaga.* item. *niga.* Echar tallo. *bupanu.* Cortar el tallo. *udubuana.* El mezcal así capado. *nonocama udubuani.* El tal tallo. *udubuaniga.*

Tamaño. *ica hasi. ica hasitu.*

También. *upu.* Es [una] conjunción copulativa.

Tambor. *tugurha.* Véase sonar.

Tampoco. Usan también la negación *pima.* Tu padre no va conmigo, tú tampoco has de ir conmigo. *mu mama pima ni bumatu himu, api upu pima ni bumatu io hi.*

Tan presto, verbigracia ¿tan presto veniste? Se explican. *hap'oi hapoiva?* ¿Tan presto has llegado? *hap'oi ap'a divia?*

Tanto como esto. *icahasitu. icahasi.* Si es maíz dicen *ica hakia.*

Tanto tiempo, tiempo largo. *hasio. hasiotu.* Tanto tiempo estuve entre vosotros y no me conocisteis. *hasio an'igui amu bumatu daca capimu ta pima si ni matu.*

Tanto trecho. *asco.* Como hasta Movas. *movas asco.* No es tan cerca, es de trecho mi parte. *pos'asco naduni.*

Tantos, enclareciendo. Tantos indios han llegado. *hakio.* Tantos como éstos. *icama hakia.* [Tantos] como aquéllos. *hugama.*

Tantos, para tantear. *omina.*

Tañer [un] instrumento. *iba.* El que toca. *hibadama.* [Tocar] bien. *s'hibadaga.*

Tapadera. *hinacarha.*

Tapar. Si es con algún paño. *hina.* [Tapar] para otro. *hinida.* La cosa [tapada]. *hini.* Si por largo tiempo. *hinispi.* Y [también] dicen *quiahinispi.* Tapar con tapa como a [una] petaca. *cupa.* La cosa [tapada]. *cuppi.* La tapadera. *cupacarha.* Tapar con copal o cera. *usabidi.* La tal tapadura. *usabidaga.*

---

[70] Smith, *Arte*, p. 13.

[71] In another handwriting is "*ioli* es el tosi."

Tapestle. *guitui.* Hacerle. *guituita.*[72]
Véase matar; mesa.

Tapete, tapices y cosas semejantes.
ohanituturhoma. Las pinturas.
ohanarhaga.

Tarais. [El] árbol. *cocomagui tuburi.*

Taraja. *scocomagui tuburi.*

Tarántula, araña grande peluda.
hoaca.

Tardar. No hacer las cosas presto.
[No aparece.]

Tardo, espacioso. *ihamacama.*

Tartamudo. *pima hapu nuocudama.*
Ser tartamudo. *pima hapu nuoc.*
El tartamudo. *pima hapu nuocudama.*
Véase enmudecer.

Tasajo [de calabaza]. *soicpigui.* Hacer
tasajos de calabaza. *ictuburhida.*
Tasajo [de carne]. *ictuburhi.*

Tataranietos. Los tataranietos [se
designan] con el nombre de hermanos
mayores. El tatarabuelo llama al
tataranieto *sisi* y el tataranieta [llama]
al tatarabuelo *sicuri.*

Tavachín. *ikimuli dudux. ikimuli*
significa bailarín.[73]

Taza. Instrumento de beber. *hihi
carha.*

Tecomate. *vaco.* plural. *vapco.*

Techar. *ihasa. kirhasa.*

Techo. *ihasacarhagadi.*

Tedio. Tener tedio. Si es por la
comida. *s'hubaida.* Si es por otras
cosas. *asurhida.*

Tejedora. *icustadama.* La buena
[tejedora]. [*icustadama*] *cuma.*

Tejer. [No aparece.] [Tejer] algodón.
icusta. [Tejer] otra cosa. *turhomata.*
[Tejer] con flores. *sohoi'custa.* Si [con]

pocas [flores]. *dasidu icusta.* Coger los
hilos cuando van tejiendo y con
[ilegible]. *tutuhuhu.* Véase hebra para
coser; hilandera; hilar; hilván; hilvanar; lizo para tejer madeja de hilado.

Trejón. *vavoca. matpari.*

Tela. Estar [una] tela muy tupida.
siturhomisi. Muy clara. *tonorhodoma.*
askiturhoma. Tela de araña. *tocogui
odaga.*

Temblar. *guiguibucu.* [Temblar] de
frío. *supkiti guiguibucu.* [Temblar]
de miedo. *sidoatctu* [*buiguibucu*]. El
que tiembla. *siguiguibukidaga.* Temblar
la tierra. *duburha hoinu.* Hacerle
temblar. *duburha hoinida.* item.
hoinituda. El aire dentro de la tierra
porque quiere salir fuera, causa el
temblor de tierra. *uburi duburha urha
catuma ai vusani muctu duburha.
oinida.* item. *nituda.*

Temblor. *guigui bukiga.* Temblor
de tierra. *duburha oinida.*

Temer. Cosa temerosa. Que causa
temor. *stupudama masima.* item.
tuicama. Véase miedo.

Tempestad grande. *statana kimaduki.*
Haberla. [*statana kima*] *ducu.*

Templadamente. *ita.* Habla templadamente. *pimasig'nuoki.* No habla
demasiado.

Temprano. Ser temprano. *buhimuga.*
Todavía es temprano. *quia buhimuga.*

Tenazas. *quisarhaga.* Del verbo
quisa [que es] cober con ellas.

Tender alguna cosa, verbigracia
manteles. *tecca vactu.* Cosa tendida.
vactui. [Tender] alguna tela. *guitca.*
Ella. *guitki.* Tender al sol para que
se seque. *uriga.* La cosa tendida.
urigui.

Tenderse, recostarse. *voho.* plural.
vovo.

Tentar, probar. *aga. tata.*

---

[72] In a different handwriting is *guitgui.*

[73] This entire entry is in a handwriting
different from that of most of the manuscript.

Teñir alguna cosa. *masida*. Teñir [de] negro. *tucudida*. [Teñir de] colorado. *vuguidida*. [Teñir de] amarillo. *oamadida*. [Teñir de] azul. *studoguidida*. Véase tinta para teñir.

Tepeguaje. *masaba*.

Tequesquite. *duburhona*.

Tercero en orden. *goco oiti*.

Terciar, mediar. *nuocuda*. *nuoguikiti sovida*.

Tercio. *sividini*.

Ternilla. *soscodaga*.

Terrado. Véase ala de ave.

Terrón. *duburha hainiga*. item. *mohaniga*.

Tetas. *vipi*. Y también [se aplica a las tetas] de los animales. Persona de grandes tetas. *sivipicuma*.

Tía. Hermana mayor del padre. *apapa occi*. Hermana menor [del padre]. *boboita*. Hermana mayor de [la] madre. *gug'dada*. item. *guhdada*. Hermana menor [de la madre]. *guicsa*. Otros [dicen] *disca*. Con los mismos. nombres llaman a las tías, primas hermanas de padres o madres como se dijo anteriormente.

Tiempo. Ser tiempo de algo. Véase *Arte de la lengua névome* [en la sección] de [los] gerundios.[74] *abaga*. Tiempo breve. *ario*. *ariocada*. *ariocaad'hubana*. *usad'hubana*. *oihubana*. Tiempo largo. *gupio*. item. *tuburhuma*.

Tienda. Donde se vende. *mui haitu nuarhucarhami*.

Tienda. *aapotudama*. *sinorha*. [Las palos de estos árboles son] buenos para astas de tiendas.

Tierna. Ser tierna una cosa. *simoica*. [La partícula] *si* no es radical.

Tierra. *duburha*. [Tierra] prieta. *vamuri*. [Tierra] colorada para ollas.

_____

74 Smith, *Arte,* p. 27.

vita. [Tierra] blanca. *stoavita*. Tierra para sembrar. *gaga*. [Tierra] de verano. *gaga dohadaga*. Mullir la tierra. Desbaratarla. *mohana*. Véase abrir, verbigracia una puerta; barranca; barrial; camellón de tierra; cañada de tierra; confines de la tierra; cultivar la tierra; labrar con fuego; limpiar alguna cosa; linde o confín de tierra; milpa; regar; río.

Tiesa. Cosa tiesa. *scobaca*. *sibinaca*.

Tigre. *ohurha*.

Tijeras. *icacarha*.

Tinaja para agua. *sudagui toacarha*.

Tinta para teñir. *masidacarha*. Tinta para escribir. *ohanacarha*. *vispi idarha* [es una planta que sirve] para teñir de pardo. *sudagui varhaigama* [es una planta que] vuelve azul el agua. *tasicori vopca* [es una planta con] flor colorada. Es buena para teñir. *suqui* [tiene también] flores coloradas [y] es buena para teñir [de] amarillo o pardo. *cusi* [es un árbol que] echa unas bellotillas [y] la corteza es buena para teñir.

Tiña. *taparhaga*. También [dicen] *ihoriga*.

Tío. Hermano major del padre. *apagacuri*. *mamacuri*. *apapacuri*. Hermano menor de él. *aguita*. Hermano mayor de la madre. *dad'curi*. Hermano menor de ella. *tatari*. Con estos mismos nombres llaman a los tíos, primos hermanos de los padres, de suerte que estos nombres significan también los tíos digamos carnales inmediatos y tíos, primos hermanos de los padres. Porque a los tíos segundos, esto es, a los hermanos de los abuelos, los llaman con nombres de abuelos también. Y asi *vosca* significa el tío segundo, hermano del abuelo paterno y *baba* [hermano del abuelo] materno.

Tirar, estirar. *vanicuna*. [Estirar] la cuerda del arco. *guia*. La cuerda. *guiarha*. item. [*guiarha*]*g'tuda*. Tirar de la ropa llamando. *tamituana*. plural. *tamituasa*. Llamarás al Padre tirándole de la ropa. *tamituanaca padre ap't'io vaid'*.

Tirar al blanco con [una] flecha. *ica buy gatohta*. [Tirar al blanco] con [un] arcabuz. *toa buy sipuntuda*.

Tirar coces. *cuianina*. La señal que queda. *[cuaiai]niga*.

Tizne. *stucurhaga* [se aplica a] todo lo que es porquería. Es desaseado. *stutucuragama*.

Tizón encendido. *usimuidaga*. [Tizón] apagado *tukidaga*. *cutecgui*.

Tlaspanar. *sicoanna*. [Tlaspanar] para otro. *sicoanida*. El tlaspanador actual. *sicoandama*. Tlaspanar ya crecido el maíz o desherbar. *tuhisida*. La tal cosa ya [desherbada]. *sicoani tuhisidi*.

Tlatolear. *tutukida*. Es aconsejar bien o mal. Intimar o mandar es *tudda*. Así se lo intimarás. *hap ap't'io tuda*. Respuesta. Sí. *hap'an'tio tudda*. Véase dar tlatoles.

Toalla. Paño de manos. *nonovi oamidacarha*. item. *icomarcarha*. Al lienzo [le llaman] *turhoma*.

Tobillo. *tucoba*.

Tobo, un árbol. *apiapa*. *pihadunima*.

Tocar [las] companas. *guguba*. Haber sonido de ellas. *tubucu*. Tocar las companas. *tubukida*. El sonido. *tubukiga*. Tocar [un] instrumento. *cuhi*. plural. *cuahonu*. Los instrumentos. *cuhicarha*. El que toca. *cuhudama*.

Tocar o topar una cosa con otra. *munamucu*. item. Una persona con otra.

Tocayo. [Del] mismo nombre. *attai*.

Tocino. *tasicorhi*.

Todavía. *quia*. *quiamuca*.

Todo. Todos. *vusi*. El hacedor de todo. *vusi haitu apudunicama*. Todos los días. *siarhivugadi*.

Toloache. Hierba ponzoñosa. *tocorhobi*. item. *gugdua'gcama*. item. *gugurha agama*.

Tomar, coger alguna cosa. *buhu*. plural. *vuhi*. Toma maíz. *hunu vuhini*. Recibid, tomad, coged mucho maíz. *vuhi vorha muitu hunu*. Tomar para otro. *buhida*. plural. *uhida*. Tómalo por mí. *ni buhidami*. Tomar prestado. *ibiguida*.

Tomates. Véase jitomates.

Tomatillos. *tomasi*. Otros mayores [le llaman] *titcuh vupui*. Las hojas de éstos [se usan] para [curar] el mal del estómago. [Para este efecto] las calientan.

Tonto. Ser tonto. *pima stukitoa*. El tonto. [*pima stuki*] *toacama*.

Topar con la cabeza. *mohobua*. Topar lastimando. *tomituana*. plural. [*tomitua*]*sa*. Topetear. *mohohaina*. Topar en el camino y pasar de largo *coivina*. plural. *cogui oivina*.

Topo. *tubo*. plural. *tuobo*. Los montoncillos de tierra que sacan. *momovasi*.

Torbellino. *s'urburiki*.

Torcer. Dicen *tobidcada* [o] *gacoricada*. Verbigracia, el hierro etcétera. Torcerse, verbigracia una viga. *munorha*. Torcerse el maíz. *sorhonu*. Torcerse o retorcerse el hilo. *simurica*. Torcer, verbigracia las ramas. *norha*. La tal rama. *nori*. Torcer lo hilado, esto es, hacerlo de los hilos. *bupunabua*.

Tordillo. Color tordillo. *scomagui*. Así llaman al hábito franciscano.

Tordos. *sasani*.

Tori. *ioli*.[75] [Una planta.]

---

[75] This entry is in a handwriting different from that of most of the vocabulary.

Tormentos. *s'cocom'buacarha.* Padecer [tormentos]. [*s'cocomi'*]*buhu.*

Tornarse. *norhaga.* plural. *nonoga.*

Tornear. También [significa] darle vueltas a un palo o a otro cosa, enderezarla. *victu.*

Toro. *haibani.* Véase brava.

Torpe. Cosa torpe. *saiturhuma tuicama.* item. *masi.* Vivir torpemente. *saiturhuma gusuda.*

Torpeza. *saiturhuma tuidiga.*

Tórtola. *utubucama.*

Tortuga. *comicturhu.* plural. *cocmic*[*turhu*].

Torzal. Hacer torzales. *capidina.* Para otro. *capidinida.*

Torzón de tripas. Ellas gruñen. *hihitotpcu.* El ruidillo [que hacen]. *hihitotpkiga.*

Tos. *ihoguiga.* También *hosaniga.*

Toser. *ihoga. ihosana.*

Tostar. No hay [vocablo]. Usan *cuhaguida.* [Tostar] para otro. *cuaguidida.* La tostada. *cuaguidi.* Tostar en el rescoldo. *tunoho.* La tal cosa. *tunohi.* Tostar entre brasas. *sitorhca.* La tal cosa. *sitorhki.* Véase casacalote.

Totalmente. No hay [vocablo]. Dicen *pcai vurha.* Verdaderamente, totalmente te aborrezco. *pcai vurha an'igui m'asurida.* item. *mu parhuida.*

Trabajador. *haitu urha voguidaga.* item. [*haitu urha voguid*]*gudama.* item. [*haitu urha*] *dadaguidaga.* item. *dadaguadama.*

Trabajar. En general. *haitu urhavogu.* item. [*haitu urha*]*dadagu.* item. [*haitu urha*]*hubua.*[76]

Trabarse combate. *mucocoda. mudadagu.* Trabarse la lengua. *nunus'gubuca.*

Traducir. *basuga.* item. *bapuga.*

Traer. *vappa.* Para su uso perfecto se pone el adverbio *ay.* Tráigase aquí. *ay vappana.* Con otro adverbio [que significa] llevar. Allá lo llevé. *am' an't'igui va.* Lo mismo llevar o traer. *ucgtu.* Se forman con adverbios anteriormente mencionados.

Traer, llevar. *babana.*

Tragar. *baha.*

Tragón. *s'tunacuma.* Serlo. *s'tunaca.*

Tranca. *babanacarha.*[77]

Transformarse. Véase convertirse.

Transparente. Ser transparente. *tonorho.*

Trasnochar. *siadida.*

Traspiés. Dar traspiés. *sastu.* item. *sacstu oimurh.* plural. *sastu oihopo.* item. *himu.* plural. *hihimu.*

Trasquilar. *ica.* Para otro. *ikida.* La tal cosa. *ika.* El de la cabeza trasquilada. *iki mohocama.* Lo cortado. *ikiga.*

Trastabillar los pies. *notabana.*

Trastornar, ladear. *gaitoha. tuca. buca.* Si es volverla boca abajo. *cupuritoha.* Cuando el aire trastorna o echa el sembrado. *cupurhubua.* plural. [*cupur*]*suriga.*

Travesear. *nanacogusuda.*

Travieso. *nanacogusudama.* item. *nanacocama.* [La] travesura. [*nanacogu*]*sudiga.* [*nonacogu*]*kiga.*

Trece. *bust'mama vaico.*

Treinta. *maco opa. ovai gamai bust'ma.*

Trementina. *hucubarhagadi.*

Tremolar. *vidur huguida.* La tal acción. [*vidurhu*] *guiga.* Tremolarse, verbigracia las hojas o una bandera. *vidurhuga.*

---

[76] In a different handwriting is "trabajar es *tuspan.*"

[77] In a different handwriting is *usi sisscor.*

Trenza. Hacer [una] trenza. *itpaga.*

Trepar. *dactu.* Subir agarrándose. *dactu dasadu.*

Tres. *vaico.* Tres veces. *vaica.* Tres cosas distantas. *vaicpa.*

Trigo. Lo llaman *casturha* [o] *tiricco.*

Tripas. *hihidi.*

Tripón. *gug'voocama.*

Triscar, chancear, como chacotear. *suquica.* Hablar donaires. *suquictu nuocu. suquicama nuocu.*

Triste. Estar triste. *soig'amurhida. soig'm'tatu.* Sentirse triste. *soig'murida.* Con gran pesar. *saim'urida. saimutatu.* item. *soiga[mutatu].* Sentirse como cortado de flojo. *stasa muguima m'urida.*

Trocar [cambiar, permutar]. *nuarhu. savaida.*

Trocar [vomitar]. *vihota.* futuro. *vihosimucuc.* Tener tales ansias. *vishohimu.* item. *[vihosi]matuitca.* Véase vomitar.

Trompeta o cosa semejante. *cuhicarha.*

Tronar. *turhonu. doaimu.* Cuando da el estallido. *tatanacu.* El tronar no muy recio y prolongado. *daimu.* Tronar recio es *t'huronu.*

Tronco de árbol. *usisoma.*

Tronido. *sidoadima. sidoatcuma. s'hupudacuma.*

Tropezadero. *hutubuicarha.*

Tropezar *hutubua,*

Tropezón. *hutubuniga.*

Trotar. *tutca. tutchimu. suridada.*

Trote. *tutkiga.*

Trucha. *tacsurhi. suridcama.*

Truhán, bufón. *s'taskimucama.* Se añade también *hipuidcama.* A un burlón [le llaman] *ta'tocagui* [o] *tatocama hipuitcama.*

Tú. *api.* Tú sólo. *uduriga. ap'uduri.* Quiere uno hacer algo y pregunta al otro si se hará. Respuesta. Tú lo sabes. *apigui.* También cuando le dicen a uno, tú lo echaste a perder. Respuesta. Ese eres tú. *apigui.* Así éste responde. Vosotros. *apimigui.* Aquél. *hugaigui.* Aquéllos. *huga migui.*

Tuerto. *cohorhca vuicama. itoa vuicama. nanamugui vupuicama.* El primero [se dice] del que tiene un solo ojo. El segundo, del que tiene nube [en los ojos] y el tercero, del que cierra uno de ellos. *tusi vuicama* [se dice del] que tiene los ojos encontrados. Cosa oblícura, tuerta. *tobidca. gacorica.* Entornarse, torcerse. *tobitcada. gacoridcada.*

Tuétano. *obaga.* plural. *oapaga.*

Tule, espadaña. *urhubagui.*

Tullirse. *torita.*

Tuna. *ibai.* La planta. *nubo.* Unas se llaman *hucumi.* Otras. *tonidgama.* Otras. *totcahibai.*

Turbarse. *urhacuhkibua.*

Turnio. Ser turnio. Verbigracia de vista desigual. *nanumuki vupusiga.*

Tusa. *tubo.* plural. *tuopo.*

U

Ubre de vaca. *haibani vipa.*

Ultimo. *oitudcama.* El que va [al] último. *oit'himudama.* [La] última vez. *oitu.*

Ultrajar. Verbo. *nuokikiti parhaaga.*

Ultramarino. *gug'sudagui vasdurhcama* [que significa] de la otra banda del mar.

Ultramontano. *doakivas durhcama.*

Umbral. *moscarha.*

Una vez. *huma.* Una sola vez. *humapia.* item. Una cosa sola. Una u otra vez. *huhumo.* item. *[huhumo]ba.* item. *ubaida.*

Ungir, untar. *vitsa.* Para otro. *vitsida.* La cosa untada. *vitsi.* La untadura. *vitsiga.* Unto, ungüento. *vitsacarha.*

Uno. *maco. maddo.* El primero [se refiere] a cosas inanimadas, [por ejemplo] una piedra. *maco hotae.* El segundo [se refiere] a cosas] animadas, [por ejemplo] un hombre. *maddo humatcama.* Uno u otro. *huhumado.* item. *maco. hapiaba.*

Unos cuántos. *hukia.*

Uña. *hutu.* [Uñas] grandes. *hutucama.* [Uñas] cortas. *gacorica hutu.* Tenerlas. *hutuga.*

Urraca. *saiabi.* Su copete. *sisibota.*

Usar alguna cosa. *ibiguida.*

Uvalama. *ubari.*

V

Vacas. *haibani.*[78]

Vacía. Cosa vacía. *vacoasi.* plural. *vap'coasi.* Estar una cosa vacía. *vacoasica.* plural. *vap'coasica.* Véase hueca.

Vaciar algo. *ihabua.* La cosa vaciada. *ihabui.*

Vacilar. Parece ser *sihaituda.*

Vadear. *urhunu.* plural. [*urhu*]*cu.* Pasar a uno. item. En silla. *urhumida.* En balsa. *aiburhi.* Vadear el río. *urhunu.* plural. *urhucu.*

Vado. *urhiniga.* plural. [*urhu*]*kiga.*

Vagamundo. *sicoraoimurhcama.*

Vainilla de cualquier cosa [la] explican con *hibaidaga,* que es el fruto. Vainilla de mezquite. *bihoga.*

Vaivén. *honiga.* Dar vaivenes. *hoinu.*

Valentía. Véase fuerza, valentía.

Valiénte. *saicama. sonigama.* Serlo.

---

[78] In a different handwriting is "aquí [dicen] *vacass.*"

saica. soiniga. ¡Oh, si fueras valiente y alentado! *dod'apiki saicama!* item. *sonigama!*

Valor de las cosas. *namucaida cugai* [derivado] del verbo pagar [que es] *namucaida.* Dicen cuando se ha de pagar. *x'an'tu'tio namucai* etcétera.

Valor y esfuerzo. Tener valor y esfuerzo. *mugusida.* De uno tal dicen *pima haitu asurhida* [que significa] nada teme. Corazón de hombre. *sivurhtuoti hipuidcama.*

Vallado. *humana.* Hacerlo. *hunamida.*

Valle, llanada. *tuparhca.*

Vana. Estar vana una cosa, verbigracia [una] nuez. *vacoasi.*

Vano, soberbio. *saitudumacama.* Serlo. *saituducama*] *gusuda.*

Vaquear. *sicora oimurhu.*

Vara. Dicen *usi.* Hay muchos palos. *si mui usiga.*

Varear. *us'kiti guguba.*

Vario. Véase inconstante.

Varón. *tuoti.* plural. *tutuoti.*

Varonil. *pcaivurh tuotihipuitcama. pcai bunapa hipuitcama.*

Vatequio. Hacer [un] vatequio o [una] poza, verbigracia, en las orillas de los ríos o arroyos para que caiga allí el agua. *vabiata.* plural. *vaipiata.*

Veamos qué. ¿Se da algo? ¡A ver, venga! *iguia.* item. *higuia. gannu.* El otro [*higuia*] también significa cuando uno quiere ver lo que otra lleva. Muestra, lo veré. *higuia co'n'igui nuhi.*

Vecino del pueblo. *oidcama.* No de este pueblo. *pima ia oidcama.* Aquí tiene casa. *ya kicama.* Vecino, junto, cercano. *vusiva. tibica.*

Vega. *tuparhca.*

Veinte. *maco opa.*

Vejez del varón. *curidaga.* [Vejez] de la mujer. *parhoccidaga.*

Vejiga. *hihosadi. vasurinu.*

Vejiga [ampolla]. *toha.* Tener fuego en la boca u otra parte del cuerpo. *babahu.* plural. *vahi.* Me he llenado todo de fuego principalmente en la boca. *buscap'an't'igui bahini; tuni urha humuspcai.* Véase avejigarse o tener vejigas.

Velar de noche. No tienen palabra. Para decir que uno resiste el sueño dicen que es *s'gubuca nuadama.* item. *sgubuca vupuicama.* El de los ojos recios y fuertes. *sgubucama nuha hucaga.*

Vello del cuerpo. *vopo.* También [significa] el pelo de los ayales y las plumas pequeñas.

Vena. *cuista.* Tenerlas. *cuistaga.* De gruesas y grandes venas. *gugurh sabarhacuistacama.*

Venado. *siqui.* Grande. *bura. hua.* Los hijos [del venado]. *cobatca.* Cabeza de venado que sirve de señuelo. *mohana.* Véase berrendo real que se parece al venado; gamo.

Vencedor. Terror de los enemigos. *sivoitarhcama. voitandama.* item. *tascama.*

Vencer a los enemigos haciéndoles huir. *voitana.* item. [*voita*]*rha.* De *voitu* [que es] huir, volver las espaldas.

Vencimiento, victoria. *voitaniga.* El huir. *voitiga.*

Venda, cinta. *comarhca. vuricarha.*

Vender. *nuarhu.* item. *gagarha. nuarhida.* Véase comprar; feriar.

Veneno. *hinatki. sintsa.* [Esta planta] es muy venenosa. *tubananaca.* Las cabras comen las hojas [de esta planta] y mueren por ello.

Vengarse. *munacocu. ma'gabuanu.* También [dicen] *munamucaida.*

Vengativo. *nacocarhcama. m'aga-buanarhcama.*

Venir, llegar. *divia. dada.*

Ventear del ganado o de los perros. *hubaguida.*

Ventosa. *kiti muhida.*

Ventosear. *uha.* pretérito. *uhi.* Estar con tal gana. *uha mu.* plural. [*uha*] *coho.* La tal acción. *uhi.* Echar ventosas. *mumuhida.*

Venturoso. *simaitudasia.*

Ver. Mirar. *nuhida.* Tener vista. *nua.*

Verano. *tutondiga.* Con el verbo *gucsu* [que significa caer] dicen ya viene el verano. Presto serán las colores. *oi tutondiga iogui.* item. *guisimucu.* Ser tal tiempo. *tutoniabagu.*

Verdad. *vuhocama.* Hablarla. *buhocama nuocu.* ¿Es cierto? *na vuho?* Sí, es verdad. *buho.* También [significa] verdaderamente. *pcai vurha. vuho kiki.* plural. *buhocadi kiti.* Son adverbios de aprobación, verbigracia, tienes razón.

Verde. Color verde. *studogui. hagui* se aplica en la práctica. Estarlo. *ibaguica.* Semejante piedra. *ihurhu.*

Verdolaga. *capurhiga.* [item.] *cuppuricca.* [item.] *cucpuriga.* [Verdolgas] grandes. *gugurpurha.*

Verdugo. Dicen *s'cocomubuadama.* item. [*s'cocom*]*dodoama.*

Vergonzoso. *saiurhadama.* Cosa vergonzosa. *saiturhuma.* Tal cosa. *saivahadama.*

Vergüenza. Tener vergüenza. *saiurha.* No tenéis vergüenza. *na'pimu ima saiurha.* Hacer cosas que causan vergüenza. *s'aiturhumagusuda.* Como cuando uno hace cosas feas. Avergonzar a otro. *saiurhatuda.*

Verruga. *upurhiga.* Tenerlas. *upurhigta.*

Verter, derramar. *ihabua.* La cosa vertida. *ihabui.*

Vestido. *noivita. nuocu vututa.* [Vestido] viejo. *huhukita noivita.* Quitar el vestido o cosas semejantes. *noivita bahbua.* plural. *noivita basuga.* Véase calzones; capillas; delantal; espulgar; hábito; mandil; manta de algodón; naguas; sayo; zapatos.

Víbora. *coho.* item. *gaki bahicama.* Las de los cascabeles. *sitcarha.* Haber ruidos de estos cascabeles de víbora. *samunu.* Sonarlos ella misma. *samunida.* Otro género de víboras que tiene frenillo y es muy venenoso. *cucumpuri.* Viborezco. *oohomarha.* Picar como [una] víbora. *cucu.* pretérito. *cuhi.* El picado. *cohocuhi.*

Vida. Dar vida. *doadia. doatuda. hibuhibuituda.* item. *hipuidagatuda.* Tener vida. *doa.* [A] todo [ser] viviente [le llaman] *doacama.* Vivir bién o mal es *gusuda.* Y los adverbios.

Vieja. Cosa vieja. *huhukita.* [Cosa] echada a perder. *parhu. parhtu.*

Viejo. Hacerse viejo. *curi.* plural. *cucuri.* Los llaman por chanza. *nuhucuri?* Respuesta. *astu occi* [que significa] soy vieja.

Viento. *uburi.* [Viento] grande. *gug' [uburi].* [Viento] caliente. *stoni [uburi].* [Viento] frío. *hupi uburi.* Hacer viento. *uburhu.* futuro. *uburimuccu.* Correr [el viento del] norte. *tucadurh uburu.* Brisa tenue. *uburhioga.*

Vientre. *vooca.* Estar hidrópico. *tusadu.* Tener hinchado el vientre como hidrópico. *Vooca tasadu.*

Viga que sirve de madre [soporte principal]. *babanarhaga.*

Vino. *navaita.* También [significa] hacerle. Véase pulque.

Virgen que corre como doncella. El más apropiado es *tuhia.* Si bien propiamente significa la muchacha pequeña y por eso les dicen *aarituhia.* Propiamente usan esta espresión por

referirse a una muchacha no penetrada. *coiducama.*

Viruelas. *basudiga.*[79] Tenerlas. *basuta.* Quedar picado de ellas. *sonimanu.* El así picado. *sonimunidaga.* item. *sonimuni. vuiosacama.* Las señales [que deja la viruela]. *sonimuniga.* Véase hoyo.

Visible. Andar visible. *simasima oimurh.* plural. *oihopo.* Cosa visible. *sinuhidama.* item. *masima.* Dios Nuestro Señor no es visible con los ojos corporales. *tistuodiga dio ti vupui ikiti pima sinuhidama.* item. *masima.*

Visos. Hacer visos. *nanavacu.* En vidrio. *vadactu.* El reflejo. *nanavakiga.*

Vista. Presencia. *nunaspa.*

Viuda. *cuna muki.*

Viudo. Dicen *honiga muki.*

Vocear. *hinacu.*

Volar. *daha.* plural. *nununu.* [También] *daituda.* plural. *nunuhituda.* El ave que vuela mucho. *sidahidaga.* plural. *sinunuhidaga.*

Voltear algo. *sicorimurhitada.* plural. *sicorivohohituda.*

Voluntariamente. Usan *hipuidag'kiti* [derivado] de corazón. No fui por tu orden al río sino voluntariamente. *pima munuokiti posa n'hipuidag'kiti hakimuri buy an'ga norha.*

Volver. *norhaga.* plural. *nonoga.* Volver [devolver algo] a otro. *norhoaguida.* item. [Devolver] alguna cosa, verbigracia, me volverás la mula que llevas. Volver lo de dentro [hacia] fuera. *taibupada.* plural. *[taibu]suriga.* item. *taibua.* plural. *taibupa.* Te mando volver estas medias lo de dentro afuera. *medias an'igui taimu suriga tanni.* Volver boca abajo. *cupurhi. toha.* item. *tuca.* Volverse de un lado a otro. *vidimida.* Volver de alguna

---

[79] In a different handwriting is "*habaidaga,* lo mismo viruelas."

parte. *norhagu.* plural. *nonoga.*
Nótese el uso de estos verbos a los indios
porque es difícil. Véase tornarse.

Vomitar. *vihota.* plural. *vipiota.*
Tener ganas de trocar. *vihosima tuitca.*
plural. *vipiosimatuica.* Andar trocando.
vihos'himu. plural. *vipihos'hihimu.*
Véase trocar [vomitar].

Vómito. *vihosiga.* plural. *vipihosiga.*

Vos. Vosotros. *apimu.* [Vosotros]
mismos. *apimuvudurhi.* Vosotros pues.
apimu'unapi. ¿Quiénes sóis vosotros?
dopimurh apimu?

Voz. Si [es] palabra [dicen] *nuoki.*
Si [es] grito [dicen] *hinaki.*

Vueltas. Dar vueltas alrededor sin
salir de un puesto. *sicorhimu.* plural.
sicorihihimu.

Vuestro. Se explica con el acusativo
del pronombre *amu.* Vuestra madre.
amudada.

Y

Y. Conjunción copulativa. Usan
también *bunaica* [que significa] juntar
o mezclar [que a su vez se derivan de]
bunaida.

Y? Preguntando. ¿Y tú que haces?
cosi? Y tú Pedro, ¿dónde estás? *cosi
mu pedoro ubai da?*

Ya. Adverbio. Ya se lo dije. *va'an't'-
igui agui.* Ya llueve. *va duddu.*

Yelmo. Dicen *guainomi vuonamai*
[que significa] sombrero de hierro.

Yema de huevo. *nono urhadi.* [La
partícula] *di* no es radical.

Yema del sarmiento o caña etcétera.
vui. plural. *vupui.* Así llaman a lo
blando por donde nace el maíz.
Despicarle. *vupuipiga.*

Yerno. *bumarhoga.* Este es yerno
respecto al padre de la mujer. Con
respecto a la madre de la mujer [dicen]
mosioga.

Yerto. Quedarse yerto. *musurica.*
item. *mugubuca.* Tiene yerta la boca.
tuni mugubuca. Tengo yerto, tieso el
brazo. *ni novi gubuca.* Quedarse yerto
de espanto. Verbigracia, me quedé
helado, se me huyó la sangre. *urha
cuhkibua.* Habiendo visto debajo de
mí una víbora, me quedé helado y sin
gota de sangre. *coho ni vuto nuid'ca
n'urh'an't'igui cuhkibua.*

Yeso. Espejuelo que llaman talco.
taiba. Y de aquí a unas rancherías de
Tónichi le llaman *taiba daccami* [que
es] lugar de talco. *cabarha. toadidacarha.* Es [una] cosa [para] blanquear
el chimal.

Yo. *ani.* Suelen reduplicar. *an'ani.*
Yo mismo. *an'urdurhi.* Yo pues.
anivunapi.

Z

Zacate. *vaso.* Otro. *maari.* Otro.
gugurh vaso. Es del que llenan los
aparejos.

Zambullirse. *vaptpinu.*

Zapatos. *susca.* [Así llaman a] sus
caclas.

Zaragüelles, calzones. *ipurhu.*

Zarcillos. *nacaguia.*

Zopilote. *nunudi.* No tiene plural.

Zorra. Coyote. *bana.* Zorro, tío del
lobo *suhitatari.* Tiene el pelo blando y
corto.

Zorrillo. *huppa.*

Zurdo. *oguigama.* Serlo. *oguiga.*
Mano zurda. *ocspa.* item. *ocspadurh.*

INDICE

Adornos personales. *Véase* afeitado, a quien se le ha cortado el cabello; afeitador, el que afeita; alcoholar; brazalete que se ponen en el codo; cabello; colgar; cruz de nácar que se ponen en la frente; embije; embijarse; fleco; gargantilla; peinar; peine; piedra para la nariz; raspar, afeitar; rayar; sajar.

Agricultura. *Véase* abrasar; acequia; algodón; badea; calabaza; camellón de tierra; camotal; camotes; cebolleja; coa; cultivar la tierra; chile; chual; deshierbar o tlaspanar; frijol; jitomates; lechuga; limpiar alguna cosa; maíz; margajita; mijo; milpa; miltomates; quemar; sembrado; sembrar; tlaspanar; tabaco; tomatillos; trigo.

Anfibios. *Véase* rana; sapo.

Animales domésticos. *Véase* balar de las ovejas; bramar el toro; carlear el perro; carnero mocho; galgo; gato; lechón; mula de cargo; perro; toro; vacas.

Animales silvestres. *Véase* ardilla; aullar de los coyotes etcétera; berrendo real que se parece al venado; conejo; coyote; cuero o pellejo de un animal; gamo; gato; gazapo; jabalí; león; liebre; lobo; puerco espín; raposa; ratón; tejón; tigre; topo; tusa; venado; zorra; zorrillo.

Arácnidos. *Véase* araña; cientopiés; escorpión; tarántula, araña grande peluda; tela de araña.

Arboles. *Véase* alameda; álamo; aliso; amapa; árbol en común; arboleda; brasil; cedro; copal, el árbol; corcho de la tierra; corteza de árbol; encina; guamúchil; guásima; guayacán; mezquite; moral; pinal; pino; pitahaya; pochote; roble; sabino; sapuche; sauce; tarais; tavachín; tepeguaje; tobo, un árbol; uvalama.

Armas. *Véase* acertar al blanco flechando; adarga; amagar con el arco como quien quiere tirar; arcabuz; arco para flechas; bandolero; carcax; cuerda del arco; disparar el arcabuz; flecha; flechar; honda para tirar; pedernal; ponzoña; pulseras; tirar, estirar; tirar al blanco con una flecha.

Aves domésticas. *Véase* gallina; huevo; palomito; pato.

Aves silvestres. *Véase* águila; ánade; ánsar; aves en común; buho; cantar de las aves; censontle; codorniz; cresta o copete de las aves; cuervo; faisán; gallina; garza; gavilán; golondrina; gorrión; grulla; guacamayo; halcón, pájaro; paloma torcaz; papagayo, perico; pato; perdiz; tordos; tórtola; urraca; zopilote.

Bebidas. *Véase* beodo; borracho; emborracharse; embriaguez; odre o pellejo para vino; pulque; vino.

Canastas. *Véase* chiquihuite en general; encostalar.

Caza. *Véase* cabeza; cazador; cazar; espiar; otear la caza; venado.

Clima. *Véase* aguacero aguas; helarse; hielo; llover; lluvia; neblí; neblina; nevar; nieve; pluvia; tempestad grande.

Colores. *Véase* amarillo; azul; bazo; blanco; blancura; colorado; morado; negro; negrura; roja; tordillo; verde.

Comida. *Véase* abejas de panales; asado; asador; asar; atole; badea; barbacoa; bizcocho; calabaza; caldo; camotes; carne; cascalote; cebolleja; cecina; cocer; colar; comer; condimento; cuajada; cuajar; cuajo de res; chile; chual; descamar un pescado; deshojar el mezcal; despicar el maíz para tlascales; frijol; hierba o zacate; jitomates; lechuga; levadura; maíz; margajita; menear; mezcal; miel; mijo; miltomates; molendera; moler; nixtamal; pernil; pinole; pulpa de carne;

raíz; sesos; tasajo de calabaza; tocino; tomatillos; tostar; trigo.

Edificios. *Véase* adobera; adobes; barro; casa; cocina; columna, pilar; cuarto de ventana; pared de adobes; ramada; techo; viga que sirve de madre.

Enfermedades. *Véase* abortar; achacoso; ahito; ampolla; barros que salen en la cara; bazo; bubas; buboso; calentura; cámaras; cardenal; cicatriz o señal de una herida; ciego; comezón; corazón; corcoba; desangrarse; desconcertarse algún hueso; dolor; dolores de parto; dolorido; empeine; enfermo; enflaquecer; escalofríos; fiebre; gafo; granos del rostro; hidrópico; hincharse el vientre; hinchazón; hipo; hoyo; incordios; lanzar; lepra; llaga; mal de ojo; mudo; navates; romadizo; sangre; sarampión; sarna; sarpullido; sordo; tos; trocar; tuerto; vejiga; vientre; viruelas; vomitar; vómito.

Estaciones del año. *Véase* aguas; año; calor; frío; invierno; otoño; primavera; verano.

Guerra. *Véase* ¡Ay!; batallar; cautivar en la guerra; enemigo; esclavo; guerrear; huir; ir a; vencer a los enemigos haciéndoles huir.

Hechiceros. *Véase* chupar como cuando a uno le sale la sangre y la chupa; encantar; hechizar; hechizo.

Hierbas. *Véase* acederas; cacalosúchil; cadillos que llaman amores; calabaza; cardo santo; cardón; cogollo; cola; culantrillo de pozo; chícura; chuchupastle; doradilla; escorzonera; espadaña o tule; estafiate; flor; hierba o zacate; hortigas; juncia; lengua de buey; maravilla; mastuerzo; mirasol; palmito; peonía; purga; raíz; remedio, medicina; romero silvestre; salvia, hierba; toloache; veneno; verdolaga.

Implementos domésticos. *Véase* afiladera; aguja; azadón; azuela; barrena; cepillo; cuchillo; escoba; hacha; lima, instrumento de afilar; mano de metate; martillo; metate; pincel; pinzas; sierra para aserrar; tijeras.

Insectos. *Véase* abejas de panales; aguijón de avispas; cavar; comején; chi-charra; chinches; escarabajo; espulgar; garrapatas; gorgojo; grillo; hormigas; langosta; liendre; luciérnaga; moscas; moscones; mosquitos; panales; piojo; sanguijuelas; tábano.

Instrumentos musicales. *Véase* chirimía; flauta; pandero para bailar; pito; tambor; trompeta.

Juegos. *Véase* adversario; apostar en el juego; bola; cañuelas de piciete para chupar; contrario en el juego; desafiar en el juego; desquitarse cuando otro día se ha de jugar; empatar, verbigracia los tantos en el juego; encontrar a alguno; ganar en el juego; juego; jugar; patole; pelota con que juegan las mujeres; tabla; tablaje o casa de juego; tantos, para tantear.

Lepidóteros. *Véase* mariposa; palomilla que sale del maíz; polilla.

Maíz. *Véase* amarillear; arista, el junco que sale del maíz; caña; cascalote; desgranar el maíz; despicar el maíz para tlascales; dividir; elote; espiga; espigar; hilera; macolla de maíz; madurar; marchitarse; mazorca de maíz; menear; milpa; moler; olote de maíz; petate; segar.

Mezcal. *Véase* asar; chupar como cuando a uno le sale la sangre y la chupa; deshojar el mezcal; tallo.

Parientes. *Véase* abuela por el lado materno; abuelo por parte de madre; allegado o pariente; bisabuela; bisabuelo o ella; bisnieta; bisnieto o bisnieta; cuñada; cuñado; hermano o hermana mayor; hija por parte del padre; hijo por parte del padre; madrasta; madre; marido; nieta o nieto nuera; padrastro; padre; primos o primas; sobrina o sobrino; suegra; suegro; tataranietos; tía; tío; yerno.

Partes del cuerpo. *Véase* barbas, barbilla; barranca; bigotes; boca; bofes; cabello; cabeza; calavera; cara; caracañal; carrillo; casco de la cabeza; cejas; cerviz; codo; compañones; costilla; dentadura; dientes; espaldas; espinazo; espinilla; estómago; garganta; gaznate o la nuez de la garganta; guedejas; hígado; hueso; ingle; labios; lengua; livianos; manga; mano; matriz de la mujer, las pares y las otras cosas; médula; mejillas; miembro viril; mollera; mostachos; muelas; muslo; nalgas; nariz; nervio; ojo; ombligo; orejas; paladar; pantorrilla; párpados de los ojos; pecho; pelo; pellejo; pescuezo; pestañas; pezón del pecho; pie; pierna; planta del pie; quijadas; rabadilla; riñon; rodilla; rostro; sangre; sesos; sobaco; talón; tetas; tobillo; tripas; tuétano; uña; vejiga; vello del cuerpo; vena; vientre.

Pesca. *Véase* anzuelo; atarraya; bagre; buitroncillo; camarones; lisa; matar; mojarra, pez; nasa de pescar como buitroncillo; ostia; ostión; pescado; pescador con red; pescar con anzuelo; pez espada; red; trucha.

Quelites. *Véase* hierba o zacate.

Raíces comestibles. *Véase* raíz.

Remedio. *Véase* culantrillo de pozo; curar; chícura; escorzonera; hierba o zacate; lanceta para sangrar; medicina; médico; purga; purgar; raíz; remedio, medicina; restañar la sangre con fuego; salvia, hierba; sanar, reverdecer, y también resucitar.

Reptiles. *Véase* caimán; camaleón; iguana; lagartija; salamanquesa; tortuga.

Tabaco. *Véase* cañuelas de piciete para chupar; cigarro; chupador; chupar como cuando a uno le sale la sangre y la chupa; pan; piciete; raspar, afeitar.

Tejidos. *Véase* cabestro; hilandera; hilar; hilván; hilvanar; ixtle; labrar con fuego; lana; lizo para tejer; madeja de hilado; retorcer lo hilado; tejedora; tejer; tela.

Terrenos. *Véase* barranca; barranco; cañada de tierra; cerro; confines de la tierra; linde o confín de tierra; loma tendida; lomería; monte; peña; playa, costa del mar; precipicio; quebrada; raso, llano; roca; selva; serranía; sierra, monte; valle, llanada; vega.

Tinta. *Véase* raíz; teñir alguna cosa; tinta para teñir.

Trastos. *Véase* almohada; asa de jarro; balsa; barro; bernegal; bolsa; cabecera de la cama; caldereta; candela; cedazo; cobertor de cama; colchón; cordel; cortar; costal; cucharas que usan; garabato; jarro; jícara de las ordinarias; jumate o sus cucharas; lebrillo o albornia; mesa; mochila; muela; odre o pellejo para vino; olla; ollera; paila; pedernal; petaca; petate; rallo; saco; silla; tálamo; tapestle; tapete, tapices y cosas semejantes; taza; tecomate; tinaja para agua; tiña; toalla; torzal.

Vestidos. *Véase* arremangar o levantar las faldas; calzar a otro; calzones; capillas; cíngulo; cinta; delantal; faja; hábito; mandil; manga; manta de algodón; naguas; sayo; sombrero; suelas; zapatos; zaragüelles, calzones.

BIBLIOGRAPHY

Alegre, Francisco Javier. *Historia de la provincia de la Compañía de Jesús de Nueva España*. 1780. New edition by Ernest J. Burrus and Felix Zubillaga. 4 vols. Bibliotheca instituti historici s.j., vols. 9, 13, 16, 17. Rome: Institutum Historicum, 1956–60.

Alvarez, Jacinto. "Panorama general de la provincia de Ostímuri en los primeros años del siglo XIX." In *Crónicas y relaciones del occidente de México*, edited by Fernando Ocaranza, vol. 2, pp. 291–302. Mexico: Antigua Librería Robredo de J. Porrúa e Hijos, 1939.

Austin. University of Texas Latin American Collection. W. B. Stephens Collection, no. 1742. "Catálogo de las provincias mexicanas, sus colegios, residencias, misiones y nombres de oficiantes, 15 de abril [1726]."

———. University of Texas Latin American Collection. W. B. Stephens Collection, no. 68. "Noticia de las misiones que administran los padres de la Compañía de Jesús en esta Nueva España [1765]."

Avendaño, Joan de. "Catálogo de dos pueblos que administra el p. Joan de Avendaño en la provincia de Zonora, desde el año de 1717." In *Historia de la provincia de la Compañía de Jesús de Nueva España*, by Francisco Javier Alegre, vol. 4, p. 504. Rome: Institutum Historicum, 1960.

Backer, Augustin de. *Bibliothèque de la Compagnie de Jesús*. 1st part: *Bibliographie*. . . . New edition by Carlos Sommervogel. 10 vols. Bruxelles: O. Schepens; Paris: A. Picard, 1890–1909.

Bancroft, Hubert H. *History of the North Mexican States*. 2 vols. The Works of Hubert Howe Bancroft, vols. 15, 16. San Francisco: A. L. Bancroft and Company, 1884–89.

Bannon, John Francis. *The Mission Frontier in Sonora, 1620–1687*. Edited by James A. Reynolds. United States Catholic Historical Society Monograph Series, no. 26. New York: United States Catholic Historical Society, 1955.

Beristain de Souza, José Mariano. *Biblioteca hispano americana septentrional*. 3d ed. 5 vols. in 2. Mexico: Editorial Fuente Cultural, 1947.

Cabero, Hernando. "Catálogo de todas las missiones de la provincia de Nueva España de la Compañía de Jesús [1662]. In *Historia de la provincia de la Compañia de Jesús de Nueva España*, by Francisco Javier Alegre, vol. 3, pp. 354–56. Rome: Institutum Historicum, 1959.

Calderón, Ignacio. "Carta al padre procurador Pedro Ignacio Altamarino, 11 de noviembre [1753]." In "The Evolution of the Jesuit Mission System in Northwestern New Spain, 1600–1767," by Charles William Polzer, pp. 240-54. Ph.D. dissertation, University of Arizona, 1972.

"Catálogo de los partidos contenidos en los rectorados de las misiones de Sonora por el año [1685]." In *Documentos para la historia de Méjico*. 3d series, vol. 1, pp. 790–94. Mexico: Impr. de J. R. Navarro, 1856.

Caxa, José Antonio. "Carta al virrey, 11 de diciembre [1772]." Ramo de Provincias Internas, no. 81, pp. 169–71. Archivo General de la Nación, Mexico.

Decorme, Gerard. *La Obra de los jesuítas mexicanos durante la epoca colonial, 1572–1767*. 2 vols. Mexico: Antigua Librería Robredo de J. Porrúa e Hijos, 1941.

Documentos para la historia de Méjico. 21 vols. in 4 series. Mexico: Impr. de J. R. Navarro, 1853–57.

"Estado de la provincia de Sonora, con el catálogo de sus pueblos, iglesias, padres misioneros, número de almas capaces de administración, lenguas diversas que en ella se hablan y lenguas en que se dileta; con una breve descripción de la Sonora jesuítica, según se halla por el mes de julio de este año de 1730, escrito por un padre misionero de la provincia de la Compañía de Jesús en Nueva España." In *Documentos para la historia de Méjico,* 3d series, vol. 1, pp. 617–37. Mexico: Impr. de J. R. Navarro, 1856.

Franco, José Joaquín. "Entrega de Movas, 29 de marzo [1752]." W. B. Stephens Collection, no. 1744. University of Texas Latin American Collection, Austin.

Gonzáles, Andrés Ignacio. "Entrega de Movas, 28 de mayo [1743]." W. B. Stephens Collection, no. 1744. University of Texas Latin American Collection, Austin.

Gonzáles, Manuel. "Informe del partido de Tecoripa según los puntos de su pregunta por los superiores que administra el padre Manuel Gonzáles [ca. 1720]." W. B. Stephens Collection, no. 66. University of Texas Latin American Collection, Austin.

Januske, Daniel. "Sonora: Breve informe del estado presente en que se hallen las missiones de esta provincia [1723]." Bolton Collection. Bancroft Library, University of California, Berkeley.

Kürtzel, Enrique. "Entrega de Onavas, Tónichi y Soyopa, marzo [1756]." W. B. Stephens Collection, no. 1744. University of Texas Latin American Collection, Austin.

Lizasoain, Ignacio. "Noticia de la visita general de P. Ignacio Lizasoain visitador general de las misiones de esta provincia de Nueva España, que comenzio día quatro de abril de 1761 años y se concluyo a fines de enero en 1763 con algunas notas y addiciones q. pueden servir para el conocimiento de estas missiones y provincias de ellas." W. B. Stephens Collection, no. 47. University of Texas Latin American Collection, Austin.

Misiones norteñas mexicanas de la Compañía de Jesús, 1751–1757. Edited by Ernest J. Burrus. Biblioteca histórica mexicana de obras inéditas, no. 25. Mexico: Antigua Librería Robredo de José Porrúa e Hijos, 1963.

[Nentvig, Juan Bautista]. *Rudo ensayo,* by an unknown Jesuit padre, 1763; first published in an edition of 150 copies by Buckingham Smith 1863. Translated by Eusebio Guitéras and published in English in vol. 5, no. 2, of the Records of the American Catholic Historical Society of Philadelphia, June, 1894. Reprint. Tucson: Arizona Silhouettes, 1951.

Ocaranza, Fernando, ed. *Crónicas y relaciones del occidente de México.* 2 vols. Mexico: Antigua Librería Robredo de J. Porrúa e Hijos, 1937–39.

Och, Joseph. *Missionary in Sonora. The Travel Reports of Joseph Och, SJ, 1755–1767.* Translated by Theodore E. Treutlein. San Francisco: California Historical Society, 1965.

Polzer, Charles William. "The Evolution of the Jesuit Mission System in Northwestern New Spain, 1600–1767." Ph.D. dissertation, University of Arizona, 1972.

Pradeau, Alberto Francisco. *La Expulsión de los jesuítas de las provincias de Sonora, Ostímuri y Sinaloa en 1767* Mexico: Antigua Librería Robredo de J. Porrúa e Hijos, 1959.

Revilla Gigedo, Juan Vincente Güémez Pacheco de Padilla Horcasitas y Aguayo, conde de. *Informe sobre las misiones 1793 e instrucción reservada al marqués de Branciforte 1794.* Edited by José Bravo Ugarte. Mexico: Editorial Jus, 1966.

Reyes, Francisco Antonio de los. "Descripción y noticia individual de las misiones de la pimería baja [1772]." In *Documentos para la historia de Méjico,* 3d series, vol. 1, pp. 731–53. Mexico: Impr. de J. R. Navarro, 1856.

————. "Informe de Sinaloa y Sonora [1784]." Bolton Collection. Bancroft Library, University of California, Berkeley. [A less complete version is in *Crónicas y relaciones del occidente de México,* edited by Fernando Ocaranza, vol. 2, pp. 52–104.]

Roca, Paul M. *Paths of the Padres Through Sonora; An Illustrated History and Guide to Its Spanish Churches.* Tucson: Arizona Pioneers' Historical Society, 1967.

Rojas, Carlos J. "Carta de padre Carlos J. Rojas a licenciado y visitor general José Rafael Rodriguez Gallardo, 27 de febrero [1750]." W. B. Stephens Collection, no. 66. University of Texas Latin American Collection, Austin.

Roldán, José. "Entrega del partido de Movas [1738]." W. B. Stephens Collection, no. 1744. University of Texas Latin American Collection, Austin.

————. "Inventario de Onavas [1738]." W. B. Stephens Collection, no. 1744. University of Texas Latin American Collection, Austin.

————. "Memoria de la misión de Onavas [1739]." W. B. Stephens Collection, no. 1744. University of Texas Latin American Collection, Austin.

Ségesser von Brunegg, Felipe. "Relación de Tecoripa [1743]." Maggs Collection. Bancroft Library, University of California, Berkeley.

————. "Verdadera descripción de la misión y cercanía de Tecoripa, misión de San Francisco de Borja hecha en este año 1744 por el padre Felipe Ségeser actual ministro de doctrina por su magestad." W. B. Stephens Collection, no. 1747. University of Texas Latin American Collection, Austin.

Smith, Buckingham, ed. *Arte de la lengua névome, que se dice pima, propia de Sonora; con la doctrina christiana y confesionario añadidos.* Shea's Library of American Linguistics, vol. 5. New York: Cramoisy Press, 1862. Reprint. New York: AMS Press Inc., 1970.

Treutlein, Theodore E. "Document: The Relation of Felipp Segesser [1737]." *Mid-America* (n.s., vol. 16), 27 (1945): 139–87, 257–60.

Utrera, José. "Derrotero y jornada a las misiones [1752–54]." W. B. Stephens Collection, no. 67. University of Texas Latin American Collection, Austin.

Vallarta, Martín. "Entrega de Onavas [1746]." W. B. Stephens Collection, no. 1744. University of Texas Latin American Collection, Austin.

Zambrano, Francisco. *Diccionario bio-bibliográfico de la Compañía de Jesús en México.* 9 vols. Mexico: Editorial Jus, 1961–69.

Zapata, Juan Hortiz. "Relación de las misiones que la Compañía tiene en el reyno y provincias de la Nueva Vizcaya en la Nueva España, echa el año de 1678 con ocasión de la visita general dellas que por orden del padre provincial Tomás Altamirano hizo el padre visitador Juan Hortíz Zapata de la misma Compañía." Bolton Collection. Bancroft Library, University of California, Berkeley.